ONTARIO & QUEBEC

DUMONT REISE-TASCHENBUCH

In der vorderen Umschlagklappe: Übersichtskarte Ontario

In der hinteren Umschlagklappe: Übersichtskarte Québec

Ole Helmhausen

ONTARIO & QUEBEC

DUMONT

Titelbild: Im Algonquin Provincial Park, Ontario
Umschlagklappe vorne: Am St. Lawrence Market, Toronto
Umschlagklappe hinten: Der kleine Ort Maison Blanchette im Parc National de Forillon auf der Gaspé-Halbinsel, Québec
Rückseite oben: Percé mit Rocher Percé, Gaspé-Halbinsel, Québec
Rückseite Mitte: Auf dem Mont Royal, Montréal
Rückseite unten: Im Algonquin Provincial Park, Ontario
Vignette S. 1: Karibu in der Tundra
S. 2/3: Wälder und Seen bedecken den größten Teil der Provinzen Ontario und Québec

Über den Autor: Ole Helmhausen, geboren 1958, studierte in Münster und Nairobi Ethnologie und veröffentlichte neben wissenschaftlichen Arbeiten Reiseführer über Kenia, Kuba und Ostkanada. Seit 1993 lebt und arbeitet er als freier Journalist und Autor in Montréal.

Die Deutsche Bibliothek – CIP-Einheitsaufnahme

Helmhausen, Ole
Ontario und Québec / Ole Helmhausen. – Köln: DuMont, 2000
DuMont-Reise-Taschenbücher; 2190
ISBN 3-7701-4816-9

Umschlaggestaltung: Groschwitz, Hamburg
Satz und Druck: Rasch, Bramsche
Buchbinderische Verarbeitung: Bramscher Buchbinder Betriebe

Printed in Germany ISBN 3-7701-4816-9

INHALT

LAND & LEUTE

Natur, Wirtschaft, Politik

Bevölkerung, Kultur, Geschichte

UNTERWEGS
IN ONTARIO UND QUEBEC

Ontario

Québec

TIPPS & ADRESSEN

Verzeichnis der Karten und Pläne

Phare de Pointe-des-Monts bei Godbout, Côte-Nord (Québec) ▷

LAND & LEUTE

»Immer wenn ich
in Kanada bin,
denke ich, dass so
die ganze Welt sein
sollte«

Jane Fonda,
US-Schauspielern in
»Saturday Night«
1987

Natur Wirtschaft Politik

Geografie und Klima

Flora und Fauna

Staat und Verwaltung

Wirtschaft und Politik

Chalet bei Baie St-Catherine, Québec

Geografie

Für den Kanada-Reisenden besteht das Land anfangs vor allem aus Zeitangaben. Kilometer stehen nur auf Verkehrsschildern und in Reiseführern. Der Kanadier wird auf die Frage nach der Entfernung zur nächsten Tankstelle mit »20 Minuten« oder »einen halben Tag« antworten. Nichts wäre ihm fremder, als Entfernungen in linearen Einheiten anzugeben.

Nicht nur die traumhaft niedrigen Benzinpreise machen solch große Gesten möglich: Nach der russischen Föderation ist das Land im Norden Nordamerikas das größte der Erde. Die Flagge mit dem roten Ahornblatt weht über fast 10 Mio. km^2, einer gewaltigen, für den Mitteleuropäer kaum leichter vorstellbaren Land- und Wassermasse, wenn man ihm vorrechnet, dass Deutschland hier leicht 28-mal Platz hätte. Von Irland bis zum Kaspischen Meer reichte das Land, läge es in Europa, und von einem verfrorenen Punkt 800 km südlich vom Nordpol 4600 km hinab nach Rom. Auf den 5500 km von Newfoundland im äußersten Osten bis zum Yukon Territory im Westen liegen sechs Zeitzonen mit einem Zeitunterschied von 4,5 Stunden – ein Erbsenzähler, wer da noch in Kilometern denkt! Die leere Weite beeindruckt jeden Reisenden. Keine Menschenseele in Reichweite, notierte z. B. der englische Dichter Rubert Brooke während seines Kanada-Aufenthalts 1913. Das grandiose Gefühl, der Erste zu sein, stellt sich in diesem Land ein, sobald man die Metropolen verlässt. Dies gilt sogar – oder gerade – für Ontario und Québec, Kanadas bevölkerungsreichste, aber auch größte Provinzen. In beiden zusammen verschwände Deutschland sieben Mal. Selbst Westeuropa genösse noch Ellbogenfreiheit.

Vier der sieben kanadischen Großlandschaften liegen hier. Den **Kanadischen Schild** erlebt der Autofahrer vor allem als schier endlose Wald-, Fels- und Seenlandschaft, deren Ende am Abend noch immer nicht abzusehen ist. Diese Ontario und Québec dominierende Granit- und Gneisplatte ist gut 3,6 Mrd. Jahre alt und rahmt als 200–600 m hohe Halskrause die Hudson Bay von Baffin Island bis nach Manitoba. Es ist das Kanada der Blockhütten und Wasserflugzeuge, der Angler, Kanus und Ausrüster. Während *the shield* bzw. *le bouclier canadien* im Norden undramatisch in die Tundra ausläuft, verabschiedet er sich im Süden mit fotogenen Höhepunkten. Anderthalb Autostunden nördlich von Montréal und unmittelbar vor den Toren Québecs stülpt er sich noch einmal zu den mittelgebirgsartigen, knapp 1100 m hohen Laurentides auf. Bei Tadoussac haben ihm Gletschermassen den grandiosen Saguenay-Fjord, den südlichsten Fjord der Welt, entrissen. In Ontario schufen seine Ausläufer das zauberhafte Felseninsellabyrinth der im St.-Lorenz-Strom liegenden Thousand

Steckbriefe Ontario und Québec

Hauptstadt Kanadas: Ottawa (Ontario)
Regierungsform: Parlamentarische Monarchie innerhalb des Commonwealth. Eigene Verfassung seit 1982: Staatsoberhaupt ist Königin Elisabeth II., die in Kanada von einem Generalgouverneur vertreten ist. Regierungschef ist der alle vier Jahre gewählte Premierminister. Das Bundesparlament in Ottawa besteht aus dem *House of Commons* (Unterhaus) und dem *Senate* (Oberhaus). Dagegen herrscht in den zehn Provinzen das Einkammersystem. Sie verwalten sich größtenteils selbst. Ottawa kümmert sich nur um den Außenhandel und die Verteidigung.

Ontario

Name: Benannt nach dem Iroquois-Begriff für »glitzerndes Wasser«.
Bevölkerung: 11,4 Mio., davon 1,47 Mio. britischer, 1,9 Mio. europäischer und 0,3 Mio. franko-kanadischer Herkunft. 4,2 Mio. geben mehr als ein Land in ihrer Ahnengalerie an. Den Rest stellen Einwanderer aus aller Welt, vor allem aus Ostasien und der Karibik.
Fläche: 1 068 582 km^2, davon 177 388 km^2 Gewässer. Zweitgrößte Provinz Kanadas (10,8 % der Landesfläche). Höchster Punkt: Isphatina Ridge (693 m). Die Provinz misst 1600 km von Ost nach West und 1700 km von Süden nach Norden.
Städte: Toronto (4,44 Mio. Einw.), Großraum Ottawa (mit Hull, Québec: 1,03 Mio. Einw.), Hamilton (650 000 Einw.), London (416 000 Einw.), Kitchener (403 000 Einw.), St. Catharines (390 000 Einw.), Windsor (291 700 Einw.), Oshawa (280 900 Einw.).
Amtssprache: Englisch. Im Grenzgebiet zu Québec, um North Bay und an der Georgian Bay sowie in den Siedlungen entlang des Hwy 11 wird auch Französisch gesprochen.
Geografie: Im Norden liegt Ontario auf gleicher Höhe mit dem Süden Alaskas und im Süden auf gleicher Höhe mit Nordkalifornien. Nachbar im Westen ist die Prärie-Provinz Manitoba, im Süden grenzt Ontario an die US-Bundesstaaten New York, Michigan und Minnesota. Geologisch wurde die Provinz vor rund 12 500 Jahren von der letzten Eiszeit geprägt, als zurückweichende Gletscher den präkambrischen, aus Granit, Gneis, Sandsteinen und Laven bestehenden Schild zerfurchten und rund

250 000 Seen zurückließen. Die Großen Seen sind ebenfalls Produkte der letzten Eiszeit. Die Gletscher sind auch für die fruchtbaren Sedimentebenen in Süd-Ontario verantwortlich, dem einzigen Gebiet der Provinz, wo gewinnträchtig Ackerbau betrieben werden kann.

Québec

Name: Benannt nach dem Algonquin-Begriff *kebec* für »die Stelle, wo der Fluss enger wird«.
Bevölkerung: 7,4 Mio., davon 2,06 Mio. franko-kanadischer, 2,6 Mio. kanadischer, 169 000 britischer und 452 000 europäischer Herkunft. 1,12 Mio. führen mehr als eine Nation in ihrer Ahnengalerie. Den Rest stellen Einwanderer aus aller Welt, vor allem aus Asien und der Karibik.
Städte: Montréal (3,36 Mio. Einw.), Québec (698 000 Einw.), Chicoutimi-Jonquière (167 000 Einw.), Sherbrooke (150 000 Einw.), Trois-Rivières (144 000 Einw.)
Amtssprache: Französisch. In Montréal und den anglophonen Sprachinseln der Cantons de l'Est, des Outaoais und des Südens der Gaspé-Halbinsel wird auch Englisch gesprochen.
Fläche: 1 540 680 km^2, davon 183 889 km^2 Seen und Flüsse. Größte Provinz Kanadas (15,5 % der Landesfläche). Höchster Punkt: Mont d'Iberville (1622 m) in der Monterégie.
Geografie: Die Ost-West-Ausdehnung der Provinz beträgt 1700 km, von Norden nach Süden sind es über 2000. Nachbar im Westen ist Ontario. Im Osten grenzt Québec an die Provinzen Newfoundland and Labrador und New Brunswick. Im Südosten hat man eine gemeinsame Grenze mit den US-Bundesstatten New York, Vermont, New Hampshire und Maine.

Nahezu 80 % der Provinz nimmt der Kanadische Schild ein, die letzte Eiszeit ließ rund 800 000 Seen zurück. Im St.-Lorenz-Tiefland, einem bis zu 40 km breiten, fruchtbaren Landstreifen, konzentriert sich der Großteil der Bevölkerung. Den Südosten der Provinz streifen die von Süden heraufziehenden, bis zu 1200 m hohen Appalachen.

Islands. Der im äußersten Süden fließende, über 3000 km lange St.-Lorenz-Strom ist »der Weg, der geht« der Indianer, der See- und Verkehrsweg ins Landesinnere seit Menschengedenken. Er ist die Lebensader Québecs und das mythisch verbrämte Rückgrat dieser Provinz. Mitte des vorigen Jahrhunderts zum St. Lawrence Seaway ausgebaut, gelangen Ozeanriesen auf ihm bis zu den Great Lakes im amerikanischen Herzland. Landschaftsprägend sind auch die **Großen Seen.** Als binnenkontinentale, 245 000 km² bedeckende Wasserfläche speichern sie zusammen ein Drittel der Süßwasservorräte der Erde. Der größte und höchstgelegene ist der Lake Superior (183 m) mit 82 100 km², der kleinste der Lake Ontario (75 m) mit noch immer ansehnlichen 18 900 km². 37 % der Großen Seen liegen auf kanadischer, der Rest auf amerikanischer Seite. Das **St.-Lorenz-Tiefland** ist die dritte Großlandschaft. Der schmale, vom Kanadischen Schild im Norden und den Appalachen im Süden eingezwängte Tieflandstreifen erstreckt sich von Québec-Stadt bis zu den Seen Huron und Erie und ist als Kanadas landwirtschaftlich am intensivsten genutztes Gebiet auch die am dichtesten besiedelte Region der Nation. Aber was heißt hier schon »dicht besiedelt«? Von den Highways biegen kaum befahrene Landstraßen zu kleinen, weit auseinander liegenden Dörfern und Weilern ab, die sich in Québec in der Regel um eine unverhältnismäßig große Kirche scharen oder aber entlang der Main, King oder Queen Street wie in Ontario. Last but not least die **Appalachen.** Sie ziehen von Alabama herauf und streifen auf ihrem Weg nach Neufundland den Südosten Québecs. Erdgeschichtlich jünger und europäischkleinräumiger, erreichen sie in den wilden Monts Chic-Choc der Gaspé-Halbinsel mit über 1200 m ihre höchsten Höhen.

Mit 3,3 Einwohnern/km² gilt Kanada als ›leer‹. Selbst in Ontario und Québec leben gerade mal 11,4 bzw. 7,4 Mio. Menschen, die Hälfte davon in den Ballungsgebieten Toronto und Montréal, ein weiteres Drittel im so genannten Korridor, dem schmalen Siedlungsstreifen zwischen Québec-Stadt und Windsor. Der Rest verliert sich buchstäblich in den Wäldern, in Kleinstädten und Siedlungen, die meist als Holzfällercamps begannen. Staus und zähfließender Verkehr, die mitteleuropäischen Stressfaktoren par excellence, sind daher so gut wie unbekannt. In Kanada stockt der Verkehr nicht, er rollt: »Cruise Control«, der Schalter im Auto, der, heruntergedrückt, einen den Fuß vom Gas nehmen lässt, ist nicht umsonst in jedem Auto das wichtigste Requisit.

Klima

Sind es die Landkarten, auf denen Kanada wie ein Schutzwall der USA gegen die Unbilden des Nordens wirkt? Oder ist es schlicht der Name, der in so manchen Ohren allzu sehr nach Zähneklappern klingt? Irgendwie hält sich das Vorurteil von Kanada als Reiseziel abgehärteter Frohnaturen mit aller Macht. Dabei sind nicht nur die Winter über jeden Zweifel erhaben. Auch die Sommer sind noch richtige Sommer.

Überleben im gläsernen Sarg

Montréal im Januar 1998. Überall umgestürzte Bäume und abgebrochene Äste. Ein Leitungsmast ist auf ein Auto gefallen. Das Auto ist ausgebrannt, der Besitzer war glücklicherweise einkaufen. Die kanadische Armee bringt im Großraum Montréal 12 000 Mann in Stellung, die bisher größte Operation in Friedenszeiten. Nur noch wenige Viertel in der Metropole haben noch Strom, und das bei –35 °C. In der gesamten Downtown ist es finster.

Auf dem Höhepunkt der schlimmsten Naturkatastrophe, die der Osten Kanadas je erlebt hat, waren in der Provinz Québec drei Millionen Haushalte ohne Strom. Über 100 Städte und Dörfer im Süden und Osten von Montréal waren buchstäblich zu Eis erstarrt. Bilanz von Hydro Québec, der von der Provinz betriebenen Elektrizitätsgesellschaft: 300 umgeknickte Strommasten. Nachher kalkulierten die Versicherungsgesellschaften 1,5 Mrd. Dollar an Schadensansprüchen. 7000 km^2 Wald wurden vernichtet, mehr als beim Ausbruch des Mount St. Helens im US-Bundesstaat Washington.

Dabei war der Eissturm, der in den ersten beiden Januarwochen den Süden Québecs lahmlegte, gar kein Sturm, sondern ein Eisregen. Warme Luftmassen lagen tagelang über kalten. Der aus ihrer Berührung hervorgehende Niederschlag gefror, noch ehe er den Boden erreichte. Für die Menschen klang das wie auf den Küchenboden gestreute Reiskörner. Die Auswirkungen dieses so fadenscheinig daherkommenden Naturphänomens waren katastrophal: Stadt und Land wurden mit einer Eisschicht versiegelt. Was zunächst fotogen in der Sonne funkelte, erwies sich wenig später als tödliche Glasur. Bäume, die mit einer Eisschicht von einem Zentimeter leicht fertig werden, waren plötzlich vier Zentimeter dick eingehüllt – und knickten wie Streichhölzer. Für Eisschichten bis zu drei Zentimetern konstruierte Hochspannungstürme brachen unter der zentnerschweren Last zusammen und rissen andere Masten mit sich.

Der Wiederaufbau im »Triangle du Diable« (Dreieck des Teufels) dauerte bis Ende Januar, manche Gemeinden gingen sogar erst Mitte Februar wieder ans Netz. Hydro Québec, das seit 30 Jahren das Energiemonopol besitzt und in Québec fast mythische Verehrung genießt, musste sich unbequeme Fragen gefallen lassen. War der Blackout tatsächlich nicht zu verhindern gewesen? Fünf Punkte wurden besonders heiß diskutiert, insbesondere die standhafte Weigerung der Gesellschaft, die Stromleitungen endlich unter die Erde zu legen, die Bevorzugung einer geringen Zahl von Hochspannungsleitungen anstelle mehrerer Stromleitungen mit niedrigerer Spannung und die mangelhafte Anbindung Québecs an die Stromnetze der Nachbarprovinzen, wo leicht Ersatz hätte beschafft werden können. Auch die riesigen Entfernungen, so Kritiker, machten das Energieversorgungssystem Québecs störanfälliger als solche Systeme, wo die Konsumenten ihre Energie aus Kraftwerken in der näheren Umgebung bezögen. Montréal wird unter normalen Bedingungen von fünf 735 Kilovolt-Hochspannungsleitungen rund um die Île de Montréal gespeist. Auf dem Hohepunkt des Eissturms stand nur noch eine. Hätte der Eissturm auch diese gekappt, wäre das ein nationales Desaster gewesen. So sah man ›nur‹ Bilder von halbtoten alten Leuten, die von Soldaten aus ihren vereisten Wohnungen evakuiert wurden, überfüllte, in Auffanglager umfunktionierte Turnhallen und weinende, mit der Notstandssituation überforderte Menschen.

Sommer in Kanada: Bay Watch am Ufer des Ontario-Sees, Toronto

Die ausgeprägten Jahreszeiten in Zentralontario und Südquébec sind ein Resultat des Kontinentalklimas. Sommerliche Spitzentemperaturen von über 30 °C sind normal, ebenso winterliche Kälteperioden um –30 °C. Frühling und Herbst sind kurz, aber umso beeindruckender. Die Schneeschmelze verwandelt ganze Regionen in Schlammlandschaften und heißt deswegen auch *mud season*. Der zweiwöchige Altweibersommer, der hier *indian summer* bzw. *été indien* heißt, sorgt Ende September noch einmal für Wärme, kristallklare Luft und eine orgiastische, von gelb bis purpur reichende Laubfärbung.

Sommer – und damit die Zeit für Outdoor-Aktivitäten – ist im per Auto bereisbaren Teil der Provinzen von Ende Mai bis Anfang September. Der wärmste Monat in Toronto und Montréal ist der Juli mit oberen Durchschnittswerten von 25 °C und 17,6 bzw. 15, 4 °C im unteren Mittel. Es gibt sogar Sonnenlöcher, in denen Weinbau möglich ist, wie auf der Niagara-Halbinsel und in den Landschaften Montérégie und Cantons de l'Est (Eastern Townships) in Québec. Allerdings bringt die ausladende Geografie bedeutende Temperaturschwankungen mit sich. Während die Torontonians abends im T-Shirt ihre Cocktails schlürfen, rücken fröstelnde Camper im nördlich gelegenen Algonquin Park näher ans Feuer, bricht im Cree-Reservat Peawanuck an der Hudson Bay das letzte Eis. In Québec sind die

Temperaturunterschiede noch etwas größer. Dass das Quecksilber unterwegs nach Norden alle 100 km um ein Grad sinkt, kann der Orientierung dienen. Überdies sorgen der St.-Lorenz-Strom und vor allem die Großen Seen in ihren Regionen für höhere Luftfeuchtigkeit und mehr Niederschläge. Man sollte also selbst im Hochsommer für alle Temperaturen gewappnet sein und auch an Regenzeug denken.

Auch der Winter dauert fast vier Monate. In der etwas nördlicher gelegenen Provinz Québec sinken die Temperaturen bereits Ende November unter Null und tauchen erst Anfang April endgültig aus dem Minusbereich auf. Beide Provinzen sind absolut schneesicher, Ontario allerdings nur nördlich von Toronto. Die weiße Pracht liegt hier wie dort von November bis April.

Flora und Fauna

Wer fühlt sich nicht angesprochen von dem blauen Bergsee und dem scharf blickenden Weißkopfseeadler, die daheim auf großen Postern zu Kanada-Diashows einladen? Unsere Sehnsucht wurzelt im Unbehagen an den eigenen Lebensumständen, dem Stress und Lärm der Großstädte und der atemlosen Jagd auf Heller, Pfennig und Rentenansprüche. Wir sind müde und wollen weg – am liebsten zu dem Bergsee auf dem Poster. Kanadas Natur als unverfälscht zu preisen, wäre jedoch zuviel des Guten. Auch das Land der Weiten und der heilen Natur leidet unter saurem Regen, Abholzung und den Folgeschäden von Bergbau und Rohstoffgewinnung. Wo urbaner Siedlungsbrei die Regie übernommen hat – wie in den Ballungszentren Toronto und Montréal –, sieht sich Kanada den gleichen ökologischen Stressfaktoren ausgesetzt wie alle anderen Industrieländer auch.

Anders als im dicht besiedelten Europa verschwinden Umweltprobleme in Kanada allerdings leichter aus dem Blickfeld. In den endlosen Weiten Ontarios und Québecs wird ihnen der Reisende kaum begegnen, es sei denn, er sucht danach. Am leichtesten stößt er noch auf die Auswirkungen der Forstwirtschaft. Ontario und Québec zählen zu den größten Holz- und Papierlieferanten Kanadas. Ein Flug über den Norden dieser Provinzen kann ein bedrückendes Erlebnis werden. Der Schild nördlich von Timmins (Ontario) bis hinauf zur Tundra ist vielerorts kahl geschlagen, übrig ist eine triste, von Baumstümpfen übersäte Mondlandschaft, durch die sich die rotbraunen Pisten der Holztransporter schlängeln. Hin und wieder tauchen Vegetationsinseln in dieser Trostlosigkeit auf, Hinweis darauf, dass inzwischen nach einem Quotensystem gefällt und aufgeforstet wird. Der alte boreale Nadelwald mit seinen mächtigen, mehrere hundert Jahre alten Kiefern und Tannen, und mit ihm große Teile des ursprünglichen Ökosystems, ist je-

Umweltschutz made in Canada

Europäer greifen sich in Kanada gelegentlich an den Kopf. Hier ein mit laufendem Motor geparkter Wagen, dort weder Mülleimer noch getrennte Entsorgung: Warum sich kümmern, so scheint die Devise, das Land ist doch groß genug! Dass die Umwelt nicht grenzenlos belastbar ist, hat die breite Bevölkerung tatsächlich erst vor ein paar Jahren erkannt. Mit 15jähriger Verspätung gegenüber Europa wird aktive Umweltpolitik in Kanada erst seit Anfang der 90er Jahre betrieben. Die bis weit ins dritte Jahrtausend reichenden Ziele zu Wasser, zu Lande und in der Luft wurden 1990 zwischen Bundesregierung und Provinzen im »Green Plan« abgesteckt. Ganz oben auf der Prioritätenliste: Arten- und Naturschutz, Schutz des Wassers, Reduzierung toxischer Substanzen, Abfallreduzierung, verantwortliches Management erneuerbarer Ressourcen in Forst-, Land- und Fischwirtschaft, Smogreduzierung, Verhinderung des sauren Regens und Umwelterziehung. In Ontario und Québec bereitet vor allem der saure Regen Sorge. Die von Autos, der verarbeitenden Industrie und den Industrierevieren südlich der Grenze ausgestoßenen Schadstoffe belasten die Wälder, die Auswirkungen sind auch an Häusern aus Kalk- und Sandstein abzulesen. Die im »Canadian Acid Rain Control Program« erzielten Erfolge – u. a. Reduzierung des SO_2-Ausstoßes innerhalb von neun Jahren um 2,3 Mio. t – reichen nicht aus. Wissenschaftler rechnen vor, dass nur eine weitere Schadstoffreduzierung um 75 % den Erhalt empfindlicher Ökosysteme garantieren wird. Konfrontationen zwischen Umweltschützern und Lobbies und unbefriedigende Kompromisse sind an der Tagesordnung. Trotzdem kann der »Green Plan« durchaus Erfolge verbuchen. So haben sich die noch Mitte der 90er Jahre extrem gefährdeten Mischwälder und Seen des Killarney Provincial Park sichtbar erholt, nachdem die Eisenhütten im nördlichen Sudbury ihre Emissionen drastisch senken mussten. Die Papier- und Zellstoffindustrie hat ihren Dioxin- und Furanausstoß sogar um 98 % zurückgefahren.

Dem aufmerksamen Besucher wird Kanadas größtes Problem nicht entgehen. Man ist noch immer eine Wegwerfgesellschaft – aber auf dem Weg zur Besserung. Während 1982 landesweit nur 2 % aller Haushalte recycelten, waren es 1999 bereits 52 %. Als vorbildlich gilt Toronto. Bundesweit liegt die zu entsorgende Müllmenge jedoch noch immer um 20 % über dem von der OECD (Organisation für wirtschaftliche Zusammenarbeit und Entwicklung) für die Industrieländer errechneten Durchschnitt.

Schwarzbären leben in abgelegenen Wildnisgebieten und Nationalparks

doch unwiderruflich dahin. Die neu gepflanzten, schnell wachsenden Nadelbaumarten sind Kosmetik – und forstwirtschaftliche Kapitalanlage. Es entbehrt daher nicht der Ironie, dass die letzten Wildnisgebiete Kanadas nicht im unzugänglichen Norden, sondern in der Nähe der Städte im erschlossenen Süden liegen. Die schönsten stehen als National Parks – in Ontario fünf, in Québec vier – bedingungslos unter Schutz. Weitere 260 Provincial Parks in Ontario und 50 in Québec dienen der Erholung der Menschen. Was per definitionem einmal mehr einen Balanceakt zwischen Naturschutz und Tourismus impliziert …

Québec hat drei, Ontario vier **Vegetationszonen.** Gleichauf mit Rom gedeiht im äußersten Süden Ontarios der sommergrüne Laubwald. Gänzlich ›unkanadisch‹ wirkend, besteht er aus Rot- und Weißeichen, Zuckerahorn, Ulmen, Eschen und 40 weiteren, oft erst 2000 km weiter südlich wieder vorkommenden Baumarten wie der Sykomore. Im Point Pelee National Park wachsen sogar Kakteen. Hier werden auch die meisten der rund 400 Vogelarten Ontarios und Québecs registriert: Der Park liegt auf einer der großen Vogelfluglinien. In Süd- und Zentralontario sowie in Süd-Québec bis etwa zur Linie Abitibi – Côte-Nord begleitet den Reisenden der Mischwaldgürtel. In den Laubbaumbestand aus Ahornarten, Espen, Eichen- und Buchenarten mischen sich nun Birken, Pappeln und dunklere Nadelbaumsorten. Der Mischwald mit seinen Mooren und ungezählten Seen, Tümpeln und Biberburgen ist im Kollektivbewusstsein der Kanadier ein Refugium von zentraler Bedeutung. Hier tanken sie auf, hierher ziehen sie sich im Alter zurück: *Cottage* bzw. *chalet* sind zwei Namen für einen Schlüssel zur anglo- wie frankokanadischen Seele. Auch im Frühjahr und Herbst bricht bei ihnen das Waldläufererbe durch: Wenn während der Schneeschmelze der Ahornsaft zu Sirup verarbeitet wird, strömen die Städter mit Kind und Kegel in die zünftigen *sugar shacks* bzw. *cabanes à sucre* tief in den Wäldern und feiern bei kalorienreichen Holzfällergerichten das Ende des Winters. Im Herbst stehen die Wälder in Flammen – ein phantastisches Farbenspiel, bei dem das Chlorophyll in den Blättern Gelb und Orange weicht und zehntausende Voyeure anlockt.

Tiere sieht man im Mischwaldgürtel zunächst als *roadkills* auf der Straße. Erfreulicher – wenigstens aus Sicht der Tiere – sind die Begegnungen auf Campingplätzen und in Blockhütten. Waschbären kippen Mülleimer um, Streifenhörnchen flitzen über Picknicktische, Stinktiere hinterlassen ihre Duftnoten an den schönsten Aussichtspunkten. Der lange extrem bedrohte Weißkopfseeadler wird wieder häufiger in den Wildnisgebieten des Nordens gesichtet. Mit Sicherheit zu sehen und zu hören bekommt man verschiedene Specht-, Eistaucher- und Sperlingarten, von denen der *White Throated Sparrow* ein langgezogenes, melodisches »chink diing-diing-diing« durch die Wälder schickt. Der auf dem Dollarstück verewigte Eistaucher verkörpert die Wildnis des Kanadischen Schilds wie kein anderer Vogel: Sein geisterhafter Ruf kurz vor Sonnenuntergang ist die beste Visitenkarte der *Great Outdoors.* Elche, Virginiahirsche und Schwarzbären halten dagegen Abstand, ebenso Biber, Stachelschweine, Luchse, Wölfe und Koyoten. Am ehesten begegnet man ihnen in den Nationalparks und größeren Provincial Parks. Auf einigen Inseln mit subarktischer Vegetation sind sogar die sonst erst 1000 km weiter nördlich lebenden Karibus anzutreffen. Kleine Herden dieser kanadischen Rentiere leben im Pukaskwa National Park am Lake Superior sowie im Parc des Grands Jardins und im Parc de la Gaspésie in Québec.

Ab dem 50. Breitengrad bestimmt nach und nach borealer Nadelwald die Vegetation. Felsiger Untergrund und kontinentales, subarktisches Klima lassen nur noch abgehärtete Arten wie Lärchen, Tannen und Fichten überleben. Unmissverständlich kündigen vor allem die düsteren, wie Zinnsoldaten da stehenden Schwarzkiefern den rauhen Norden an. Ab dem 52. Breitengrad dünnt der boreale Nadelwald allmählich aus. Heide, subarktische Polsterpflanzen, Zwergsträucher und verkrüppelte Kiefern, die Jahrzehnte brauchen, um Kopfhöhe zu erreichen, bestimmen zusehends das Bild. Während der kurzen Sommer

El Dorado für Angler

Tausende von Seen garantieren paradiesische Verhältnisse für Angler

Ontario und Québec sind Anglerparadiese: Mit dem Schild »Gone fishing« lassen Ladenbesitzer ihre Kunden nicht selten draußen stehen – und stoßen nicht einmal auf Unverständnis. Jeder Ausrüster – hier *outfitter,* dort *pourvoirie* – bietet Haken, Netze und Angelruten, jeder ländliche Gemischtwarenladen Elritzen und Würmer als Köder. Kein Wunder: in den über eine Million Seen und Flüssen der beiden Provinzen tummeln sich über hundert Fischarten, darunter so beliebte Beutefische wie Forelle, Zander und Barsch.

»Fly-in-Fishing«, das Angeln auf einem nur per Wasserflugzeug erreichbarem See im straßenlosen Norden, ist eine Spezialität Ontarios: Die Seen nördlich von Kenora im Nordwesten der Provinz gehören zu den besten Angelrevieren Nordamerikas. Lachsangler aus aller Welt schwören dagegen auf die dem Atlantik und dem St.-Lorenz-Strom zufließenden Flüsse im Osten Québecs. Doch gemach: Bevor man die Leine auswirft, muss beim Outfitter oder im nächsten Dorfladen die Angellizenz gekauft werden. Ohne erwischt zu werden, kann sehr teuer werden.

kommt es zu Staunässe in der aufgetauten Oberschicht, 60 cm tiefer beginnt bereits der Permafrostboden. Auf der Höhe der Hudson Bay beginnt die Tundra. Durch die baumlosen Weiten der Ungava-Halbinsel streifen mit jeweils 200 000 Tieren die größten Karibuherden Nordamerikas. Eisbären machen von Juli bis September die Küsten der Bay unsicher, die Frauen in den Cree-Siedlungen Peawanuck und Attawapiskat hängen dann ihre Wäsche drinnen zum Trocknen auf.

In den über eine Million zählenden Seen und Flüssen der beiden Provinzen tummeln sich über 140 Fischarten, mit verschiedenen Forellen-, Zander- und Barscharten als beliebtesten Beutefischen – paradiesische Verhältnisse für Angler.

Dank seiner Verbindung zum Nordatlantik hat der als »Québec maritime« vermarktete Osten der Provinz eine ganze Palette weiterer, nicht gerade als kanadische Wappentiere bekannter Arten zu bieten. In mehreren Hafenstädtchen am St.-Lorenz-Strom werden Walbeobachtungstouren organisiert: Blau-, Buckel-, Finn- und Minkwale ziehen von Juni bis Oktober stromaufwärts. Robben- und Seevogelkolonien an den rauen Felsenküsten der Côte Nord und der Gaspé-Halbinsel erinnern daran, dass Neufundland und Labrador gleich um die Ecke liegen. Von Mitte Mai an dominiert im Übrigen der *homard* die Speisekarten: Hummer ist in den Dörfern der Gaspé-Halbinsel eine preiswerte Delikatesse.

Wirtschaft

Als moderner Industriestaat ist Kanada natürlich Mitglied im exklusiven Club der G-8-Länder. Die Wirtschaft brummt seit vielen Jahren mit verlässlicher Gleichmäßigkeit: 1998 wuchs das Bruttoinlandsprodukt um 3,2 %, die Arbeitslosenquote betrug Ende 1998 8 %. Wie alle anderen Industriestaaten ist auch Kanada eine Dienstleistungsgesellschaft. Der tertiäre Sektor (Verkehr und Kommunikation, Handel, Dienstleistungen) beschäftigt bundesweit 73 % (1996) der Arbeitnehmer und erwirtschaftet 65 % des BIP. Der sekundäre (Verarbeitendes Gewerbe, Bauwirtschaft) und primäre Sektor (Land- und Forstwirtschaft, Fischfang, Bergbau) teilen sich den Rest. Wichtigster Außenhandelspartner sind traditionell die USA. 75 % aller kanadischen Exporte gehen nach Süden. Seit 1994 verknüpft die Freihandelszone NAFTA die beiden Nachbarn noch enger, nicht nur zum Vorteil Kanadas. Mehr denn je ist die eigene Wirtschaft von den Konjunkturschwankungen beim großen Nachbarn abhängig. Dies und der historische Tiefstand des kanadischen Dollar zu Beginn des neuen Jahrtausends haben vor allem die verarbeitende Industrie des Landes unter Druck gesetzt und beim reichen Nachbarn einen regelrechten Kaufrausch – amerikanische Unternehmen kaufen kanadische wie nie zuvor – ausgelöst.

1998 saßen 41 der 50 personalstärksten Firmen Kanadas in **Onta-**

Hummerfischer mit Reusenstapel: Îles-de-la-Madeleine, Québec

rio und Québec. Die größten Gewinne fuhren der Montréaler Kommunikationsgigant BCE und der Medienriese Thormson Corp. in Toronto ein. Ontario ist Kanadas Wirtschaftsmotor. Die Provinz in der Mitte des Riesenlandes erzeugt über 40 % des nationalen BIP, vor allem in Hightech-Branchen wie Software-Entwicklung und Chip-Produktion sowie im Fahrzeugbau (die amerikanischen Autoriesen GM, Chrysler und Ford montieren im Großraum Toronto und sorgen für 110 000 Jobs) und seinen *spin-off*-Industrien. Ontarios Produktionszentren konzentrieren sich aufgrund der Nähe zu den USA im so genannten Golden Horseshoe, dem Westufer des Lake Ontario. Bedeutendste Produktionsstätten sind außer Toronto Hamilton, Mississauga, Markham, Oshawa und Kitchener-Waterloo. Ontarios Landwirtschaft – den größten Teil der fruchtbaren Böden der Provinz sieht man bereits von Torontos CN-Tower aus – konzentriert sich auf den keilförmig in die USA ragenden Süden und entlang der Linie Hamilton – Kingston. Angebaut werden Getreide, Kartoffeln und Tabak, es gibt eine florierende Milchwirtschaft und eine lukrative Viehzucht. Auf dem Kanadischen Schild wird Bergbau betrieben. Unter dem inzwischen wie eine Mondlandschaft aussehenden Gebiet um Sudbury lagern 15 % der Nickelvorkommen der Welt. Nordwestlich von Sudbury werden seit Beginn des 20. Jh.

Toronto boomt: Harbour Front Centre am Queens Quay

Gold, Silber, Kobalt und Kupfer abgebaut – viele der alten Minen sind heute Touristenattraktionen. Mit 8,5 % bzw. 4,8 Mio. m^3 Holz ist Ontario schließlich nach British Columbia und Québec Kanadas drittgrößter Holzlieferant, größtenteils für den Export. Die meisten Ontarians – knapp 70 % – arbeiten jedoch im Dienstleistungsbereich, vor allem im Finanz- und Versicherungswesen, in Handel und Verkehr sowie in der Computerindustrie. Mit jährlich rund 200 000 deutschen Touristen ist die Provinz schließlich das Lieblingsziel deutscher Kanadafahrer. 1996 verdienten die Ontarians durchschnittlich knapp 40 000 Dollar vor Steuern. Die Arbeitslosigkeit lag Ende 1998 bei 6,9 %.

Auch beim Nachbarn **Québec** konzentriert sich die Wirtschaft im erschlossenen Süden. Das hauptsächlich in den beiden einzigen Großräumen Montréal und Québec-Stadt – hier leben 80 % der Bevölkerung – verdiente Durchschnittseinkommen betrug 1996 knapp 36 000 Dollar brutto. Hier residieren Handel und Dienstleistungssektor, Zukunftstechnologien wie Website-Gestaltung und Animationssoftware-Entwicklung. Einige Branchen der verarbeitenden Industrien, vor allem die Transportgiganten Bombardier, Canadair, Bell Helicopter, das Raumfahrtunternehmen Spar Aerospace und der Pharmariese Lavalin haben ebenfalls hier ihr Hauptquartier. Der primäre Sektor erwirtschaftete in diesem Jahr 2 %

des BIP, die verarbeitende Industrie 25%. Am stärksten war auch hier der Dienstleistungssektor mit 65 %.

Québecs natürlicher Reichtum liegt in den Tiefen des Kanadischen Schildes. Granit, Graphit, Feldspat und Sandstein werden abgebaut, aber auch Uran, Gold, Eisen und Zink. Südlich des St.-Lorenz-Stroms befindet sich in Thetford Mines der größte Asbesttagebau der Welt. Gigantische Wasserkraftwerke an der Côte-Nord und an der James Bay versorgen die Provinz mit Strom und erlauben auch den Energieexport nach Süden. In La Baie, Jonquière und Chicoutimi wird Aluminium verhüttet. Im St.-Lorenz-Tiefland florieren Land- und Milchwirtschaft. Die Fischer im St.-Lorenz-Golf wurden vom Ende des Kabeljaufangs Anfang der 90er Jahre ebenso vernichtend getroffen wie ihre Kollegen in Neufundland. Die Umstellung auf Schalentiere, vor allem Hummer und Krabben, half mancherorts jedoch den größten Schaden abwenden. Ende 1998 hatte Québec 9,9 % Arbeitslose.

Mit durchschnittlich 4 % Wirtschaftswachstum blickt Ontario zuversichtlich ins neue Jahrtausend. Québecs Wirtschaft wächst mit 3 % etwas langsamer. Schuld daran, sagen Experten, ist das Gespenst der Abspaltung, das nach wie vor über der Provinz schwebt. Wie sich da die großzügigen Steuervergünstigungen für ansiedlungswillige Betriebe und andere Unterstützungsmaßnahmen der Provinz langfristig auswirken, bleibt abzuwarten.

Anders als die USA hat Kanada ein gut ausgebautes **Sozialsystem.** Dabei sind die Kompetenzen arbeitsteilig auf Bund und Provinzen verteilt: Die Bundesregierung ist z. B. für Renten-, Kranken- und Arbeitslosenversicherung zuständig und steuert rund 37 % aus dem Bundeshaushalt für die Bereiche Gesundheit und Wohlfahrt bei. Die Provinzen kümmern sich um alle übrigen Bereiche. Damit erfreut sich das Land eines der höchsten Lebensstandards der Welt. Jeder Kanadier ist automatisch in der staatlichen Krankenversicherung. In den letzten Jahren ist dennoch verstärkt von sozialer Härte die Rede: Auf dem Weg in die Dienstleistungsgesellschaft hat auch der kanadische Sozialstaat arg Federn gelassen. Bisweilen drastische Kürzungen im Gesundheitsbereich führten in Ontario und Québec zu Krankenhausschließungen und Krankenschwesternstreiks. Teils lächerlich geringe Gehälter, hohe Steuern und lange Arbeitszeiten lassen junge Ärzte und Wissenschaftler in die USA abwandern. Die Lage in der medizinischen Forschung verdeutlicht den *Brain Drain* besonders drastisch: So verfügen einzelne Krankenhäuser in Texas oder Kalifornien über einen größeren Forschungsetat als der kanadische Staat. Aber nicht nur im Gesundheitssektor ziehen junge Kanadier dem Geld hinterher. Angesichts hoher Steuern und einer als schleppend empfundenen Bürokratie sucht auch die junge Cyber-Elite für *Start-Ups* lieber jenseits der Grenze nach risikofreudigen Geldgebern – und bleibt in der Regel gleich da. Zudem hat der Abbau von Jobs im primären und sekundären Sektor zur Landflucht geführt und zu einem auch in Europa verstärkt beobachtbaren Phänomen: Denn mangels fester ganzer Stellen haben auch Kanadier immer häufiger zwei, wenn nicht drei Jobs.

Politik

Auf dem grünen 20-Dollar-Schein erinnert die Queen an alte Bande: Kanada ist noch immer eine parlamentarische Monarchie nach britischem Vorbild. Elizabeth II. ist das offizielle Staatsoberhaupt. In Ottawa vertritt sie der Governor General. Dessen wichtigster Job ist allerdings nur noch die formelle Ernennung des Regierungschefs: Die Politik wird längst in der Bundeshauptstadt Ottawa gemacht. Das hier angesiedelte Parlament besteht aus dem *House of Commons* (Unterhaus) und dem *Senate* (Oberhaus). Im Unterhaus sitzen die gewählten Vertreter der zehn Provinzen. Diese hält Ottawa gemäß Verfassung von 1867 an der langen Leine. Ihre Einkammerparlamente sind zuständig für Gesundheit, Bildung, Soziales und Kultur, während die Bundesregierung sich um alle ›übergeordneten‹ Bereiche, u. a. Verteidigung, Außenhandel und Fischereipolitik kümmert. Dem Geburtsfehler dieser Gewaltenteilung begegnet man jederzeit in der Tagespresse: Kompetenzstreitigkeiten zwischen Bund und Provinzen gehören zum politischen Alltag und liefern regelmäßig Schlagzeilen. Meistens sind die *Liberal Party* und die *Progressive Conservative Party,* die das Land wechselweise seit 1867 regieren, die Zielscheiben.

Das Ergebnis der Bundeswahlen 1993 veränderte allerdings die politische Landschaft nachhaltig. Während die Liberalen mit einem blauen Auge davonkamen, verloren die regierenden Konservativen sensationell alle Sitze bis auf einen. Auch die linken *New Democrats,* ewige Dritte in der Parteienlandschaft, erlitten eine Schlappe. Stattdessen gaben die politikverdrossenen Bürger zwei Parteien ihre Stimme, die Kanada in seiner jetzigen Form ablehnen. Die rechte, nur im Westen verankerte *Reform Party* streitet seitdem auch in Ottawa für noch mehr Dezentralisierung und lehnt Québecs Anspruch auf Anerkennung als *société distincte* kategorisch ab. Der sozialdemokratisch orientierte *Bloc Québécois* fordert als verlängerter Arm der in Québec agierenden *Parti Québécois* die Unabhängigkeit Québecs. Bei den Bundeswahlen 1997 konnten die Verlierer zwar wieder Boden gutmachen, aber einmal mehr war Kanadas altes Problem schmerzhaft offenbar geworden: Das Riesenland ist chronisch vom Auseinanderbrechen bedroht.

Politik in Kanada, hat der bekannte Kolumnist Peter C. Newman ein-

The »French Fact«, mais oui!

Lilienbanner wehen in den Straßen Québecs: die Gefahr der Abspaltung der frankophonen Provinz vom »Rest of Canada« ist nur vorerst abgewehrt

Bob Geldof hatte gedacht, »the french-canadian thing« sei ein Witz und beschränke sich auf ein »bonjour« und »merci« hier und da. Als er jedoch in Montréal landete, musste er das Gegenteil feststellen. Dies veranlasste den britischen Popmusiker zu der Bemerkung, es sei doch höchst verwirrend, in Nordamerika anzukommen und kein Wort zu verstehen.

Der pikierte Geldof ist nicht allein. Auch deutschsprachige Besucher, des Englischen eher mächtig, reagieren verwundert bis verstört auf *The French Fact.* Nach ein paar Tagen vergeblichen Fahndens nach revolutionärem Potenzial sind sie noch ratloser. Warum nur will Québec heraus aus Kanada? Denn äußerlich geht es der Provinz doch gut im Staatenbund. Die Subventionen aus Ottawa – Teil der Appeasement-Politik Kanadas – fließen reichlicher als bei anderen Provinzen, Alltag und Arbeitswelt werden auf Französisch bestritten. Zugleich verfügt die anglophone Minderheit über eigene Zeitungen, Krankenhäuser, Radio- und Fernsehstationen, und in Montréal sind Französisch und Englisch gleichermaßen zu hören. Die Ursachen liegen tiefer. Da ist vor allem die Sorge um die Sprache und die französisch geprägte Kultur. Ohne Schutz von oben, d. h. Québec-Stadt, wären sie längst im viel zitierten anglophonen Ozean untergegangen: 1974 bestimmte die Provinzregierung Französisch zur offiziellen Sprache Québecs, 1977 machte das Gesetz Nr. 101 Französisch in allen Bereichen des öffentlichen Lebens bindend, seit 1989 müssen alle Schilder in Québec französisch beschriftet sein. Da sind viele alte Wunden aus der noch gar nicht so alten Vergangenhit zu spüren, als Handel und Wirtschaft noch fest in anglophoner Hand waren, Französisch sprechende Kunden in Montréaler Kaufhäusern nicht bedient wurden und das Québecer Französisch als Idiom der Unterschicht galt. Da ist ein kollektives Bewusstsein, das sich an zahlreiche direkte oder indirekte Assimilierungsversuche, erst aus London, dann aus Ottawa, erinnert und dunkel ahnt, dass von Ottawa und den übrigen Provinzen kein Verständnis zu erwarten ist. Und dann ist da noch das aus der Sprachbarriere resultierende Gefühl, dass man schlicht zu verschieden ist, um miteinander leben zu können. Die kulturellen Unterschiede zwischen den ›zwei Einsamkeiten‹ erlebt man in Montréal noch immer auf Spaziergängen durch englisch- und französischsprachige Viertel – selbst wenn sich ›Anglos‹ und ›Frankos‹ heute mit erheblich mehr Respekt begegnen als in den emotionsgeladenen Sechzigern des vergangenen Jahrhunderts und eine neue, oft sogar dreisprachige Generation die alten Unterschiede mehr und mehr zu verwischen scheint.

Viele Frankophone, vor allem außerhalb Montréals, sehen deshalb in der Unabhängigkeit den einzigen Weg aus dem Dilemma. Doch halt, so einfach ist es dann auch wieder nicht! Längst nicht jeder Wähler der separatistischen Parti Québecois befürwortet auch die Spaltung. Zudem liefen bei den letzten Provinzwahlen 1997 auch Zehntausende liberaler Wähler ins Lager der PQ über. Warum? Sie befürchteten, der smarte, fließend zweisprachige Liberalen-Boss Jean Charest sei nicht Québécois genug, um Québecs Interessen in Ottawa angemessen zu vertreten, wohl aber der kampferprobte PQ-Chef Lucien Bouchard. Denn egal ob *séparatiste* oder *fédéraliste:* Jedes frankophone Herz schlägt für Québec. Auch kehrt längst nicht jeder Anglo Québec den Rücken. Einer Umfrage der englischsprachigen »Montréal Gazette« zufolge lernen die jungen Anglos verstärkt Französisch. Zu stark sind nämlich die Verlockungen des sanften Lebensstils und der *joie de vivre* ...

mal geschrieben, ist die Kunst, das Notwendige möglich zu machen. Wie wahr! Dieser Satz, der so gänzlich un-amerikanisch nach »sich-nach-der-Decke-Strecken« klingt, ist nur vor dem Gesamtbild aus Geografie, Kultur und Geschichte zu verstehen. Nicht aus revolutionärer und sonstiger Begeisterung, sondern aus Notwendigkeit geboren und mit Kompromissen am Leben gehalten, ist Kanada innenpolitisch von jeher vor allem damit beschäftigt, seine auseinanderdriftenden Provinzen zusammenzuhalten. Die wichtigsten Rollen in diesem Polit-Thriller spielen seit 35 Jahren die Heimatprovinzen der beiden Gründervölker: Das englischsprachige Ontario gibt im kanadischen Haus den Gralshüter des Bundesgedankens, Québec hingegen den Störenfried. Denn seitdem die *Révolution Tranquille* (»Stille Revolution«) in den 60er Jahren das katholische, ländliche Québec modernisierte und aus den Franko-Kanadiern politisch und kulturell bewusste Québécois machte, bestimmt das schwierige Verhältnis zwischen Québec und TROC (»The Rest Of Canada«) die kanadische Politik. Jede Québecer Provinzregierung hat bisher einen Sonderstatus für Québec und speziellen Schutz der einzigartigen Sprache und Kultur verlangt, jede Bundesregierung hat dies abgelehnt mit dem Argument, Québec sei eine Provinz wie jede andere. Die sozialdemokratische Parti Québécois (PQ), die 1976 unter dem charismatischen René Lévesque erstmals die Liberalen im Provinzparlament *Assemblée Nationale* in Québec-Stadt ablöste, erhöhte die Einsätze. Ihre *raison d'être* (Daseinsberechtigung) ist die Unabhängigkeit von Kanada und ein souveräner, französischsprachiger Staat Québec. 1980 erteilte sie den Québecern das Wort, aber das Referendum fiel mit 60 zu 40 % gegen die Unabhängigkeit aus. Nach einem liberalen Zwischenspiel kam die PQ 1994 erneut an die Macht. Am 30. Oktober 1995 veranstaltete sie ein zweites Referendum zur Unabhängigkeit. Dieses Mal stimmten 49,4 % mit »Oui« und 50,6 % mit »Non« – Kanada blieb der Staatenwelt mit ganzen 50 000 Stimmen Vorsprung erhalten. 1997 wurde die PQ unter Lucien Bouchard wiedergewählt. 1999 sprachen in Ontario die Wähler den Konservativen unter Mike Harris erneut das Vertrauen aus. Derzeit hat in beiden Provinzen die Beseitigung der Schuldenberge Priorität. Für Québec-Premier Bouchard ist aufgeschoben jedoch nicht aufgehoben: Für den charismatischen, mit einer Amerikanerin verheirateten Politiker ist eine gesunde Wirtschaft auch Voraussetzung für *winning conditions*. Denn das nächste Referendum kommt bestimmt.

Bevölkerung Kultur Geschichte

Bevölkerung

Architektur und Malerei

Literatur

Musik und Theater

Geschichte

Skater in Toronto

Bevölkerung

Zwei Länder, zwei Kulturen, zwei Sprachen, und alles innerhalb gemeinsamer Staatsgrenzen: Ontario und Québec sind zwar nicht ein Herz und eine Seele, dafür aber der historisch und kulturell interessanteste Teil Kanadas. Den anglophonen Ontarians, die sich zu 90 % als ›Kanadier‹ fühlen, stehen die frankophonen Québécois gegenüber, von denen viele mit der Unabhängigkeit liebäugeln. Eine Reise durch diese Provinzen führt daher auch durch die verwirrende und oft widersprüchliche Anatomie einer Pflichtehe.

Noch Anfang der 1960er Jahre nahm der Reisende aus Ontario und Québec gänzlich andere Eindrücke mit nach Hause: In Québec hatte er auch außerhalb Montréals oft tagelang Englisch gehört. In Ontario war ihm Ähnliches widerfahren, nur andersherum. Im Norden der Provinz war er meist nur mit Französisch weitergekommen.

Die Zeiten haben sich geändert. Heute sind in Québec viele traditionell anglophone Gebiete französischsprachig und nur noch wenige englische Sprachinseln übrig. In Ontario verschwindet Französisch langsam, aber sicher von der Bildfläche. Dabei ist der Trend zur Einsprachigkeit nicht neu. Die ethnische Polarisierung ist in Kanada bereits seit 200 Jahren im Gange. In den 60er, vor allem 70er Jahren des letzten Jahrhunderts nahm dieser Prozess jedoch dramatische Ausmaße an, als Québec Französisch als offizielle Sprache vorschrieb und daraufhin Dutzende anglophon geführte Unternehmen sowie Zehntausende Anglo-Québecer die Provinz in Richtung Ontario verließen. 1977 schob Québec Gesetz Nr. 101 nach, das Französisch im Alltag und am Arbeitsplatz bindend vorschreibt. Mehr als 20 Jahre später scheint die ›Französisierung‹ Québecs abgeschlossen zu sein, aber das Verhältnis zwischen den beiden Sprachgruppen bleibt delikat und von – vorsichtig ausgedrückt – Zurückhaltung geprägt. Zugleich hat die konservative, traditionell antifrankophon eingestellte Regierung Ontarios – die Konservativen sind mit kurzen Unterbrechungen seit 1943 an der Macht – keine Eile, das Gesetz Nr. 8 zum Schutz ihrer frankophonen Minderheit zu ratifizieren, und schließt derweil die letzten französischsprachigen Krankenhäuser auf ihrem Gebiet. In Zahlen sieht die Situation derzeit so aus: In Ontario sprechen 85,7 % nur Englisch und 0,4 % nur Französisch. Englisch und Französisch sprechen 11,6 %. In Québec sprechen 56,1 % nur Französisch, während 5,1 % nur Englisch sprechen. 37 % sprechen beide Sprachen.

Die Ursachen für die Reibereien liegen weit zurück. 1681 war die von Versailles geförderte Einwanderung nach Québec, dem früheren Neufrankreich, abgeschlossen. 10 000 französischsprachige Siedler, die sich selbst *Canadiens* nann-

Festivalbesucher auf den Toronto Islands

ten, lebten zu diesem Zeitpunkt am St.-Lorenz. Als die siegreichen Briten 1759 über Québec-Stadt den Union Jack hissten, war die Zahl der *Canadiens* auf 60 000 angewachsen. Fortan diktierte jedoch London die Einwanderungspolitik. Die erste Welle brachte englische und schottische Kaufleute. Sie bildeten in Québec-Stadt und Montréal die neue Oberschicht. Aber erst der amerikanische Unabhängigkeitskrieg und die antibritische Atmosphäre in den jungen USA waren sowohl Geburtshelfer Ontarios als auch des bis heute anhaltenden Konflikts zwischen Englisch- und Französisch-Kanada: Rund 50 000 Königstreue, die so genannten Loyalisten, wanderten nach Britisch-Nordamerika aus. 40 000 davon besiedelten die Region Eastern Townships südöstlich von Montréal, wurden die Vorfahren der heute noch rund 580 000 Anglo-Québecer. 10 000 gründeten am Nordufer des Lake Ontario und in Südontario die ersten Siedlungen westlich von Montréal. Zugleich garantierte London den frankophonen, katholischen Untertanen ihre Religion, Sprache und Rechtsprechung, nicht aus reiner Menschenliebe, sondern um jegliche Ansteckungsgefahr durch den jenseits der Grenze grassierenden Virus der Unabhängigkeit zu bannen. Damit standen sich bereits Ende des 18. Jh. in Kanada zwei Welten gegenüber: hier englisch-puritanischer Krämergeist, dort französischer Obrigkeitsglaube, hier protestantisches Ar-

»Zu ihrem eigenen Besten«

Völkermord durch Zwangsadoption

Richard, 17, nagelte ein Brett zwischen zwei Bäume und hängte sich daran auf. Carla war mit 16 alkohol- und drogensüchtig und hatte drei Kinder, zwei davon von ihrem Pflegevater. Dabei hatte Kanada es nur gut gemeint. Oder doch nicht? Nach der Katastrophe mit den Internaten, den verhassten *boarding schools,* in denen fünf Generationen junger Indianer weder ihre Sprache sprechen noch mit ihren Eltern Kontakt haben durften, war das Pflegeeltern-Konzept eigentlich als Reform gedacht. Um ihnen eine Kindheit ›in intakter Umgebung‹ zu ermöglichen, gaben die Behörden sie zu tausende Kilometer entfernt lebenden weißen Pflegeeltern – ohne Zustimmung der Eltern. Für die beiden jungen Menschen endete die von Ottawa als »Schutzmaßnahme« gegen die Verwahrlosung im Reservat verstandene Aktion in einer Katastrophe. Nicht nur für sie: Von Anfang der 60er bis weit in die 80er Jahre wurden in Québec, Ontario und den Prärieprovinzen Tausende von Kindern ihren Familien weggenommen und von – gut dafür bezahlten – Pflegeeltern erzogen. Kulturell und emotional entwurzelt, verkümmerten sie dort in einer Umgebung, die weder Interesse noch

beitsethos, da katholisch-lähmendes Dogma.

Der Graben zwischen den beiden Bevölkerungsgruppen, denen Hugh MacLennan seinen kanadischen Schlüsselroman »Zwei Einsamkeiten« widmete, existiert mehr oder weniger bis heute. Einzelne Ereignisse und unsensible Politiker vertieften ihn noch. Beispielsweise postulierte nach der blutigen Niederschlagung der frankophonen *Rebellion des Patriotes* 1837/38 der von London in Auftrag gegebene Durham-Report die Assimilierung der als rückständig erachteten *Canadiens* in die zusehends anglifizierte Gesellschaft als unabdingbar für die Schaffung eines modernen Industriestaats. Die katholische Kirche protestierte, allerdings nicht aus völkerrechtlichen Gründen. Von London bereits wegen ihrer Loyalität während der Rebellion mit der Kontrolle über das Erziehungs- und Gesundheitswesen belohnt und dabei, ihre Stellung zu einer in Nordamerika einzigartigen, bis Mitte des 20. Jh. herrschenden Theokratie auszubauen, sah sie sich nun mit dem Gespenst der Anglikanisierung konfrontiert. Um die protestantischen Kirchen in Schach zu halten, proklamierte sie *la revanche des*

Verständnis für ihre Situation, wohl aber seelische Grausamkeit und oft genug auch sexuellen Missbrauch kannte. Zuerst erhielten die Kinder neue Namen, nach und nach vergaßen sie auch ihre Sprache. Zehn, zwölf Jahre später kehrten sie gebrochen in ihre Reservate zurück – ohne dort noch Anschluss zu finden. Im Sommer 1999 legte das Büro der »Native Child and Family Services of Toronto« erstmals einen Bericht über diese düstere Ära vor. Den angerichteten Schaden werden die demnächst geforderten Kompensationsgelder nicht beheben können, und Ausbildungs- und Sozialprogramme werden den kollektiven Schmerz in den Reservaten nur lindern.

Derzeit leben in Ontario und Québec rund 280 000 Indianer, über die Hälfte davon in Reservaten. Sie gehören den zwei großen Sprachfamilien des Ostens an, den Algonkin und den Iroquois. Die zahlenmäßig stärkste und politisch aktivste Gruppe sind die Iroquois sprechenden Mohawk. Ihre größten Reservate liegen in Ontario in Grand River bei Kitchener (Six Nations, 17 600 Einw.) und Akwesasne (7800 Einwohner), in Québec in Kahnawake (4800 Einw.) bei Montréal. Jedes von ihnen verfügt über ein kleines Museum und veranstaltet regelmäßig farbenprächtige Zusammenkünfte, die so genannten *Pow Wows*. Auf Besucher vorbereitet sind auch die Algonkin sprechenden Ojibwa auf Manitoulin Island (s. S. 118 f.), die Montagnais an der Côte-Nord und die Micmac auf der Gaspé-Halbinsel.

berceaux (»die Rache der Krippen«) – mit Erfolg: Bis 1960 wuchs der frankophone Bevölkerungsteil um ein Vielfaches des anglophonen, eine Frau gebar im Durchschnitt acht Kinder. Die kirchliche Utopie von der ländlichen, französisch geprägten Gesellschaft erreichte während der als *grande noirceur* (»große Dunkelheit«) berüchtigten Regierungszeit von Maurice Duplessis (1944–1959), als sich der Klerus mit dem reaktionären, die Gewerkschaften und alle Innovationen skrupellos bekämpfenden Québec-Premier verband, ihren Höhepunkt. Damit hemmte die katholische Kirche fast 150 Jahre lang erfolgreich die Modernisierung der frankophonen Gesellschaft.

Heute erinnern nur noch die »Sts« vor den Ortsnamen, die unverhältnismäßig großen Kirchen in den Dörfern und die Flüche – die liebsten Kraftausdrücke der Québécois kreisen ausnahmslos um die Kanzel – an die einst beispiellose Macht der Kirche. Die Geburtenrate ist inzwischen unter die deutsche gesunken. Denn seit dem politischen Klimawechsel der 1960er Jahre, als die Liberalen den Klerus zurück in die Kirche schickten, die Energiewirtschaft verstaatlichten und Québecer Dichter und Chansonniers als Sprachrohre eines neuen Nationalismus in der zuvor verachteten Umgangssprache *joual* von der Schönheit ihrer Provinz und Sprache sangen, hat Québec sich mit Riesenschritten modernisiert.

Für das frankophone Québec war die *Révolution Tranquille* eine wirtschaftliche und sozio-kulturelle Initialzündung. Auf die alteingesessenen Anglo-Québecer und die an Kanada glaubenden Ontarians wirkte sie hingegen wie ein Donnerschlag: Plötzlich schrieben Sprachgesetze Französisch als Verkehrssprache vor, sprach die Provinzregierung von der Abspaltung von Kanada. Vor die Wahl gestellt, das Tagesgeschäft auf Französisch zu führen oder zu schließen, verlegten etliche anglophon geführte Unternehmen, darunter Kanadas Versicherungsriese Sun Life, ihren Sitz nach Toronto. Ontarios Hauptstadt wurde die wirtschaftliche Nr. 1 der Nation und überrundete Anfang der 80er Jahre die alte Rivalin Montréal auch bevölkerungsmäßig. Dreißig Jahre nach der Stillen Revolution ist der Anglo-Exodus abgeebbt. Zwar ziehen noch immer viele Anglos nach Ontario, aber ebenso viele, vor allem Anglo-Montréaler, haben die Vorzüge des entspannteren Lebensstils in Québec und nicht zuletzt auch der weitaus niedrigeren Lebenshaltungskosten entdeckt und bleiben. Innerhalb der anglophonen Minderheit in Montréal vollzieht sich zudem ein interessanter Wandel: Stammten ›Anglos‹ früher in der Regel von den britischen Inseln, gehoren sie heute mehr und mehr anderen Einwanderergruppen an, vor allem aus Italien und dem Mittelmeerraum. Sie sprechen Englisch, aber mühelos auch Französisch sowie ihre eigenen Sprachen und haben mit der ebenfalls verstärkt zweisprachigen jungen Generation der Frankophonen keine Verständigungsprobleme. Ob diese Generation den Graben wird überwinden können, muss die Zukunft zeigen.

Kunst und Kultur

Kultur ist die »Gesamtheit der Kenntnisse und Verhaltensweisen (technische, religiöse, soziale etc.), die eine bestimmte menschliche Gesellschaft kennzeichnen« (Panoff/Perrin, 1982). Ethnologisch betrachtet, bietet dieser Teil Kanadas gleich zwei Kulturen. Unüberhörbares Indiz dafür sind zwei Amtssprachen. Sie ziehen sich auch wie rote Fäden durch zwei Gesellschaften, deren Menschen wohl den gleichen Pass, sonst aber oft verschiedene Ansichten von Gott und der Welt haben. Beispielsweise beschwören die Ontarians den Teamgeist der *community,* wenn es um Dienst an der Allgemeinheit geht. Die Québécois beschwören lieber ihre Stadtverwaltung. Québec gilt als liberale Bastion im eher wertkonservativen Kanada: 81 % der befragten Québécois billigen ihren Mitmenschen einen abweichenden Lebensstil zu. In Ontario sind es nur 59 %. In der materiellen Kultur haben die beiden Gründervölker je eigene Spuren hinterlassen, trotz der geradezu erdrückenden Vorherrschaft der amerikanischen Kulturmaschine, die im Kommunikationszeitalter mehr schlecht als recht von der »Canadian Radio-Television and Telecommunications Commission« in Schach gehalten wird. Denn die Canada First-Regel der CRTC besagt, dass sich zumindest 30 % der Inhalte in Funk und Fernsehen mit kanadischen Themen befassen müssen.

Architektur

Die nach Neufrankreich exportierten Baumeister stellten französische Provinzstädtchen mit Kirche und

Vor der Basilique Notre-Dame in Montréal

place d'armes (Exerzierplatz) an den St.-Lorenz. Nur die langen Winter zwangen sie zu – noch heute z. B. in Vieux-Montréal sichtbaren – Modifikationen. So widerstanden bis zu 55 Grad steile Hausdächer den Schneemassen, hielten dicke Steinmauern die Kälte draußen und sorgten in Städten über die Giebel gezogene Feuerwände für Brandschutz. Dem typischen Haus des *ancien régime* – rechteckig, schlicht, aus grauem Feldstein, mit je zwei Schornsteinen an den Querseiten – standen die Kirchen gegenüber. Mit ihren Fassaden im Stil des französischen Klassizismus und ihrem üppigen Dekor waren sie repräsentative Visitenkarten einer zutiefst katholischen Kolonialgesellschaft.

Mit den Briten kamen neue Wohn- und Stilideen. Weil daheim alles Griechisch-Römische in Mode war, schmückten sie ihre Häuser mit Säulen und Portiken: Der den Idealen der Antike huldigende georgianische Stil war formal und symmetrieverliebt und ist heute im Museumsdorf Upper Canada Village gut zu studieren. Ab 1800 ging er in den komplexeren Neoklassizismus über. Eleganteste Beispiele sind der Marché Bonsecours (1847) in Montréal und die City Hall (1844) in Kingston. Mittellose Einwanderer erfanden während dieser Zeit das Blockhaus: Um 1830 gab es in Ontario doppelt so viele dieser aus grob behauenen Stämmen errichteten Behausungen wie Steinhäuser.

Eine wahre Stilvielfalt charakterisiert das weitere 19. Jh. Die Parliament Buildings (1867) in Ottawa und die Basilique Notre-Dame (1829) in Montréal, kanadische Neugotik par excellence, gehören zu den schönsten Beispielen des bis 1900 in Kanada beliebten Historismus, der die Stilelemente verschiedenster Epochen kopierte und u. a. auch italienische Renaissance (Bellevue House, Kingston), Second Empire (Hôtel de Ville, Montréal) und Château-Stil (Château Frontenac, ebda.) unter dem Etikett »viktorianisch« zusammenfasste.

Anfang des 20. Jh. erklärte Bauhaus-Designer Walter Gropius alle Architekten, die Gebäude mit Schnörkel verzierten, für pervers. Mit Ludwig Mies van der Rohe und Le Corbusier postulierte er ›Wohnmaschinen‹, funktionale, glattflächige Wohnblocks, die auch den Kanadiern bald die Freude an der Ornamentik verdarben. In Toronto wucherten schlichte, zweigeschossige Reihenhäuser, im Einwandererhafen Montréal mit eisernen Balkonen und zu den Wohnungen führenden Außentreppen versehen. An Montréals Place d'Armes übten amerikanische Architekten auch mit dem gerade erfundenen Stahlgerüst, bevor sie in Manhattan noch höhere Wolkenkratzer bauten. Nach dem Zweiten Weltkrieg übernahmen hier und in Toronto gesichtslose Bürotürme die Skyline, als Meisterwerke von I. M. Pei (Place Ville-Marie, Montréal) und Mies van der Rohe (Westmount Tower, ebd.) gepriesene Altäre des Fortschritts. In den 60er Jahren schlossen kanadische Architekten wie Moshe Safdie (Habitat, Montréal) und Douglas Cardinal (Canadian Museum of Civilization, Hull) zur internationalen Spitze auf; zeitgleich nahmen sich die ersten Stadtsanierer der verwahrlosten Altstädte Québecs, Montréals und Ottawas an. Die Postmoderne der 80er Jahre gab den gesichtslosen Bürotürmen und Apartmentblocks mit neoklassizistischen Elementen zumindest etwas Individualität zurück.

Malerei

Die ersten Siedler waren vor allem mit Überleben beschäftigt. Im Neufrankreich des 17. Jh. malten daher nur die Priester. Die naiven Bibelszenen nahmen sie mit in die Wälder, wo sie als ›Informationsbroschüren‹ für die zu bekehrenden Indianer dienten. Erst nach der Eroberung ernährte die Kunst ihren Mann: Favorit der Montréaler Haute Volée war der Porträtmaler Louis Dulongpré (1754–1843). Im fortschreitenden 19. Jh. blühte die Landschaftsmalerei. In Québec produzierten Théophile Hamel (1817–1870) und der deutschstämmige Cornelius Krieghoff romantische Alltagsszenen, in Ontario malte Paul Kane (1810–1871) die Ureinwohner, denen er auf seinen Reisen quer durch Kanada begegnete. Stilistisch gab Europa den Ton an, selbst Québecs größter Impressionist Clarence Gagnon (1881–1942) orientierte sich noch lange an europäischen Vorbildern.

Gemälde der Group of Seven, Art Gallery of Ontario in Toronto

Abgrenzung nach außen: In Ontario suchte man zuerst nach einem ›kanadischen‹ Stil. Das Bemühen, sich von der englisch-amerikanischen Szene abzusetzen, wurde vom 1907 in Toronto gegründeten Canadian Art Club gefördert. Richtungsweisend wurden die Arbeiten von CAC-Mitglied Maurice Cullen (1866–1934) und vor allem Tom Thomsen (1877–1917), dessen rau hingeworfene Bilder des kanadischen Nordens junge Maler um Joseph E. H. McDonald (1873–1932) und Lawren S. Harris (1885–1970) in Toronto inspirierten. 1920 präsentierten sie als »Group of Seven« ihre kraftvollen Bilder der Wildnis erstmals der Öffentlichkeit und wurden begeistert als Nationalheroen gefeiert, die sich von den ›Affen der europäischen ›Kunst‹ emanzipiert hatten. In Québec begegnete man der ›Kanada-Tümelei‹ mit Skepsis: Vor allem der Montréaler John Lyman (1886–1967) kritisierte den Outdoor-Nationalismus der Group of Seven und forderte, die Inspiration »nicht in der Arktis, sondern in jedem Element der Schöpfung« zu suchen. 1939 gründete er als Forum der talentiertesten Maler Montréals die *Contemporary Arts Society*. In ihrem Umfeld schufen die »Automatistes«, allen voran Paul-Émil Borduas (1905–1960), Alfred Pellan (1906–1988) und Jean-Paul Riopelle (*1923) erstmals einen von Europa unabhängigen Surrealismus. 1948 ebnete ihr Wortführer Borduas mit dem ästhetischen Manifest »Refus Global«, in dem er sich gegen die Gehirnwäsche der Kirche in Québec wandte, der Provinz den Weg ins 20. Jh.

Toronto war während dieser Zeit künstlerisch tot: Fast alle Künstler waren als Maler auf europäischen Kriegsschauplätzen oder wurden von der Vorherrschaft der institutionalisierten Group of Seven erdrückt. Erst in den 50er Jahren fanden die Abstrakten hier ein Publikum: Nach einer triumphalen Ausstellung in New York, wo sie als »Painters Eleven« die Amerikaner begeistert hatten, kehrten sie nach Ontario zurück. Bekannteste Vertreter: Tom Hodgson (*1924), Jack Bush (1909–1977) und Kzuo Nakamura (*1926).

Heute beherrscht die Szene ein kreativer, äußerst dynamischer Eklektizismus. Weltruf genießen die Ontarians Ronald Bloore (*1925), Michael Snow (*1929) und Alex Colville (*1920) sowie die Québécois Jean-Paul Riopelle und Charles Gagnon. Kunst findet nicht nur in den Metropolen statt. Die anglo- und frankokanadische Avantgarde stellt gern auch an der Peripherie aus: Baie Saint-Paul und Joliette in Québec sowie Kleinburg und die Resortstädtchen in der Muskoka Lakes-Region in Ontario sind international bekannte Künstlermekkas.

Literatur

Auch die Literatur umfasst eine zweisprachige Tradition, und auch hier ist – bei allen Unterschieden – ein gemeinsames Leitmotiv auszumachen: *survivance* bzw. *survival*. Anders als in den USA, wo sich das Thema Geld und Macht wie ein roter Faden durch die Bücherwelt zieht, kreist die kanadische Literatur ums Überleben. In der Literatur Québecs manifestiert sich dies in der Sorge um die Bedrohung der französisch geprägten Kultur. In Ontario ist es ein banges Frösteln um die Nation, die nicht erst seit dem Freihandelsabkommen (NAFTA) zunehmend vom südlichen Nachbarn beherrscht wird, und die Sorge um das Damoklesschwert der Separation Québecs. Gemeinsam ist beiden auch die typisch kanadische Sympathie für Helden, die an inneren und äußeren Konflikten scheitern.

Am Anfang standen Reiseberichte. In Neufrankreich beschrieben die

Jesuiten ihre Missionsarbeit in den tagebuchartigen *relations.* In Ontario berichteten Pioniere wie Catharine Parr Trail (1802–1899) vom entbehrungsreichen Siedlerleben. Wer vom Schreiben leben konnte, schrieb für Abnehmer in Europa, wie der Humorist Stephen Leacock (1869–1944), der den kanadischen Spießbürger aufs Korn nahm. In Kanada selbst fristete »Can Lit« lange ein Mauerblümchendasein im Schatten der amerikanischen Literaturmaschine. Oder aber der Kirche. In Québec ließ diese bis in die 1960er Jahre nur vereinzelt Kritik an ihrer moralischen Führungsrolle zu, wie in Roger Lemelins (*1919) »Au pied de la ponte douce« (1944). Umso erfolgreicher waren Autoren, die das Hohelied ländlicher Werte sangen, wie Louis Hémon (1880–1913) mit »Maria Chapdelaine« (posthum 1916).

Erst die 60er Jahre brachten die Wende. In Toronto bereiteten Dichterlesungen in Kaffeestuben das Feld, in Québec sorgte die »Stille Revolution« für eine kreative Explosion, die Autoren wie Gaston Miron (1928–1996) und Jacques Brault (*1933) die kulturelle Identität der Provinz entdecken und den Standort neu bestimmen ließ, z. B. in politischen Essays wie »Nègre Blanc d'Amérique« (1968) von Pierre Vallière. Ontarios Autoren stießen derweil in die internationalen Bestsellerlisten vor. Die Erfolge der regelmäßig auch ins Deutsche übersetzten Margaret Atwood (*1939), zuletzt »Alias Grace« (1996), ebneten einer neuen Autorengeneration den Weg. Seit dem Oskar-Regen für den Film »The English Patient« (1997) nach dem gleichnamigen Buch von Michael Ondaatje (*1943) sichert sich Hollywood bei jungen Talenten die Rechte selbst an ungeschriebenen Manuskripten – für Millionenbeträge. Die meist gelesenen Ontarians sind derzeit Neil Bissoondath (*1955), Timothy Findley (*1930) und, noch immer, Robertson Davies (1913–1997). In Québec rangieren Anne Hébert (1916–2000), Mordecai Richler (*1931), Alice Parizeau (1930-1990) und Victor-Lévy Beaulieu (*1945) ganz oben in der Lesergunst.

Musik und Theater

Die Québécoise Céline Dion ist die kommerziell erfolgreichste Popsängerin der Welt. Country-Sängerin Shania Twain aus Ontario herrscht in Nashville. Alanis Morrisette aus Ottawa produzierte mit »Jagged Little Pill« eines der meistverkauften Alben aller Zeiten. Bryan Adams, Sarah McLaughlin, Bare Naked Ladies: Zu Beginn des 3. Jahrtausends ist die kanadische Popszene so erfolgreich wie noch nie.

Das war nicht immer so. Lange dominierte die amerikanische Unterhaltungsindustrie, wussten kanadische Konsumenten mit heimischen Talenten nichts anzufangen. Neil Young aus Toronto, der in Ottawa geborene Bruce Cockburn, dazu Paul Anka und Gordon Lightfoot, suchten ihr Heil in den USA; in Québec schrieb Robert Charlebois 1968 mit dem ersten Rockalbum auf Französisch lokale Musikgeschichte. Hier hatten, unterstützt vom sozialliberalen Klimawechsel der »Stillen Revolution«, Liedermacher wie die noch immer populären Gilles Vigneault und Jean-Pierre Ferland dem Chanson den Weg geebnet. Heute locken in Ontario und Québec Veranstaltungen einheimischer Musiker ebenso viele Besucher an wie amerikanische Stars. Besonders populär ist Folkrock. Beliebteste Interpreten dieses Partysounds aus irischen bzw. bretonischen Klängen und Rock 'n' Roll sind die Formationen »Leahy« aus Ontario und »La Boutine Souriante« aus Québec.

Die 1960er Jahre brachten auch die klassische Musik voran. Der ebenso geniale wie exzentrische Pianist Glenn Gould (1932–1982) machte Kanada in der Szene bekannt. Die Toronto Symphony und das Orchestre Symphonique de Montréal gehören seither zur internationalen Spitze, die Ballettensembles beider Städte sind in aller Welt beliebt. Ein künstlerischer Exportartikel besonderer Art ist der »Cirque de Soleil« aus Montréal: Mit seinen spektakulären Shows, in denen Licht, Musik und kreative Talente aus aller Welt märchenhafte Fantasiewelten schaffen, hat er das Konzept des Zirkus auf ein neues Niveau gehievt.

Charlie Biddle und Tochter in seiner Jazz-Kneipe in Montréal

Film

Der kanadische Film stand lange im Schatten der schwer reichen amerikanischen Filmstudios und wurde deshalb selbst im eigenen Land kaum wahrgenommen. Zudem sind seine Inhalte – interessant für nachdenkliche Europäer, aber kaum als globale Kassenschlager geeignet – oft düster, provozierend oder ohne Happy End: »Black Robe« (1991) von Bruce Beresford (*1940) endet mit dem Genozid an den Indianern, in »Crash« (1996) von David Cronenberg (*1943) berauschen sich die Protagonisten sexuell an Autounfällen, und in »Kissed« (1996) von Lynne Stopkewich (*1963) verliebt sich die Heldin im Leichenschauhaus in einen Toten. Selbst das in den 50er Jahren in Montréal gegründete *National Film Board of Canada* muss sich damit bescheiden, dem kanadischen Autorenfilm einst lediglich aus den Startlöchern geholfen zu haben – zu stark ist die Vorherrschaft der amerikanischen Studios, zu groß die Verlockung kanadischer Star-Regisseure wie Cronenberg, Beresford und Robert Lepage (*1957), dem Wunderkind aus Montréal (»Le Confessional«, 1995), die *big budgets* in Hollywood anzuzapfen. Dennoch konnten vor allem in den letzten Jahren kanadische Filme, teils als internationale Co-Produktionen, Aufsehen erregen. Preise auf europäischen Filmfestivals gewannen Atom Egoyan (*1960) aus Toronto mit »Exotica« (1994) und »The Sweet Hereafter« (1997), David Cronenberg, ebenfalls Toronto, mit »M. Butterfly« (1993) sowie François Girard (*1963) mit »Le Violon Rouge« (1998). Bereits in den 80er Jahren erntete der Montréaler Denys Arcand (1941) mit »Le Déclin de l'Empire Américain« (1986) internationale Lorbeeren. Derweil dreht Hollywood immer lieber in Ontario und Québec. Die optisch vielseitigen Metropolen Toronto und Montréal haben sich inzwischen nach LA und New York zu den gefragtesten, weil preiswerteren, und sichersten Drehorten amerikanischer Regisseure gemausert.

Geschichte

Québec und Ontario, die Wiegen Kanadas. Selten hing das Schicksal eines Landes so oft in der Schwebe: Immer wieder erlebte es dramatische Veränderungen, manchmal stand es sogar vor dem Aus. Im 17. Jh. z. B. hätte die mächtige Irokesenliga die kleine Kolonie *Nouvelle France* mehrere Male leicht auslöschen können. 1763 wurde Neufrankreich englisch, aber mehrere Male fehlte nicht viel und ganz Kanada spräche heute Französisch. 1776 wäre Britisch-Nordamerika beinahe amerikanisch geworden und 1867 überzeugte lediglich die Bedrohung durch die aggressiven USA die schon damals auseinander strebenden Provinzen von den Vorteilen einer Konföderation. Im 20.

Jh. schließlich die Bedrohung der nationalen Einheit durch das französischsprachige Québec, das seine kulturellen Eigenheiten vom ›Rest of Canada‹ nicht respektiert sieht und seit 30 Jahren mit der Unabhängigkeit flirtet. Zwei Kulturen also, viel spannende Geschichte – und noch mehr Natur in den zwei größten und reichsten kanadischen Provinzen, wo die Wildnis vor der Haustür beginnt und Kanus und Wasserflugzeuge oft noch immer die einzigen Fortbewegungsmittel sind.

Daten zur Geschichte

70 000 v. Chr. Jäger und Sammler aus Asien gelangen über die Landbrücke der Beringstraße nach Amerika und erreichen um 12 000 v. Chr. den Osten Kanadas.

1534 Jacques Cartier segelt auf dem St.-Lorenz-Strom bis nach Hochelaga (heute: Montréal) und proklamiert Kanada für Frankreich. Baskische Walfänger beginnen den Pelzhandel mit den Ureinwohnern.

1608 Samuel de Champlain, der ›Vater Neufrankreichs‹, gründet Québec. Der Pelzhandel wird ausgeweitet. Sein Bündnis mit den Huronen und Algonquin-Stämmen ist für das Schicksal der Kolonie vorentscheidend: Ihre Erzfeinde, die Irokesen, verbünden sich später mit den Briten. Mutige Waldläufer, die *coureurs de bois,* dringen nach Ontario vor. 1610 sieht Champlains Schützling Etienne Brulé als erster Weißer die Großen Seen.

1642 Paul de Maisonneuve gründet die Missionsstation Ville Marie. Bis zum frühen 19. Jh. hält das spätere Montréal seine Stellung als Pelzhandelszentrum Nordamerikas.

1649 Ende der französischen Besiedlung Ontarios: Irokesenverbände zwingen die Jesuiten zur Aufgabe ihrer Missionsstation Ste-Marie-au-Pays-des-Hurons an der Georgian Bay. 1663 werden rund 1000 elternlose Mädchen, die sich zur Heirat mit einem Siedler verpflichten, zur Ankurbelung des Bevölkerungswachstums in die Kolonie gebracht, die so genannten *filles du roi* (»Töchter des Königs«). 1670 gründet die Londoner Hudson's Bay Company Moose Factory, den ersten britischen Pelzhandelsposten an der Hudson Bay. Neufrankreich antwortet mit dem *petite guerre* gegen HBC-Posten und die Kolonien Neuenglands. Das französische Einflussgebiet reicht vom Atlantik bis zum Mississippi.

1756–1763	Siebenjähriger Krieg in Europa. In Nordamerika endet der als *French and Indian War* zwischen Frankreich und England geführte Krieg 1759 mit der Eroberung Québecs durch die Briten. Im Frieden von Paris 1763 tritt Frankreich alle nordamerikanischen Besitzungen an Großbritannien ab.
1774	Mit dem *Québec Act,* der ihnen Sprache, Religion und Rechtsprechung garantiert, sichern sich die Briten angesichts der abfallenden 13 Kolonien im Süden die Loyalität der 60 000 Frankokanadier: Die 1776 in Montréal einmarschierenden Amerikaner können die *Canadiens* nicht zum Seitenwechsel bewegen.
1783	Rund 50 000 königstreue Amerikaner, die *United Empire Loyalists,* lassen sich nach der amerikanischen Unabhängigkeit in Québec und vor allem in Ontario nieder.
1791	Reibereien zwischen anglo- und frankophonen Siedlern führen zur Teilung der Kolonie in die Provinzen *Lower Canada* (Québec) und *Upper Canada* (Ontario) mit jeweils eigener Volksvertretung.
1812–14	Der sonst ergebnislose Krieg mit den USA legt die Grenzen Kanadas endgültig fest.
1837–1838	In Lower Canada unterdrückt die britische Armee blutig die *Rebellion des Patriotes.* In Toronto versucht Bürgermeister William Lyon Mackenzie mit 800 Anhängern den Sturz der korrupten Gouverneursclique *(family compact),* wird aber in die Flucht geschlagen.
1841	Auf Empfehlung des Durham-Report (s. S. 38) werden im *Union Act* die beiden Kolonien zur *Province of Canada* zusammengelegt – nicht zuletzt auch, um eine anglophone Bevölkerungsmehrheit zu schaffen.
1. Juli 1867	Das moderne Kanada wird geboren. Canada (Ontario und Québec) sowie Nova Scotia und New Brunswick schließen sich im *British North America Act* zum *Dominion of Canada* zusammen.
bis 1900	Die Eisenbahn verbindet Montréal und Toronto mit der Pazifikküste. Beide Städte boomen.
1914–1918	Teilnahme am Ersten Weltkrieg. Das Einberufungsgesetz – Anglos dafür, Frankos dagegen – spaltet die Nation. 1931 wird Kanada von Großbritannien auch außenpolitisch unabhängig. In den 30er und 40er Jahren wird Québecs Landwirtschaft industrialisiert.
1939–1945	Zweiter Weltkrieg und wieder heftiger Streit um die Wehrpflicht. Nach Kriegsende öffnet eine liberalere Einwande-

rungspolitik Kanada auch außereuropäischen Immigranten. In Südontario lassen sich im Rahmen des *autopact* amerikanische Autohersteller nieder. In Québec dominieren eine anglophone Oberschicht und die katholische Kirche Wirtschaft und öffentliches Leben.

1960 In Québec markiert die Wahl der Liberalen unter Jean Lesage den Beginn der so genannten *Révolution Tranquille* (s. S. 40). 1967 findet in Montréal die Weltausstellung statt.

1976 Olympische Sommerspiele in Montréal. Im November übernimmt die separatistische *Parti Québécois* die Provinzregierung.

1980 Erstes Referendum zur Unabhängigkeit Québecs scheitert.

1982 Kanada erhält eine neue Verfassung, die jedoch nicht von Québec unterzeichnet wird.

1985 Die Liberalen Ontarios beenden 40 Jahre konservativer Herrschaft in Kanadas reichster Provinz.

1987 *Meech Lake Accord:* Québec will die am Meech Lake bei Ottawa ausgehandelte und von allen Provinzen angenommene neue Verfassung erst unterzeichnen, wenn seine kulturelle und sprachliche Eigenständigkeit verfassungsmäßig garantiert werden. Die Ratifizierung dieser Verfassungsänderung scheitert 1990 am Veto von Manitoba und Newfoundland. Die Separatisten in Québec erhalten weiter Aufwind.

1993 Wahlsieg der Liberalen bei den Bundeswahlen. 1994 wird die Parti Québécois ein zweites Mal gewählt.

1995 Zweites Referendum zur Unabhängigkeit Québecs scheitert. In Ontario kehren die Konservativen zurück an die Macht.

2000 Beide Provinzen arbeiten an der Abtragung ihrer Schuldenberge und haben Sozialabbau angekündigt. In Québec hat der Haushalt derzeit Vorrang vor der Unabhängigkeit. Aktuelle Nutzerzahlen weisen Kanada als führende Internet-Nation noch vor den USA aus.

UNTERWEGS in Ontario & Québec

Ontario: Toronto, die *megacity* am Ontario-See, Niagara-Fälle, (Thirty) Thousand Islands, Paradiese für Outdoor-Fans

Québec: *Savoir vivre* in Montréal und Québec Ville, entlang des Sankt-Lorenz-Stroms, zur Gaspé-Halbinsel

ALBANY

Ontario

Toronto – die Megacity

Die Niagara-Halbinsel

St. Jacobs und Stratford

Muskoka – Land der Seen

Algonquin Provincial Park

Georgian Bay und Ontarios naher Norden

Ottawa

Im Algonquin Provincial Park

Toronto

Mit dem dröhnenden Selbstbewusstsein ihrer Vettern jenseits des Lake Ontario nennen die Torontonians ihre Stadt »Traana« oder schlicht »the megacity«. Grund genug haben sie: Mit 4,3 Mio. Menschen ist Toronto die größte Stadt Kanadas und die viertgrößte Nordamerikas. Anders als die meisten amerikanischen Großstädte ist die Finanzmetropole und Hauptstadt Ontarios jedoch sicher und sauber, ganz wie ein »von Schweizern betriebenes New York«, wie Peter Ustinov einmal bemerkte.

Nüchtern oder gar langweilig ist sie jedoch lange nicht. Mit ihren denkwürdigsten Beinamen – darunter »Toronto the Good« wegen eines 1906 erlassenen Gesetzes, das Arbeit *und* Zerstreuung an Sonntagen verbot, und »Hogtown«, weil einst Schweine auf der Yonge Street herumstreunten – kokettiert nur noch das Fremdenverkehrsamt. Was geblieben ist aus der Zeit als Hochburg der genussfeindlichen White Anglo-Saxon Protestants? Das Wichtigste: Alles funktioniert, vom öffentlichen Nahverkehr bis zur Stadtverwaltung. Und man kann sich in allen Vierteln unbehelligt bewegen. Weswegen angeblich amerikanische Familienväter kommen, um ihren Sprösslingen eine Stadt zu zeigen, in der man auch nachts sorgenfrei ausgehen kann. Dass nächtliche Trebegänge bis zum nächsten Morgen dauern, dafür sorgen vor allem die ethnischen Neighbourhoods. Die charmanten Viertel der aus aller Welt stammenden Einwanderer liegen im losen Halbkreis um die moderne Downtown und sind mit ihren Restaurants, Bars und Nachtklubs das lebenslustige Alter Ego einer Stadt, die allein 200 000 Menschen im Banken- und Versicherungswesen beschäftigt. Nicht zu vergessen natürlich: Entertainment. Mit über 50 Theaterproduktionen pro Monat und sieben Millionen verkaufter Tickets pro Jahr ist Toronto nach London und New York die größte Theaterstadt der englischsprachigen Welt. Film und Fernsehen beschäftigen direkt und indirekt 20 000 Menschen und lassen jährlich eine Milliarde kanadische Dollar in der Stadt: Nach Hollywood und New York werden hier – dank niedrigerer Pro-

Blick von den Toronto Islands auf die Skyline mit CN-Tower

duktionskosten – die meisten Filme Nordamerikas gedreht! Vier Profiteams – die »Maple Leafs« (Hockey), die »Blue Jays« (Baseball), die »Argonauts« (Football) und die »Raptors« (Basketball) spielen in den höchsten Ligen Nordamerikas mit. Keine Frage, Toronto boomt. Dementsprechend sind die Lebenshaltungskosten: Die Immobilienpreise sind kanadische Spitze – ein Haus im Stadtgebiet kostet hier durchschnittlich 222 000, in Montréal dagegen nur 119 000 Dollar –, die Mieten sind nur in Vancouver höher. Die Torontonians scheint das nicht zu kümmern: Ihre Stadt ist auch die am schnellsten wachsende.

Stadtgeschichte

Ein Viertel aller Kanadier lebt im Umkreis von 160 km, 60 % aller Amerikaner können die Stadt in einer Flugstunde erreichen. Die Lage am Nabel der Nation war ausschlaggebend für Torontos rasantes Wachstum. Schon den Indianern war der Naturhafen am Lake Ontario als Handelsplatz bekannt: In der Huronensprache hieß Toronto »Treffpunkt«. 1720 bauten die Franzosen hier ein Fort zum Schutz ihres Pelzhandels. 1759 fiel es an die Briten. 1783 gründete Gouverneur John Graves Simcoe hier eine Garnison und nannte die parallel wachsende Siedlung York. Etwas später verlegte er die Regierung Upper Canadas von Niagara-on-the-Lake nach York. Im Schutz der Garnison ließen sich mehrere hundert königstreue Siedler aus den jungen USA nieder, die mit der neuen Republik nichts im Sinn hatten. Im Krieg von 1812 wurde York von den Amerikanern niedergebrannt. Dennoch brachten die so genannten Loyalisten die Siedlung aus den Startlöchern: 1834 betrug die Einwohnerzahl 10 000, York wurde in Toronto umbenannt. Nun erlebte die Stadt eine Einwanderungswelle nach der anderen. Juden aus Deutschland und Osteuropa kamen, dazu 40 000 Iren auf der Flucht vor Hungersnot und Epidemien. Die Infrastruktur zog nach. 1843 wurde die University of Toronto eröffnet. Kanäle wurden gezogen, Schienen gelegt, Straßen gebaut. Toronto entwickelte sich zur Drehscheibe im Holz- und Getreidehandel. 1867 wurde es Hauptstadt der neuen Provinz Ontario, zwischen 1908 und 1915 zog mit dem Toronto Symphony Orchestra, dem Royal Ontario Museum und der Art Gallery of Ontario auch Kultur ein. In der ersten Hälfte des 20. Jh. wandelte sich Toronto zu einem Zentrum der verarbeitenden Industrie, von der Nähe der amerikanischen Märkte und den Weltkriegen profitierend. Nach 1945 öffnete sich die Stadt – dank der Liberalisierung der Einwanderungsgesetze – auch Einwanderern anderer Hautfarben: 20 Jahre später kamen erstmals mehr Immigranten aus Asien und Lateinamerika als aus Europa. Heute ist Toronto eine kosmopolitische, überwiegend katholische Stadt, mit über 400 000 Italo-Kanadiern als größter Minderheit, in der nach Englisch Chinesisch, Italienisch, Portugiesisch und Deutsch gesprochen wird. Seit Québec in den 70er Jahren erstmals mit der Unabhängigkeit liebäugelte, hat Toronto auch die Erzrivalin Montréal überflügelt: Dutzende Unternehmen, vor allem Banken und Versicherungen, zogen ins sichere Toronto um und schufen am Ufer des Lake Ontario eine futuristische Skyline. 1998 bereitete sich Toronto mit der Zusammenlegung von Downtown und fünf Vorstädten auf das neue Jahrtausend vor. Die kompakte Downtown ist indes eine Fußgängerstadt geblieben. Das Auto kann man also in der Hotelgarage lassen.

Waterfront und Front Street

Dieser Spaziergang hält die schönsten Aussichten auf die Stadt bereit. Den berühmten Postkartenblick auf die Skyline hat man von den Toronto Islands aus. Fußgängerfähren dorthin fahren täglich alle 30 Minuten vom **Queen's Quay Terminal (1)** am Ende der Bay Street (Mai–Sept. erste Hinfahrt um 8, letzte Rückfahrt von Hanlan's Point 21.30 Uhr). Von hier aus lohnt sich zuvor ein kurzer Abstecher zum **Harbourfront Centre (2;** 410 Queen's Quay W.). Der türkis glitzernde Glaskomplex ist mit seinen Cafés, Shops und Galerien das beste Sanierungsbeispiel des einst verwahrlosten Uferbereichs.

Die drei größten der 17 **Toronto Islands** sind Hanlan's Point, Ward Island und Centre Island. Alle sind durch Brücken miteinander verbunden und bieten mit ihren hübschen Wäldchen und Cottages – Bürgerinitiativen haben jahrzehntelang für deren Erhaltung gekämpft – ein verträumtes Ambiente, das man am besten mit dem Leihfahrrad (Vermietung an der Anlegestelle) erkundet. Den umfassendsten Blick auf die spektakuläre Skyline der Mega City hat man von Ward Island aus.

Vom Queen's Quay Terminal sind es nur ein paar Minuten zur größten Touristenattraktion der Stadt. Der **CN Tower** (**3;** 301 Front St. W.) ist mit 553,33 m der höchste freistehende Turm der Welt. Mehrere außen angebrachte Fahrstühle sausen mit sechs Metern pro Sekunde zur Beobachtungsplattform in 335,25 m Höhe. Auf vier Etagen befinden sich hier eine Freiluftterrasse, ein Glasboden für Schwindelfreie, Toiletten und ein für 400 Gäste ausgelegtes Drehrestaurant. Ein Fahrstuhl führt noch weiter hinauf zum 447 m hohen Space Deck. Von hier aus hat man bei klarem Wetter einen fantastischen, 160 km weit reichenden Rundumblick. Die mächtige, nicht minder markante weiße Kuppe zu Füßen des CN Tower gehört dem **Sky Dome** (**4;** 1 Blue Jays Way, geführte Touren, Tel. 341-2770). Die

Höchster freistehender Turm der Welt: der CN-Tower

Casa Loma, Spadina House
THE ANNEX
YORKVILLE
Hazelton Lanes
Yorkville Ave.
Cumberland St.
Bloor St. W.
Bloor St. E.
BATHURST
SPADINA
ST. GEORGE
BAY
YONGE
Greektown
MUSEUM
Charles St. W.
Charles St. E.
Sussex Ave.
Harbord St.
Sigmund Samuel Canadiana Collection
Queen's Park
Willcocks St.
College Circus
Kings College
Queen's Park Cir. W.
Queen's Park Cir. E.
Wellesley St. W.
Wellesley St. E.
WELLESLEY
Russell St.
Grosvenor St.
QUEENS PARK
COLLEGE
College St.
Carlton St.
Little Italy
Nassau St.
Cecil St.
Baldwin St.
Gerrard St. W.
Gerrard St. E.
Elm St.
The Grange
Dundas St. W.
Dundas St. E.
ST. PATRICK
DUNDAS
CHINATOWN
Grange Park
Grange Rd.
Shuter St.
Nathan Phillips Square
QUEEN
OSGOODE
Queen St. W.
Queen St. E.
City TV
Richmond St. W.
Richmond St.
Adelaide St. W.
Adelaide St. E.
Bank of Nova Scotia Tower
Royal Bank Bldg.
King St. W.
King St. E.
ST. ANDREW
KING
Dominion Bank Bldg.
King Edward Hotel
Toronto Dominion Centre
Wellington St. W.
Wellington St. E.
Front St. W.
Front St. E.
The Esplanade
UNION STA.
Union Station
Lake Shore Blvd. W.
Lake Shore Blvd. E.
Gardiner Exwy.
Queen's Quay W.
Queen's Quay E.
Harbourfront Park
Toronto Islands
Bathurst St.
Spadina Rd.
Spadina Ave.
St. George St.
Huron St.
Henry St.
Kensington Ave.
Denison St.
Augusta Ave.
Beverley St.
McCaul St.
Simcoe St.
John St.
Duncan St.
University Ave.
Avenue Rd.
Queen's Park Ave.
Elizabeth St.
Chestnut St.
York St.
Bay St.
Yonge St.
Victoria St.
Bond St.
Church St.
Mutual St.
Jarvis St.
1 2 3 4 5 6 7 8 9 10 11 12 13 14 15 16 17 18 19 20 21 22 23 24 25 26 27 28
N
0
500 m

Vielzweckarena und Heimat der »Blue Jays« und »Argonauts« ist die erste der Welt mit zurückfahrbarem Dach: Bei Regen schließt sich die 11 000 t schwere Konstruktion in nur 20 Minuten. Eine interessante Führung informiert über das komplizierte Innenleben und zeigt u. a., wie eine Baseball-Arena für 52 000 Zuschauer in eine Ausstellungshalle mit über 70 000 Sitzplätzen verwandelt wird. Von hier aus zum **Fort York (5)** sind es zwanzig Gehminuten auf der Front Street nach Westen (Ende Garrison Rd., Eintritt, Anfang Okt.–Mitte Mai Di–Fr 10–16, sonst Di–So 10–17 Uhr). Die Keimzelle Torontos, heute zwischen Highways und Eisenbahngleisen verschwindend, wurde nach dem Überfall durch amerikanische Truppen 1813 wiederaufgebaut, verlor aber im Laufe des 19. Jh. ihre militärische Bedeutung. Von der Stadt detailgetreu restauriert und von ›echten‹ Rotröcken bemannt, bieten das palisadenbewehrte Fort und ein kleines Museum einen Einblick in den Soldatenalltag vor 200 Jahren. Die Siedlung York übrigens stand östlich vom SkyDome, etwa dort, wo heute Union Station und **Royal York Hotel (6)** in neoklassischer Pracht an die Glanzzeiten der legendären Canadian Pacific Railway in den 20er Jahren erinnern. Mit seinen ca. 1400 Zimmern und zehn Restaurants beherrschte das 1927 im Château-Stil erbaute Royal York damals den Luftraum. Heute steht der nach wie vor imposante Granitbau im Schatten der Bürotürme des Financial District. Unter den kühl schimmernden Monolithen ruht der heilige Gral der kanadischen Eishockeywelt: Die **Hockey Hall of Fame** (**7;** 30 Yonge St., BCE Place, Eintritt, Mo–Fr 10–17, Sa–So 10–18 Uhr), von Front Street über das mit Cafés und einem Marché Mövenpick ausgestatteten Atrium des BCE Place erreichbar, dokumentiert die Geschichte des kanadischen Eishockey und bewahrt neben Schlägern, Gesichtsmasken und Beinschützern kanadischer Ho-

Toronto:

1 Queen's Quay Terminal
2 Harbour Front Centre
3 CN Tower
4 Sky Dome
5 Fort York
6 Royal York Hotel
7 Hockey Hall of Fame
8 Hummingbird Centre
9 St. Lawrence Market
10 Toronto Stock Exchange
11 Princess of Wales Theatre
12 Royal Alexandra Theatre
13 Roy Thompson Hall
14 The Bay
15 Eaton Centre
16 Elgin and Wintergarden Theatres
17 Pantages Theatre
18 Mackenzie House
19 Old City Hall
20 New City Hall
21 Osgoode Hall
22 Queen Street Village
23 Ten Ren Tea
24 Kensington Market
25 Art Gallery of Ontario
26 Bata Shoe Museum
27 Royal Ontario Museum
28 The Annex

ckeygötter den legendären Stanley Cup auf, jene ›Salatschüssel‹, die an sich keine 50 Dollar wert ist, jedoch für die Teams der National Hockey League (NHL) und ihre Fans ein Objekt irrationaler Begierde darstellt. Weiter im Ostenwird die Front Street altmodisch. Am **Hummingbird Centre (8)** vorbei, einer Theater- und Konzerthalle mit 3200 Plätzen, passiert man restaurierte viktorianische Häuserzeilen, bis der **St. Lawrence Market (9)** erreicht ist. Die riesige Markthalle wurde 1844 aus rotem Ziegelstein gebaut und diente bis 1904 als Rathaus. Heute bieten hier Farmer aus dem Hinterland ihre Produkte an.

Financial und Theatre District

Das Epizentrum der Macht liegt in Toronto im Kreuzungsbereich von King und Bay Street, der kanadischen Wall Street. Über 50 Stockwerke hohe Bürotürme lassen kaum Tageslicht in die Straßenschluchten, in den Straßenlärm mischt sich das dumpfe Rauschen riesiger Klimaanlagen. Gleich vier der fünf großen kanadischen Banken stehen sich auf der Kreuzung gegenüber: die von Mies van der Rohe entworfene, mattschwarze Toronto Dominion Bank in der Südwest-, die Bank of Montréal auf der Nordwest-, die Bank of Nova Scotia auf der Nordost- und die Canadian Imperial Bank auf der Südostecke. Zwischen den Zwillingstürmen der Toronto Dominion stellt sich der schlanke CN-Tower für eines der beliebtesten Erinnerungsfotos in Positur. Sehenswert in diesem Dschungel aus Glas, Stahl und Beton ist vor allem der **Toronto Stock Exchange**, die Börse (**10;** 130 King St., Mo–Fr 9.30–16 Uhr, geführte Touren tägl. 14 Uhr). Ein Visitor Centre informiert über das Börsengeschehen, von einer Besuchergalerie kann man das hektische Treiben im Saal verfolgen.

Ein paar Blocks weiter westlich auf der John St. weicht der Mammon den Schönen Künsten. Zwei der ›Großen Vier‹ Theater liegen hier sowie etliche kleinere Bühnen, das eigentliche Rückgrat der Theaterszene. Ein Rundgang durch den **Theatre District** beginnt am besten an der Ecke John und King Street. Athletische Sportstudenten verdienen sich als Rikschafahrer die Studiengebühren für das nächste Semester, lange Schlangen vor Ticketschaltern verraten die ›heißesten‹ Produktionen der Saison. Und Restaurants und elegante Nachtklubs sorgen dafür, dass man nach der Vorstellung in diesem Carré zwischen Simcoe Street und Spadina Avenue im Westen sowie King und Richmond Street im Norden hängen bleibt. Torontos Renommierstück ist das eigens für das Musical »Miss Saigon« gebaute **Princess of Wales Theatre** (**11;** 300 King St. W.). Bis zum **Royal Alexandra Theatre** (**12;** 260 King St. W.) hat man die Ehre mit den Mirvishes: Hunderte Zeitungsartikel an der

Häuserwand dokumentieren – in aller Bescheidenheit – die Verdienste der Unternehmer, Theaterfans und Lokalmatadore Ed und David Mirvish um die Erhaltung des Viertels. Das 1907 eröffnete »Royal Alex« haben sie in den 60er Jahren mit ihren Millionen gerettet: Ein Besuch des in rotem Samt, Goldbrokat und grünem Marmor schwelgenden Theaters ist auch außerhalb der Spielzeiten eine Reise in die Pferdedroschkenzeit. Das Toronto Symphony Orchestra residiert unweit davon in der **Roy Thomson Hall (13;** 60 Simcoe St.), einer fatal blumentopfähnlichen Glaskonstruktion, deren Akustik jedoch Weltruf bei Musikfreunden genießt.

Auf der Queen Street West

Queen Street West, China Town und Kensington Market

Dieser Spaziergang führt durch die Stadtgeschichte und beginnt an der Ecke Yonge und Queen Street. Die vom Lake Ontario heraufziehende, traditionelle Amüsiermeile Yonge Street ist Torontos Ost-West-Marker: Alle von hier aus nach Osten strebende Straßen tragen den Zusatz »E.« (East), die nach Westen den Zusatz »W.« (West). Den Eingang der Queen Street West bewachen zwei kanadische Shopping-Legenden: Das Kaufhaus **The Bay (14)** ging aus der 1670 in London gegründeten Pelzhandelsgesellschaft Hudson's Bay Company hervor und war lange Kanadas größte Konsumschleuse. Das moderne **Eaton Centre (15)** gegenüber geht auf Timothy Eaton zurück. Dieser irische Einwanderer gründete 1869 in Toronto seinen ersten Gemischtwarenhandel. Heute sind The Bays und (das inzwischen zum Teil von Sears aufgekaufte) Eaton Nationalsymbole und in jeder größeren Stadt vertreten. Torontos Eaton Centre, drittgrößter Konsumpalast des Landes, ist zudem eine wöchentlich von einer Million Menschen durchflutete Touristenattraktion: 320 Läden, darunter viele

Boutiquen kanadischer Modedesigner, sind hier auf fünf Galerien untergebracht, dazu Restaurants, Cafés, ein Kinokomplex mit 17 Leinwänden sowie das Informationsbüro von Tourism Ontario. Nicht weit entfernt – der Kreuzungsbereich Yonge und Dundas Street wird derzeit mit Millionenaufwand zum Times Square Torontos gestylt – stehen die beiden anderen famosen Theater der Stadt, die **Elgin and Wintergarden Theatres (16;** 189 Yonge St.) und das **Pantages Theatre (17;** 263 Yonge St.). Beide Etablissements, inzwischen historisch detailgenau restauriert, waren einst die größten Vaudeville-Bühnen des britischen Empire und spielen heute vor allem international erstklassige Musicals. Zwei Blocks östlich davon liegt in der Bond Street ein anachro-

nistisches Überbleibsel aus georgianischer Zeit: **Mackenzie House (18;** 82 Bond St., Eintritt, Di–Sa 9.30–17, So 12–17 Uhr). 1857 erbaut, diente es William Lyon Mackenzie nach seiner Rückkehr aus dem Exil 1859 als Ruhesitz. Als Bürgermeister Torontos und Verfechter eines *responsible government* hatte Mackenzie 1837 eine bewaffnete Rebellion gegen den korrupten *family compact* der herrschenden Gouverneursclique geführt und verloren. Inzwischen ist Mackenzie House ein Museum, mit kostümierten Guides ausstaffiert, und vermittelt einen interessanten Einblick in den Alltag der Mittelklasse um 1860.

Zurück auf die Queen Street West: Auch die neo-romanische **Old City Hall (19)** von 1889 neben dem Eaton Centre setzt einen – vorsichtig formuliert – stilistischen Kontrapunkt zur architektonischen Nüchternheit ringsherum. Seit 1965 sitzt die Stadtverwaltung jedoch nebenan in der **New City Hall** (**20;** 100 Queen St. W.), einem geschmacklich ebenso zweifelhaften, aber wohl gerade deswegen in allen Broschüren als Symbol der Aufbruchstimmung der 1960er Jahre gefeierten Baby des finnischen Reißbrett-Rebellen Viljo Revell. Zwei konkav geformte Bürotürme wölben sich um eine ufoähnliche, den Ratssaal beherbergende Muschel, zumindest bei Nacht ein Erinnerungsfoto wert. Weiter geht es an der ehrwürdigen **Osgoode Hall** (**21;** 116–138 Queen St.) vorbei, dem 1829–1844 im neoklassischen Stil erbauten Sitz der Law Society von Ontario. Jenseits der University Avenue beginnt **Queen Street Village (22),** lange die schrille Alternative zum nüchternen Financial District und noch immer eine der beliebtes-

In Torontos größter Chinatown: insgesamt gibt es sechs chinesische Viertel

ten Neighbourhoods für Einkaufsbummel und nächtliche Extratouren. Bis zur Spadina Avenue reiht sich hier ein Restaurant an das andere. Musikkneipen, Diskotheken, Pubs, Coffeeshops, dazwischen Boutiquen, Buch- und Tattooläden und Sado-Maso: Das richtige Pflaster für »City TV« und »Muchmusic« (299 Queen St. W.), Torontos fetzigste Fernseh- bzw. Radiosender, deren Frontleute bei gutem Wetter auch auf dem Bürgersteig Programm machen.

Dinieren auf Plastiktischtüchern, die nach dem Essen von flinken Kellnern gleich mit dem schmutzigen Geschirr entsorgt werden: Wer auf der Spadina Avenue nach Norden marschiert, ist bald mitten in Torontos größter **Chinatown**. Nur der hin und wieder zwischen den Blocks auftauchende CN-Tower erinnert daran, dass man sich noch in Kanada befindet: Mit 370 000 Einwohnern sind Torontos sechs Chinatowns – die in Downtown reicht im Norden bis zur College und grenzt im Osten fast an die Bay St. – nach denen von San Francisco bevölkerungsstärksten in Nordamerika. Ihr Epizentrum ist die Dundas Street zwischen Spadina Avenue und University Avenue. Kantonesische Popmusik dringt auf die Straße, exotische Gewürze, von denen der gebildete Mitteleuropäer höchstens noch Ginseng kennt, kitzeln die Nase, aus den vollgestopften Lebensmittelläden quillt ein Geruch von alten Transportsäcken und Orangenschalen und legt sich begütigend über das wuselige Chaos. Ein Muss ist **Ten Ren Tea (24;** 454 Dundas St. W.): Hier werden Spitzentees für bis zu 100 Dollar pro halbes Pfund verkauft. That's Toronto, vor allem sonntags! Dann gehen die chinesischen Familien brunchen, die Eltern in konservativem Blau-Grau, die Kinder in weiten Gap-Jeans und Baseballmützen. Restaurants, wo man garantiert die einzige Langnase ist, liegen vor allem im Kreuzungsbereich von Spadina Avenue und Dundas Street.

Zwischen Chinatown und der Art Gallery of Ontario (AGO, s. u.) sollte man auch etwas Zeit für **Kensington Market (24)** an der Kensington Avenue reservieren. Dieses Viertel begann als jüdischer Wochenmarkt und zog später Einwanderer aus Portugal, der Karibik und Lateinamerika an. Unübersehbar multi-ethnisch, wird es heute gern als Paradebeispiel für Torontos Bevölkerungsmix präsentiert. Hier durchstöbern alleinerziehende Mütter prall gefüllte Secondhand-Läden, schlürft Torontos finanzschwache Studentenbohème ihren Espresso. Die beste Adresse für Lunch oder Dinner jenseits von Sandwich und French Fries ist die enge **Baldwin Street** mit ihren kleinen Terrassen-Restaurants.

Die weltberühmte **Art Gallery of Ontario (25;** 317 Dundan St. W., Eintritt, Di u. Do–So 10–17.30, Mi 10–22 Uhr) holt den Weltreisenden unerbittlich ins Abendland zurück. 1920 organisierte sie – damals noch in ihrem ursprünglichen Gebäude The Grange – die erste Ausstellung

Art Gallery of Ontario: hier das integrierte Henry Moore Sculpture Centre

der Group of Seven (s. S. 43 f.) und hält seither ihren Stammplatz auf den Karten internationaler Kunstkenner. Kontinuierlich erweitert, beherbergt die von außen eher wie ein Riesenbunker aussehende AGO heute Skulpturen und Gemälde aus sieben Jahrhunderten. Sehenswert ist vor allem die Sammlung kanadischer Maler, die von Krieghoff über die Montreáler »Automatistes« bis Michael Snow reicht und auch Schlüsselwerke der Group of Seven enthält. Rembrandt, Renoir, Rodin und andere europäische Meister sind ebenfalls vertreten. Das integrierte **Henry Moore Sculpture Centre** zeigt mehr als 800 Werke des Künstlers, u. a. Plastiken, Lithographien und 20 tonnenschwere Skulpturen. Der Galerie angegliedert ist **The Grange.** Die 1818 von einem Mitglied des korrupten *family compact* im georgianischen Stil erbaute Residenz war später der Treffpunkt der Elite der Stadt. 1910 wurde es der AGO vermacht, die es restaurierte und für die Öffentlichkeit freigab.

Bloor Street und Yorkville

Dieser Spaziergang führt zu den besten Museen Torontos und durch eines der schönsten Viertel der Stadt. Von Downton aus am besten per U-Bahn zu erreichen, steigt man an der Subway-Station St. George aus und steht sofort an der Bloor Street. In den letzten Jahren hat sich die West-Ost-Achse nördlich von Downtown mit ihren Bürogebäuden, Kinos und Geschäften zu einem zweiten Stadtzentrum entwickelt. Im 19. Jh. war sie die Südgrenze der bis 1883 eigenständigen Stadt Yorkville. Heute ist Yorkville mit seinen herrlichen viktorianischen Villen, in denen oft Coffeeshops, Gourmetrestaurants und edle Designerläden untergebracht sind, die erste Adresse für liquide Shopper und einen gepflegten Abend bei Escargots Bourguignonnes (Weinbergschnecken) und Monte Cristo (kubanische Zigarren).

Idealer Auftakt für diesen Streifzug ist der Besuch des **Bata Shoe Museum (26;** 327 Bloor St. W., Eintritt, Di–Sa 10–17, Do bis 20 Uhr, So 12–17 Uhr). Vor einigen Jahren von der Bata-Familie eröffnet, führt der Rundgang durch dieses originelle, äußerlich einer Schuhschachtel nachempfundene Museum durch ein sonst vernachlässigtes Stück Kulturgeschichte. 10 000 Schuhe, darunter holländische Schmugglerschuhe, japanische Geishasandalen und amerikanische Astronautenstiefel, sind visuell ansprechend inszeniert, Texttafeln stellen überdies den jeweiligen gesellschaftlichen Kontext her. Ein paar Gehminuten vom Bata Shoe Museum entfernt führte das klassische humanistische Bildungsideal Regie. Das **Royal Ontario Museum (27;** 100 Queen's Park, Eintritt, Mo–Sa 10–18, Di 10–20, So 11–18 Uhr) ist Kanadas größtes interdisziplinäres Museum und verfügt mit der Ming Tomb Gallery über eine der besten Sammlungen chinesischer Kunst der Welt. Insgesamt sechs Millionen Artefakte aus Kunst, Archäologie und den Naturwissenschaften bewahrt das in Toronto nur als ROM bekannte Museum. Thematisch gegliederte Ausstellungen beschäftigen sich mit Glas-, Silber- und Keramikarbeiten. Die Gallery of Indigenous People informiert über Vergangenheit und Gegenwart der kanadischen Ureinwohner, die spannende Dinosaurierabteilung zeigt u. a. das komplette Skelett eines in Alberta gefundenen *Maiasaurus.* Der Alten Welt widmet sich das ROM mit hervorragenden Ausstellungen zu den alten Ägyptern, Griechen und Römern.

»Shop 'til you drop« – Zwischen Queen's Park Avenue und Yonge Street führt die Bloor Street mit sündhaft teuren Designer- und Markenläden in Versuchung. Die Yorkville Avenue mit ihren viktorianischen Ziegelhäusern, in denen Restaurants, Bars und noch mehr Boutiquen untergebracht sind, ist der bis spät in die Nacht lebhafte Laufsteg der Reichen und Schönen, Hazelton Lanes, eine verwinkelte Gehzone mit Juwelieren und Galerien, Einkaufszone spendierfreudiger Millionäre. Einen klaren Kopf behält, wer stattdessen einen Spaziergang auf den ulmengesäumten Nebenstraßen Yorkvilles unternimmt.

Neighbourhoods weiter draußen

Ungelogen: Selbst Mitt-Vierziger können sich noch daran erinnern, wie man bei Eaton's sonntags die Schaufenster zuzog, um das sündige *window shopping* zu verhindern. Ungelogen ist auch, dass die Stadtväter ganz Toronto vor einigen Jahren per Federstrich zur rauchfreien Zone erklärten, aber nicht mit dem auf breiter Front demonstrierten zivilen Ungehorsam der Bürger gerechnet hatten und das Gesetz wieder zurücknehmen mussten. Was das mit den Neighbourhoods zu tun hat? Nichts – oder doch etwa alles? Innerhalb zweier Generationen vollzog Toronto die Metamorphose von einer blutarmen Puritanerbastion zur genussfreudigen Metropole. Keine Frage, Einwanderer aus aller Welt brachten nach 1945 Pep und Farbe in die Stadt! Heiße Adressen für den inoffiziellen Teil des Tages sind vor allem zwei Neighbourhoods. **Little Italy** (College St. zwischen Euclid Ave. und Shaw St.) heißt Mortadella und Espresso mitten in Kanada. Die Männer sitzen in dunklen Trattorias beisammen und verfolgen über Satelliten-TV die Fußballergebnisse aus der alten Heimat, während die Frauen den Einkauf nach Hause schleppen. Liebhaber der italienischen Küche sind in den zahllosen Restaurants bestens aufgehoben. **Greektown** ist nicht ganz so kompakt, dank seiner Gastronomie jedoch ebenso lohnend. An der Danforth Street – das Viertel heißt auch kurz »The Danforth« – liegen schummrige Kafenions, Reisebüros mit Sonderflügen nach Athen und Saloniki, Bäckereien, einfachen Essstuben und einigen In-Lokalen Torontos. Die Gemüsemärkte haben bis spät in die Nacht geöffnet.

Gepflegte viktorianische Architektur und Kanadas einzige Burg, Erinnerung an ein übergroßes Ego, warten in **The Annex.** Begrenzt von Avenue Road und Bathurst Street, ist dieses schöne Wohnviertel nördlich von Bloor Street das Ergebnis jahrzehntelanger Bürgerinitiativen und Sitzblockaden. Im Norden überragt die **Casa Loma** (1 Austin Terrace, Tel. (416) 923-1171, Eintritt, tägl. 9.30–16 Uhr) die georgianischen Bauten und Tudor-Häuser, die protzige, 1914 gebaute Hinterlassenschaft eines neureichen Unternehmers mit Mittelalter-Spleen, der seine noblen Nachbarn mit dieser klobigen, über 98 Zimmer und einen Ballsaal für 500 Gäste verfügenden Burg gehörig schockierte. Die Führung ist dennoch interessant, der Blick von den Zinnen auf Downtown Toronto hervorragend. Wie das ›alte Geld‹ lebte, zeigt der Besuch von **Spadina House** (285, Spadina Rd., Tel. (416) 392-6910, Eintritt, Mo–Fr 9.30–17, Sa/So 12–17 Uhr) ein paar Schritte weiter. In der eleganten, 1866 von Bankier James Austin gebauten Residenz stehen die meisten Möbelstücke noch so wie 1880, als die Familie das Haus verließ, und vermitteln dadurch einen lebhaften Eindruck vom Leben der Elite Torontos im 19. Jh.

Tourism Toronto, Queen's Quay Terminal, 207 Queen's Quay W., Suite 590, M5J 1A7, Tel. (416) 203-2500, 1-800-363-1990, Fax (416) 203-6753: zwar etwas abseits gelegen und nur über begrenztes Infomaterial verfügend, bietet das Büro jedoch den interessanten, gebührenfreien ›Hotelbuchungsservice Accommodation Toronto, der über 100 Hotels in allen Preiskategorien repräsentiert und zügig das geeignete Zimmer reserviert. Lohnender – und zentraler – ist das Büro von **Ontario Travel** im Untergeschoss des Eaton Centre (Mo–Fr 10–21, Sa 10–17, So 12–17 Uhr). Die beste der frei erhältlichen, in allen großen Hotels ausliegenden Broschüren ist das monatlich erscheinende WHERE Toronto. Das 200-Seiten-Magazin enthält neben flott geschriebenen Szeneartikeln aktuelle Veranstaltungskalender, kommentierte Hotel- und Restaurantstipps sowie alle Attraktionen mit Öffnungszeiten und Eintrittspreisen.

A Bed and Breakfast Association of Downtown Toronto, P. O. Box 190, stn. B, M5T 2W1, Tel. (416) 368-14 20: vermittelt elegante viktorianische Unterkünfte für jedes Urlaubsbudget. **SkyDome Hotel,** 1 Blue Jay Way, Tel. (416) 341-7100, 1-800-441-1161: CP-Luxushotel im SkyDome, 70 Zimmer mit ›field view‹ ins Stadion, \$\$\$–\$\$\$\$. **Royal York Hotel**, 100 Front St., Tel. (416) 368-2511, 1-800-828-7447: traditionsreiches CP-Eisenbahnhotel, allein die in Goldbrokat und rotem Samt prunkende Lobby ist einen Blick wert, \$\$\$–\$\$\$\$. **King Edward Hotel,** 37 King St., Tel. (416) 863-9700, 1-800-534-4300; ältestes Hotel der Stadt (1903) und noch immer eines der beliebtesten, unterschiedlich eingerichtete Zimmer, allerdings kaum Zimmer mit Aussicht, \$\$–\$\$\$. **Strathcona Hotel,** 60 York St., Tel. (416) 363-3321: hübsches, in freundlichen Farben empfangendes Cityhotel, \$\$. **Days Inn Toronto Downtown,** 30 Carlton St., Tel. (416) 977-6 55, 1-8 00-329-7466: nüchternes Cityhotel, preiswerte Alternative in der Downtown, \$–\$\$. **Hotel Victoria,** 56 Yonge St., Tel. (416) 363-1666: preiswertes Boutiquehotel mit persönlichem Service, im Financial District, \$\$. **Bond Place Hotel,** 65 Dundas St., Tel. (416) 362-6061: preiswert und sauber, einen Block vom Eaton Centre entfernt, \$\$. **YWCA,** 80 Woodlawn Ave. E., Tel. (416) 923-8454: preiswerte Unterkünfte für Frauen, Schlafsäle, Einzel- und Doppelzimmer, \$. **Hostelling International,** 76 Church St., Tel. (416) 971-4440, 1-800-668-4487: Schlafsäle und Doppelzimmer, Küchen für Selbstversorger, \$.

Avalon, 270 Adelaide St. W., Tel. (416) 979-9918: Ausgefallenes: Forelle mit Spätzle, Entenbrust mit *boulangère*-Kartoffeln, dazu riesige Käseauswahl und vertrauensbildende Weinkarte, \$\$\$–\$\$\$\$. **Truffles,** 21 Avenue Rd. (im Four Seasons), Tel. (416) 28-7331: eines der besten und teuersten Restaurants der Stadt, trendige Küche. Versuchen: Hummer mit Safranpasta, \$\$\$\$. **Giovanna,** 637 St., Tel. (416) 538-2098: italienisch-trendig in Little Italy, \$\$\$. **Canoe Restaurant & Bar,** 66 Wellington St. W., 54. Stock, Tel. (416) 364-0054: kanadische Themen einfallsreich, aber nicht abgehoben zubereitet, z. B. Fasan in Neufundland-Rum, Karibu in Preiselbeersauce, \$\$\$. **Mercer Street Grill,** 36 Mercer St., Tel. (416) 599-3399: viel rostfreier Stahl und helles Holz, interessante Kombinationen im Seafood-Bereich und Schokolade-Sushi als Dessert, \$\$\$. **Myth,** 417 Danforth, Tel. (416) 4 61-8383: griechische Schilde plus Videobildschirme als Dekor, raffiniert verfeinerte griechische Spezialitäten, \$\$. **Lee Garden,** 331 Spadina Ave., Tel. (416) 593-9524: kantonesisch mit marktfrischen Zutaten, \$\$. **Ba-**

... und es war Sommer

Draußen sitzen

Wenn die nette Kellnerin einen *pitcher* Sangria bringt, die randvoll gefüllte Plastikkanne, und vom Nebentisch der Duft gegrillter Shrimps herüberweht, ist Sommer in Toronto. Und wo kann man die lauen Nächte am Lake Ontario besser genießen als unter freiem Himmel? Terrassen, Sonnendecks und Dachgärten, wer die Wahl hat, hat die Qual. Hier eine Auswahl der schönsten ›Outdoor‹-Adressen:

The Roof (4 Avenue Rd., Park Hyatt Toronto, Tel. (416) 324-1567, $$-$$$): Restaurant und relaxte Bar im 18. Stock, mit Blick auf die Skyline der Downtown. Die Dekoration: Blumen und gusseiserne Tische und Stühle. Spezialitäten: Kaviar und Seafood in Safransauce. Besser mit Reservierung.
The Bamboo's Treetop Lounge (312 Queen St. W., Tel: (416) 593-5771, $): Thai-Nudeln und Daiquiri zu Live-Reggae und Salsa. Entspannte Atmosphäre, bunt bemalte Sitzbänke. Hier kommt man schnell in Kontakt.
Panorama (55 Bloor St., Tel. (416) 967-0000, $–$$): Torontos höchste Outdoor-Terrasse: Den Sternen näher im 51. Stock. Essen, Trinken und Schwofen zu Latin-Rhythmen. Früh kommen wegen des Sonnenuntergangs!
Abra ca Dabra (137 Peter St., Tel. (416) 593-1550, $$$): Ein Nachtclub im Erdgeschoss, ein Restaurant mit Fusion-Cuisine im ersten und eine Dachterrasse mit vorzüglichen Snacks im zweiten Stock.
The Docks (11 Polson St., Tel. (416) 461-DOCK, $): Tanzen, Trinken und Essen auf Kanadas größtem Patio, mit Blick auf die Containerschiffe auf dem See.

bur, 273 Queen St. W., Tel. (416) 599-7720: nüchternes Ambiente, aber märchenhafte goanesische Küche, $–$$. **The Friendly Greek,** 3107 Bloor St., Tel. (416) 232-2010: solider Grieche wie zu Hause, $–$$. **Marché by Mövenpick,** 42 Yonge St. (im BCE Place), Tel. (416) 366-8986: von Gulasch über Müsli bis Pancakes, gut zum Frühstücken, $–$$. **Wayne Gretzky's**, 99 Blue Jays Way, Tel. (416) 979-PUCK: außer Memorabilia von ›the Great One‹ Hamburger, Chicken und Spaghetti, $–$$.

Kneipen: Big Smoke Lounge, 145 John St.: kubanische Zigarren, 40 Sorten Malt Whiskey und, passend dazu, tiefe Ohrensessel, $–$$. **C'est What?**, 67 Front St.: uriger Pub mit 28 Biersorten und Livemusik, $–$$. **The Comfort Zone,**

Toronto Islands: Musikfestival

486 Spadina Ave.: nicht gemütlich, aber gute Livemusik und immer voll, $–$$. **The Mockingbird,** 580 King St. W.: Pool-Tische, Zigarrenqualm, gute Snacks, $. **Imperial Pub,** 54 Dundas St.: Bar unten, Lounge oben, dazu alter Jazz aus der Jukebox und Sport auf Riesenbildschirm, $–$$. **Snacks,** Rivoli, 332 Queen St. W.: cooler Klub mit Thai-Speisekarte, langer Bar und Livemusik, $. **Wallymagoo's Marinebar,** 245 Queen's Quay W.: lebhafter Treff der Yuppies von der Waterfront, Livemusik, $–$$.

Nachtleben: Joker, 318 Richmond St.: Torontos erster Megaclub, Tanz und Schwof auf drei Etagen. **Rex Jazz & Blues Bar,** 194 Queen St. W.: verraucht und cool, klassischer Live-Jazz-Joint. **Bauhaus,** 31 Mercer St.: Hip Hop und House in alter Lagerhalle. **Courthouse Chamber Lounge,** 10 Court St.: Dekor aus der Bigband-Ära, Tanzkurse und Swing-Livemusik. **Easy & the Fifth,** 225 Richmond St.: Yuppie-Treff bei Rhythem and Blues, Reggae und Westcoast. **El Mocambo,** 464 Spadina Ave.: täglich Livemusik. **525 West,** 525 Bloor St. W.: Hipper Rhythm & Blues Jazzclub.

Theater, Ballett, Oper, Rockkonzerte: Ticketmaster Canada Inc., 1 Blue Jays Way, Tel. (416) 870-8000: Tickets für Theater, Konzerte, Festivals, Sportveranstaltungen. **T.O.TIX,** Eaton Centre, Tel. (416) 536-6468: Di–Sa 12–19.30 Uhr, Tickets zum halben Preis, allerdings erst am Tag der Veranstaltung. **The Royal Alexandra Theatre,** 260 King St., Tel. (416) 872-1212: meist Produktionen zeitgenössischer Autoren. **AT&T Centre for the Performing Arts** (Pantages Theatre), 244 Victoria St., Tel. (416) 872-2222: spielt hauptsächlich »The Phantom of the Opera«. **The Princess of Wales Theatre,** 300 King St., Tel. (416) 872-1212, hochklassige Musicals. **The Canadian Stage Company,** Tel. (416) 368-3110: Stücke kanadischer Autoren und Dichter. **Toronto Truck Theatre,** 94 Belmont St., Tel. (416) 9 22-00 84: spielt ausschließlich Agatha Christie Thriller. **Young Peoples Theatre,** 165 Front St., Tel. (416) 862-2222: Theater für Kinder und Familien. **Buddies in Bad Times Theatre,** 12 Alexander St., Tel. (416) 975-8555: Nordamerikas größtes Schwulen- und Lesbentheater. **Roy Thomson Hall,** 60 Simcoe St., Tel. (416) 872-4255: Toronto Symphony Orchestra und internationale Interpreten. **Ford Centre for the Performing Arts,** 5040 Yonge St., Tel. (416) 7 33-93 88: Veranstaltungsraum für Megamusicals wie »Ragtime«. **The Hum-**

mingbird Centre for the Performing Arts, 1 Front St., Tel. (416) 872-2262: Rockkonzerte, National Ballett of Canada. **Air Canada Centre,** 40 Bay St., Tel. (416) 214-2255: neue Arena der Toronto Maple Leafs und Toronto Raptors, Showveranstaltungen und Rockkonzerte. Aktuelle Spielpläne bei Tourism Toronto, Tel. 1-800-363-1990.

Festivals: North by Northeast, Mitte Juni, Tel. (416) 469-0986: Musikgruppen aus ganz Nordamerika spielen in den Bars und Kneipen auf. **Benson & Hedges International Fireworks Festival,** Mitte Juni bis Ende Juli, Tel. (416) 442-3667: internationaler Feuerwerker-Wettbewerb. **Toronto International Dragon Boat Race Festival:** spektakuläres Bootsrennen am dritten Juni-Wochenende. **Lesbian and Gay Pride Week:** farbenprächtige Umzüge in der vierten Juniwoche. **The Fringe – Toronto's Theatre Festival:** 11 Tage Anfang Juli, Aufführungen von fast 100 Theatergruppen. **Caribana,** Ende Juli bis Anfang August, Tel. (416) 925-5435: Musik und farbenprächtige Umzüge der Einwanderer aus der Karibik. **International Film Festival,** Anfang Sept., Tel. (416) 967-7371: bei amerikanischen Stars immer beliebteres Filmfestival, Tickets Tel. (416) 968-FILM. **Canadian International Marathon,** 17. Oktober.

Kleidung: Eaton Centre und **Yorkville Avenue,** für kanadische und internationale Designertextilien. **Holt Renfrew,** 50 Bloor St. W.: Designerware von Armani, Calvin Klein und Co. **Peach Berserk,** 507 Queen St. W.: Girly- und Funky-Ware. **Wenches & Rogues,** 110 Yorkville Ave.: Designermode made in Canada. **Bücher: Chapters,** 110 Bloor St. W.: Mega-Buchhandlung mit Starbucks-Café. **Theatrebooks,** 11 Thomas St.: nur Bücher über Theater, Kostüm- und Kulissendesign. **Musik: HMV,** 333 Yonge St., CDs und Musikvideos auf mehreren Etagen. **Sam The Recordman,** 347 Yonge St.: besonders stark bei Indy-Labels. **Fotografie: Alt Camera Exchange,** 69 Queen St. E.: Filme, Fotoapparate, Reparaturen.

Tickets Toronto Blue Jays, Tel. (416) 341-1000, tägl. 9–16 Uhr (abhängig von Veranstaltungen).

Toronto's Lester B. Pearson International Airport, Fluginfos Tel. (905) 676-3506 u. 612-5100, liegt 24 km von Downtown entfernt. Mit dem Mietwagen nimmt man Hwy 427 South, Queen Elizabeth Way (QEW) East und Gardiner Expressway. **Taxen** kosten rund 50 Dollar – vorher *flat rate* mit dem Fahrer vereinbaren! Billiger (etwa 14 Dollar) ist die Fahrt mit dem **Shuttle-Service** »Airporter«, Tel. (905) 798-24 24, 798-2425, der vor allen großen Hotels in Downtown hält. Torontos öffentliches Transportsystem – **Subway, Busse, Straßenbahnen** – wird von der TTC betrieben. Tickets und Tageskarten werden in den Subway-Stationen verkauft. Ein Ticket *(token)* kostet 2 Dollar (Erw.) und 50 Cents für Kinder unter 12 J. und berechtigt zur unbegrenzten Nutzung der Subwaylinien unter Tage. Mit dem »Day Pass« (6,50 Dollar) kann man den ganzen Tag beliebig oft ein- und aussteigen.

Alle großen Mietwagenfirmen sind auf dem Flughafen und in den größeren Hotels mit Schaltern vertreten.

Touren: Heritage Toronto Walking Tours, Tel. (416) 392-6827, ext. -265; gratis Führungen durch verschiedene Neighbourhoods mit Schwerpunkt Geschichte. **Art Insite,** Tel. (416) 979-5704: Kunstexperten führen durch Torontos Galerien und Museen.

Die Niagara-Halbinsel

Grandioses Naturschauspiel, romantisches Ziel für Flitterwöchner, Rummelplatz: Die Niagara-Fälle sind all das, es kommt nur auf den Geschmack an. Nur eines sind sie bestimmt nicht: langweilig. 12 Millionen Besucher pro Jahr untermauern das auf eindrucksvolle Weise. Dabei gibt es auf diesem Landstreifen zwischen Ontario- und Erie-See auch ein paar stille Stars, die selbst im Schatten der Niagara-Euphorie kräftig funkeln.

Der Niagara River ist mit 58 km einer der kürzesten Flüsse Nordamerikas. Mit einer Fließgeschwindigkeit von 48 km/Std. ist er zugleich einer der reißendsten. Kein Wunder: Das Wasser aus vier der Großen Seen – dem größten Süßwasserreservoir der Welt – fließt durch seine nadelöhrartigen Schluchten in den fünften, den Lake Ontario. Bei der Stadt Niagara Falls stürzt es sich in drei durch Inseln voneinander getrennten Fällen über die höchste Stufe seiner langen Reise. Am spektakulärsten sind die 54 m hohen Horseshoe Falls auf der kanadischen Seite. In dem 675 m messenden Halbrund entfesseln pro Minute 180 Mio. hinabstürzende Liter Wasser ein Inferno, dessen Gischtwolke noch vom CN Tower in Toronto aus zu sehen ist. Die American Falls im US-Bundesstaat New York sind zwei Meter höher, aber längst nicht so imposant.

Die Fälle waren nicht immer eine Touristenattraktion. Zuerst lehrten sie Indianer wie Weiße das Fürchten. »Donnerndes Wasser« nannten die Ureinwohner ehrfürchtig das Naturschauspiel, und auch Pater Louis Hennepin, der 1678 der erste Europäer vor Ort war, grauste es vor soviel Urgewalt. Dann waren sie ein Verkehrshindernis, das die Erschließung der Wildnis verzögerte. Die Besiedlung der Region begann erst nach der amerikanischen Unabhängigkeit, als königstreue Loyalisten den Grenzfluss Niagara River nach Britisch-Nordamerika überquerten und sich an seiner Mündung am Lake Ontario niederließen. Im Schutz von Fort George gründeten sie Newark, das spätere Niagara-on-

Hautnahes, spritziges Vergnügen: eine Fahrt mit der »Maid of the Mist«

Niagara-Halbinsel

the-Lake. Von 1792 bis 1796 war das Städtchen die Hauptstadt von Upper Canada. Dann wurde York (Toronto), das die Briten vor den amerikanischen Kanonen sicher wähnten, mit dieser Würde beehrt. Der Krieg von 1812 bescherte dem Grenzgebiet, das Winston Churchill später »die schönste Grenze der Welt« nannte, einige der blutigsten Gefechte dieses Kriegses.

Vom Image des populärsten Reiseziels Kanadas waren die Niagara-Fälle noch immer weit entfernt. 1795 beispielsweise weigerte sich die Kolonialregierung, 30 Dollar für einen Pfad zu den Fällen zu spendieren, weil »niemand außer kleinen Jungs« diese sehen wolle. Die Eisenbahn änderte das jedoch schlagartig. 1840 brachte sie die ersten Touristen, und das bis dahin öde Nest Niagara Falls verwandelte sich binnen kurzem in einen Zirkus voller pfiffiger Händler und ahnungsloser Touristen. Nepp und Nippes blühten. Die ersten Tourismuskritiker meldeten sich zu Wort, darunter Oscar Wilde. Der Dichter und Salonlöwe mutmaßte angesichts des Flitterwochentourismus, der Anblick der Fälle sei eine der frühesten und größten Enttäuschungen im amerikanischen Eheleben! Trotzdem wollten immer mehr Menschen sie sehen. 1885 erhielt die soeben gegründete Niagara Parks Commission die Aufgabe, das Land entlang des Niagara River vor unkontrollierter Verbauung zu bewahren. Die Arbeit der Kommission trug Früchte: Churchills Vergleich wird der parkähnliche Uferstreifen des Niagara River noch immer voll gerecht.

Niagara-on-the-Lake

Dafür ist man nicht gekommen: Die anderthalbstündige Autofahrt von Toronto nach Niagara-on-the-Lake gleicht einer Fahrt durch ein x-beliebiges Ballungszentrum in Mitteleuropa. Das Kanada der Seen und Wälder scheint im Siedlungsbrei des

Golden Horseshoe Lichtjahre entfernt! Vor einem ernsthaften Stimmungsumschwung ist Niagara-on-the-Lake jedoch erreicht. Das 13 000-Seelen-Städtchen verlor beim Rennen in die Zukunft den Anschluss und musste sich mit dem bescheiden, was es bis dahin hatte. Und das ist eine Menge: Vier Jahre als Hauptstadt von Upper Canada und 30 Jahre als Umschlagplatz im Handel zwischen Lake Ontario und Lake Erie haben repräsentative, auf englischen Rasen sitzende Residenzen hinterlassen, dazu romantische Gazebos, stille Parks mit freundlichen Schwänen und die Hauptstraße Queen Street, die in wonniger ›Merry old England‹-Atmosphäre schwelgt. Als 1830 mit der Eröffnung des Welland-Kanals der Verkehr zwischen den beiden Seen umgeleitet wurde, geriet Niagara-on-the-Lake ins Abseits. Dann aber erinnerten sich erfolgsgestresste Torontonians an den Ort, und um 1900 war Niagara-on-the-Lake das bevorzugte Feriendomizil von Bankern und Bossen. Deren Geld und Lifestyle hielt die alte Noblesse im Ort. Heute gilt Niagara-on-the-Lake als eines der schönsten, besterhaltenen Städtchen Kanadas. Man lebt zwar vom Tourismus, hält sich aber Neonreklame und billige *tourist traps* per Stadtverordnung vom Leib. Als Stützpunkt für den Trip zu den Niagara-Fällen ist der Ort ideal: Man muss nicht im Stop-and-Go von Niagara Falls nach einer Unterkunft suchen, sondern kehrt nach einem Tag bei Hot Dog und Popcorn in das kultivierte Ambiente einer

In Niagara-on-the-Lake, einem der schönsten Städtchen Kanadas

(meist) historischen Unterkunft zurück. Die Sehenswürdigkeiten nimmt man am besten bummelnd in sich auf. **Das Niagara Historical Society Museum** (43 Castlereagh St., Eintritt, Mai–Sept. tägl. 9–17, sonst 12–17 Uhr) referiert Fakten und Anekdoten aus der Stadtgeschichte, im **McFarland House** (Niagara Parkway, 1,5 km südl. von Niagara-on-the-Lake, Eintritt, Mitte Mai–Sept. tägl. 10–17 Uhr) sind die eleganten Originalmöbel noch am Platz, was einen lebendigen Einblick in den Alltag der pro-britischen Elite des 19. Jh. vermittelt. Das hoch über dem Niagara River gelegene **Fort George** (26 Queen's Parade, Eintritt, tägl. 9–16 Uhr) im Süden erinnert an die kriegerischen Anfänge des Städtchens. 1796 gebaut, um die in Sichtweite aufrüstenden Nachbarn fernzuhalten, war es im Krieg von 1812 heiß umkämpft. 1813 wurde es von den Amerikanern vorübergehend erobert. Die Briten bauten es später wieder auf, nur um es in den 1820er Jahren aufzugeben. Heute ist das detailgetreu restaurierte und von ›echten‹ Soldaten Seiner Majestät bemannte Palisadenfort eine Zeitmaschine, die den von Gefechten und Desertation geprägten Festungsalltag gekonnt zum Leben erweckt. Über historische Details informiert ein kleines Museum. Dem Niagara River kommt man derweil in einem Jetboat am nächsten – so nahe, dass kein Auge trocken bleibt. Die hoch motorisierten, 40 wasserdicht verpackte Passagiere fassenden Boote von **Whirlpool Jet Boat Tours** (Mai–Ende Okt. tägl. 8–20 Uhr) starten vom Ende der Melville Street unterhalb des King George III. Inn und preschen stromaufwärts zu den Niagara Rapids. In den Strudeln und Stromschnellen vollführen sie eine Achterbahnfahrt, bei der sich der halbe Lake Erie über die kreischend mitgehenden Passagiere ergießt. Fast nebenbei ist Niagara-on-the-Lake auch die Heimat des in ganz Nordamerika angesehenen **Shaw Festival** (April–Okt.). Die Stücke des Meisters sowie der berühmtesten seiner Zeitgenossen werden von renommierten Ensembles in drei Theatern, darunter dem modernen Festival Theatre, gespielt.

Die zweite große Attraktion der Niagara-Halbinsel sind ihre **Weingüter.** Um Niagara-on-the-Lake erinnern weitläufige Felder mit in Reih und Glied stehenden Rebstöcken und kalifornisch anmutenden Weingütern daran, dass man sich auf gleicher Höhe mit Rom befindet. Die Lage zwischen zwei der Großen Seen – der Lake Erie ist 25 700 km^2, der Lake Ontario 18 960 m^2 groß – sorgt für ein ›un-kanadisches‹, feuchtwarmes Treibhausklima. Fruchtbare Böden tun ein Übriges. Vor allem deutsche und österreichische Winzer und Großfirmen – Hillebrand, Reif, Konzelmann – produzieren mit Chardonnay, Gamay Beaujolais und Rheinriesling Weiße und Rote, die auf internationalen Wettbewerben gut mithalten. Legendär ist inzwischen der von Inniskillin Estates erstmals hergestellte Eiswein.

Queenston und Niagara Falls

Nach Niagara Falls geht es auf dem 56 km langen **Niagara Parkway.** Die lauschige, von Radwegen, Picknickplätzen und Weingütern gesäumte Straße begleitet den durch eine tiefe Schlucht donnernden Niagara River und ist ideal für eine faule Spazierfahrt bei heruntergelassenen Fenstern. Aussteigen sollte man dennoch, besonders in **Queenston.** Weil alle Handelsgüter zu Fuß um die Niagara-Fälle geschleppt werden mussten, war der verschlafene Weiler zu Füßen der Queenston Heights zu Beginn des 19. Jh. ein wichtiges Warendepot. Im Krieg von 1812 galt ihm das besondere Interesse der Amerikaner. Ihr Angriff im Herbst dieses Jahres wurde jedoch von den Briten unter General Isaac Brock nach schweren Verlusten zurückgeworfen. Auch Brock fiel. Der Stolz der Anglo-Kanadier auf diesen Sieg über die Amerikaner manifestierte sich später in **Brock's Monument,** einer 64 m hohen Siegessäule in einem schönen Park auf den Heights. Im Innern führt eine enge, 250 Stufen zählende Wendeltreppe zu einer jeweils nur drei Personen fassenden Aussichtsplattform. Die Aussicht über den Fluss bis zum Lake Ontario lohnt jedoch den schweißtreibenden Aufstieg. Die wilden Zeiten damals machten in Queenston noch jemanden zum Helden: Weil sie amerikanische Soldaten belauscht hatte, konnte die Siedlerin Laura Secord die britischen Truppen nach einem nächtlichen 31-km-Marsch rechtzeitig vor einem bevorstehenden Angriff warnen. Ihr schlichtes Wohnhaus, die **Laura Secord Homestead** (Niagara Parkway, Queenston Heights, ausgeschildert, Mai–Sept. tägl. 10–18 Uhr), ist mit zeitgenössischem Mobiliar dekoriert und hält spannende Details aus dem Leben Secords bereit.

Im 20-Minuten-Takt aufsteigende Helikopter kündigen es bereits von weitem an: Die Fälle sind nicht mehr fern. Auch der Verkehr wird dichter. Jetzt in einen der Shuttlebusse *(people mover)* umzusteigen, ist eine Überlegung wert, denn **Niagara Falls** gilt als die meistbesuchte Stadt Nordamerikas. Die einzige nennenswerte Attraktion, die nichts mit den Fällen zu tun hat, ist das neue **Niagara Parks Butterfly Conservatory** (Niagara Parkway, 7 km nördlich der Fälle, Eintritt, tägl. 9–19 Uhr). Durch einen tropischen Regenwald flattern über 2000 exotische Schmetterlinge, man lernt Arten kennen, die sogar schwimmen können. Danach allerdings übernimmt der Niagara-Tourismus endgültig die Regie. Die 80 000-Einwohnerstadt Niagara Falls ist, zumindest im Bannkreis der Fälle, schrill und abgefahren, eine Geldmaschine, die 24 Stunden pro Tag in Betrieb ist. Das zentrale Nervensystem des schlechten Geschmacks ist **Clifton Hill.** Erkennbar an der Figur des Seiltänzers Charles Blondin, die über die Straße gespannt wurde,

Die Fall-Süchtigen von Niagara

Eine Bootsfahrt in das Inferno ist manchen Zeitgenossen zu fade

In den 80er Jahren ließ man sich eine Menge einfallen, um den Kids die Lust auf Drogen zu verderben. Einmal stürzte sich sogar jemand in einem Fass die Niagara-Fälle hinunter, nur um zu zeigen, dass der Kick auch ohne Koks zu haben ist. Der gute Mensch überlebte seinen Höllentrip – lag's am Fass, an seiner höheren Mission, oder hatte er einfach nur unverschämtes Glück? Der letzte, der die Fälle ›bezwingen‹ wollte, war ein gewisser Jessie Sharp aus Tennessee. Er versuchte es im Kayak. Jessie war kein Glück beschert. Er paddelte auch ohne höhere Mission. Seitdem ihm 1989 Tausende von Schaulustigen dabei zusahen, wie er über die Kante zur Hölle fuhr, ward er nicht mehr gesehen. Kein Jessie, kein Kayak, keine Schwimmweste. Dafür findet er hin und wieder in Reiseführern Erwähnung.

Mit etwas über 50 m Höhe sind die Niagara-Fälle bei weitem nicht die höchsten Fälle. Mit 180 Mio. Liter pro Minute stürzt sich hier Wasser jedoch in Weltrekordmenge in die Tiefe, jede Ähnlichkeit mit H_2O aus dem Wasserkran verlierend. Unglaublich, dass Menschen den Sturz in die Tiefe überlebt haben! In Niagara Falls wurde ihnen – wie sollte es anders sein, schließlich bringt auch dies Geld – ein Museum gewidmet, das »Daredevil Adventure« (tägl. 8–21 Uhr) im Sockel des Skylon Tower. Die Ausstellung ist ein sehenswertes Sammelsurium wunderlichster Behälter, die harmlose Lebensvergeuder ersannen, um ihrem Leben ein bißchen Sinn abzuringen. Drinnen erwartet den Besucher durchaus ernst gemeinte Heldenverehrung. Auf vergilbten Schwarzweißfotos lehnen sich schnauzbärtige Männer in Knickerbockern gegen selbstgebastelte Behälter und blicken trotzig in die Kamera. An Schaltpläne erinnernde Skizzen, auf denen die Fall-Süchtigen Fallgeschwindigkeit und Wasserverdrängung, Wasserdruck pro Quadratzentimeter und Luftvorräte in Kubikzentimetern ausrechneten, hängen ordentlich gerahmt an den Wänden, zusammen mit Zeitungsausschnitten und Fotos von der ›*action*‹ und dramatischen Rettungsaktionen. Am eindrucksvollsten ist die »Plunge O'Sphere«, ein rundes Monstrum aus stahlverstärktem Gummi, das schreinartig auf einem Sockel thront. William Fitzgerald überlebte darin seine schwerste Prüfung, erläutert das Schild darunter.

Das Daredevil Adventure, ein Panoptikum von Lebensmüden, Ruhmsüchtigen und solchen, die verzweifelt Geld benötigten. 1859, rechtzeitig zu Beginn ihrer Karriere als Touristenattraktion, überquerte der damals weltberühmte Seiltänzer Charles Blondin die Fälle auf einem Seil. Und weil das schon damals niemanden hinter dem Ofen hervorholte, brutzelte er dabei ein Spiegelei und verzehrte es mit einem Glas Weißwein. Blondin gab den Startschuss zum gefährlichsten Rennen aller Zeiten. Fortan wurden die Fälle auf einem Bein hüpfend, schubkarrefahrend und mit Hulareifen überquert. Dabei wurde gewettet wie beim Hahnenkampf, auch heute noch bemerkenswerte Beträge wechselten die Besitzer. Für die nächste Generation war das Seil Kinderkram: Nun stieg man in Fässer und nahm es mit den Fällen direkt auf. Der erste Mensch, der sie so ›bezwang‹, war eine Frau. 1901 kam Anni Taylor in einem mit ihrer Matratze gefüllten Heringsfass heil unten an. Die Fälle schaffte sie, nicht aber die Vermarktung ihrer Tat. Sie starb berühmt, aber arm. Zehn Jahre später steuerte ein gewisser Bobby Leach in einem Stahlfass den gleichen Kurs. 40 Minuten hielten Strudel sein Fass gefangen, und als es endlich freikam, war Leach beinahe hinüber.

1912 wurde Fassfahren aus naheliegendem Grund verboten. Jetzt bestand die Kunst weniger darin zu überleben, sondern dafür zu sorgen, dass die Presse Wind von dem Himmelfahrtskommando bekam. Einige schafften sogar beides und genossen eine Weile das Rampenlicht. Das spektakulärste Drama ereignete sich jedoch im Sommer 1961 und war keineswegs beabsichtigt. Weil ihr Außenbordmotor plötzlich aussetzte, trieben drei Jugendliche hilflos auf die Fälle zu. Wenige Meter vor der Kante kenterte ihr Boot. Das Mädchen Diana Woodward konnte sich im letzten Moment ans Ufer retten. Ihr siebenjähriger Bruder Roger und ihr Freund James glitten jedoch vor aller Augen in die Tiefe. James wurde nie mehr gesehen. Der in einer Schwimmweste steckende Roger dagegen trug nur ein paar blaue Flecken davon. Laut um Hilfe schreiend, wurde er von Passagieren der »Maid of the Mist« geborgen. Ein Wunder – warum und wie er überlebt hat, vermag bis heute niemand zu erklären.

Ach ja, Jessie war übrigens doch nicht der letzte Verrückte. 1995 schaffte ein Pärchen aus Florida den Rekord: In einem Kunststofffass für 25 000 Dollar überlebten sie das Abenteuer zu zweit. Im gleichen Jahr versuchte sich Robert Overacker aus Kalifornien an den Fällen mit Jetski und Fallschirm. Der Schirm öffnete sich nicht …

sind sie alle hier versammelt, die Wachsmuseen, Absurditätenkabinette und Hamburgerläden. Wer einen Sinn dafür hat, mag die Kreativität bewundern, mit der Geld aus den Fällen gemacht wird. Man kann sie aus jeder Lage bestaunen. »Journey behind the falls« heißt ein Angebot, das den Besucher unter und hinter die Horseshoe Falls bringt. Bei »Great Gorge Adventure« drei Kilometer unterhalb der Fälle führt ein Tunnel bis unmittelbar vor die tosenden Whirlpool Rapids. »Niagara Helicopters Ltd.« kreist unaufhörlich über den »donnernden Wassern«, die Gondel »Niagara Spanish Aero Car« bringt Passagieren 76 m über dem Whirlpool das Gruseln bei. Der Renner ist und bleibt jedoch die Fahrt mit der **»Maid of the Mist«** (April–Ende Oktober). Seit Generationen tuckert ein halbes Dutzend Dampfer gleichen Namens die 500 m hinein ins tosende Inferno. Die Vollwäsche ist dabei garantiert, im Ticketpreis inbegriffen ist daher eine blaue oder gelbe Regenhaut. Und wer es bis dahin angesichts des Rummels an Land nicht mehr für möglich gehalten hat: Spätestens an Bord der Maid beeindrucken die Fälle doch noch zutiefst. Furchtlos stampft der kleine Dampfer mitten hinein in die gewaltige, gischtende Arena, in der man sein eigenes Wort nicht mehr versteht und auf drei Seiten von ungeheuren Wassermassen erdrückt zu werden scheint. Unfassbar, dass es Menschen gibt, die sich freiwillig über die Kante stürzen (s. S. 78 f.)! Und noch eine Attraktion, die gar nicht so schlecht ist: Ein Dinner im Drehrestaurant des 236 m hohen **Skylon Tower** (tägl. 8–1 Uhr). Dort genießt man die inzwischen in allen Bonbonfarben angestrahlten Fälle bei Pasta und Chardonnay – und versöhnt sich wieder mit dem tagsüber ertragenen Remmidemmi. Übrigens kann man die Fälle auch gratis von oben sehen. Die per Fahrstuhl erreichbare oberste Etage des Sheraton Fallsview Hotel bietet ein paar große Fenster mit Aussicht. Allerdings gibt es dort nichts zu essen.

Canada Visitor & Convention Bureau, 5515 Stanley Ave., Niagara Falls, ON L2G 3X4, Tel. (905) 356-6061, 1-800-563-2557, Fax (905) 356-5567: Infobroschüren und gratis Zimmerreservierung in Niagara Falls. **Niagara-on-the-Lake Chamber of Commerce & Visitor & Convention Bureau,** 153 King St., Tel. (905) 468-4263, Fax 468-4930: Hotelverzeichnisse. Über die Niagara-Halbinsel informiert die **Niagara and Midwestern Ontario Travel Association,** 180 Greenwich St., Brantford, ON N3S 2X6, Tel. (519)-756-3230, 1-800-267-3399, Fax (519) 756-3231: Broschüren, Hotel- und Restaurantverzeichnisse mit Rabattcoupons.

... in Niagara-on-the-Lake:
Prince of Wales Hotel, 6 Picton St., Tel. (905) 468-3246, 1-888-669-5566, Fax (905) 468-5521: frühviktorianisches Luxushotel, seit 1864 ein Wahrzeichen der Stadt, $$$–$$$$. **Queen's Landing Inn,** 15 Byron St., Tel. (905) 468-2195, 1-888-669-5566, Fax (905) 468-2227: 142 individuell gestaltete Luxuszimmer in georgianischer Eleganz, preisgekrönte Küche, $$$$. **The Angel Inn,** 224 Regent St., Tel. (905) 468-34 11: ältester Inn der Stadt, mit Pub und Weinbar, $$. **Moffat Inn,** 60 Picton St., Tel. (905) 468-41 16: Qualität und sehr bequem, $$. **The Oban Inn,** 160 Front St., Tel. (805) 468-2165: hübscher Country Inn mit Zimmern zum See, $$$–$$$$. **Adam Lockhart's Storrington House,** 289 Simcoe St., Tel. (905) 468-8254, Elegantes B & B in altem Kaufmannshaus, $$$.

... in Niagara Falls:
Days Inn Overlooking The Falls, 6367 Buchanan Ave., Tel. (905) 357-7377, 1-800-263-7073, Fax (905) 374-6707: gesichtslos, dafür aber mit Aussicht, $–$$$. **Quality Hotel Near The Falls,** 5257 Ferry St., Tel. (905) 356-2842, 1-800-263-6917, Fax (905) 356-6629: in Gehentfernung zu allen Aussichtspunkten, $–$$$. **Carriage House Motor Lodge,** 8004 Lundy's Lane, Tel. (905) 356-7799, 1-800-267-9887: modernes Motel mit Pool und herzförmigem Whirlpool in den Honeymoon-Suites, $–$$.

Shalamar Lake, Niagara Parkway Ecke Line 8 (auf halbem Weg zwischen Niagara-on-the-Lake und Niagara Falls, Tel. (905) 262-4895, Fax (905) 262-5978, $.

... in Niagara-on-the Lake:
The Anchorage Bar and Grill, 186 Ricardo St., Tel. (905) 468-2141, Spezialität Meeresfrüchte, schöner Blick von Gartenterrasse, $$–$$$. **Ristorante Giardino/Gate House Hotel,** 142 Queen St., Tel. (905) 4 68-3236: *fine cuisine* aus verschiedenen Regionen Italiens, $$$–$$$$. **Oban Inn Dining Room,** 160 Front St., Tel. (905) 468-2165: innovative kanadische Cuisine in vornehmem Traditionshotel, $$$–$$$$. **The Pillar & Post Dining Room,** 48 John St., Tel. (905) 468-2123: traditionell amerikanisch, also Steaks, Surf'n Turf und Riesensalate, $$$.

... in Niagara Falls:
The Skylon Dining Room, Skylon Tower, 5200 Robinson St., Tel. (905) 356-2651: Drehrestaurant, kontinentale Küche mit französischer Note, Reservierung erforderlich. **The Beef Baron,** 5019 Centre St., Tel. (905) 356-6110: uriges Steakhouse

oben auf dem Clifton Hill, $$$. **Capri Restaurant,** 5438 Ferry St, Tel. (905) 354-7519: Steaks, Seafood und preisgekrönte italienische Entrées.

Shaw Festival, 10 Queen's Parade, Niagara-on-the-Lake, Tel. (905) 468-2172, 1-800-511-SHAW, Fax (905) 468-3804: Renommiertes Theaterfestival zu Ehren des irischen Dramatikers und seiner Zeitgenossen, von Anfang April bis Ende Okt. **Niagara Classic Antique Festival,** 18.–20. Juni: Ontarios größte Antiquitätenschau.

Canada One Factory Outlet, 7500 Lundy's Lane, Niagara Falls, Tel. (416) 323-3977: Nike, Reebok, Danier, Rockport, Greg Norman, Roots, Levis, Polo, Ralph Lauren – alles da, und zwar zu Tiefstpreisen.

Attraktionen: Whirlpool Jet Boat Tours, 61 Melville St., Niagara-on-the-Lake, Tel. (905) 468-4800, 1-888-438-4444 **Niagara Helicopters Ltd.,** 3731 Victoria Ave. (Kreuzung Niagara Parkway), Niagara Falls, Tel. (905) 357-5672, 1-800-281-8034.

Die Iniskillin Winery bei Niagara-on-the-Lake

St. Jacobs und Stratford

Pennsylvania-Deutsch und Oxford-Englisch, deftige Summer Sausages und Five O'Clock Tea, sanfte Fundamentalisten und kulturbeflissene Shakespeare-Jünger: Im fruchtbaren Hügelland eine Autostunde westlich von Toronto haben nicht nur streng gläubige Altmennoniten, sondern auch der englische Dichterfürst ein Refugium gefunden.

Die vor amerikanischen Repressionen nach Upper Canada flüchtenden Loyalisten waren nicht die einzigen Pioniere Ontarios. Kaum besser gelitten im revolutionären Amerika war die Glaubensgemeinschaft der aus Mitteleuropa stammenden Mennoniten. Wegen ihrer Weigerung, während der Kämpfe zu den Waffen zu greifen, sahen sie sich nach der amerikanischen Unabhängigkeit Repressionen ausgesetzt. Ende des 18. Jh. tauchten ihre Kundschafter im Gebiet des heutigen Kitchener-Waterloo auf, um Landangebote der Regierung Upper Canadas auszuloten. Diese brauchte dringend Siedler, um das von Urwäldern überzogene Gebiet westlich von Toronto zu erschließen. Die ersten Familien, meist aus Pennsylvania, folgten zu Beginn des 19. Jh.

Die Region um St. Jacobs und Stratford

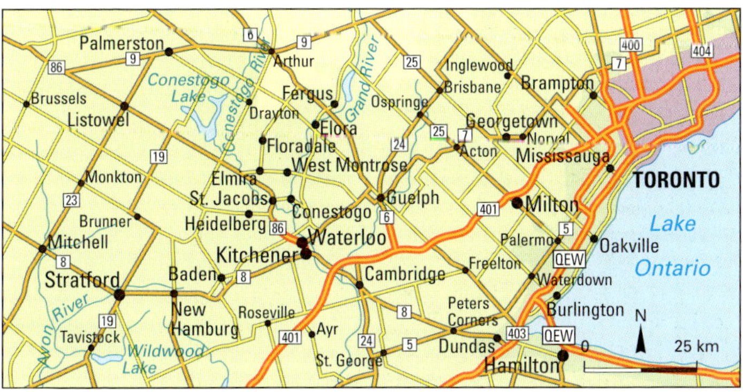

und gründeten ihr Zentrum Ebytown. Wenig später erlebte die Region eine deutsche Einwanderungswelle: Bereits 1841 lebten hier so viele Deutsche, dass Ebytown in Berlin umbenannt wurde. Die Nachbarn der ›Berliner‹ waren englische und schottische Siedler, die sich in Siedlungen wie Fergus und Stratford häuslich einrichteten. Die Deutschen bewiesen ihre Loyalität zur neuen Heimat am Vorabend des Ersten Weltkriegs. Aus Berlin wurde Kitchener, nach Lord Kitchener, der damals wie kein anderer die Glorie des britischen Empire verkörperte. Heute existiert das deutsche Erbe Kitcheners und der Zwillingsstadt Waterloo allenfalls im Gen-Pool. Die Hälfte der Einwohner – immerhin rund 160 000 Menschen – hat deutsche Vorfahren. Im Stadtbild taucht es höchstens in den Metzgereien auf: Dort findet sich ein für Kanada ungewöhnlich hoher Anteil an Schinken, Aufschnitt und Wurstwaren. Nur einmal im Jahr, und dann aber so richtig, wird »K.-W.« vom deutschen Wesen übermannt. In der zweiten Oktoberwoche wird hier das zweitgrößte Oktoberfest der Welt gefeiert!

Das Umland Kitcheners heißt wegen seiner bemerkenswerten Ertragsfähigkeit auch »Greenhouse of Ontario«. Den Besucher erwartet jedoch keineswegs rationalisierte Agrikultur. Die Altmennoniten, aber auch ihre Glaubensbrüder aus liberaleren Gruppen haben ihre konservative Lebensweise in die Gegenwart gerettet. So zuckeln schwarze Pferdedroschken über die stillen Landstraßen, verkaufen kernige Männer mit Strohhut und schwarzem Wams Gemüse ohne Chemie auf den Märkten, ziehen schnaufende Kaltblüter wie anno dazumal Pflüge durch die schwere Scholle. Der Landschaft gibt das einen friedvollen, ja einzigartigen Charakter, der den Aufenthalt zu einem stillen Vergnügen macht.

St. Jacobs

Wer abends um neun in St. Jacobs ankommt, fragt sich in der Regel, was er hier verloren hat. Die Bürgersteige sind hochgeklappt, die Läden zu. Die King Street, die Schlagader des 1200-Einwohner-Städtchens, liegt da wie ausgestorben. Nur in den gemütlichen Landgasthöfen, die hier Country Inns heißen, sind noch Menschen wach. Erfreut darüber, in der Dunkelheit eine Insel der Gastfreundschaft gefunden zu haben, checkt man ein und spaziert anschließend zu Fuß zu einem der Restaurants hinüber, die der Hausherr beschrieben hat. Die Küche ist ländlich-deftig, das rustikale Dekor erinnert entfernt an bürgerliche Gaststätten daheim. Und – sprechen die Gäste am Nebentisch nicht deutsch? Leicht irritiert darüber, so unverhofft den nordamerikanischen *Mainstream* hinter sich gelassen zu haben, geht man zu Bett.

Am nächsten Morgen verwandelt sich die geografische Amnesie in schieres Entzücken. Der alte Herr Martin, der vor der Besenwerkstatt selbst gemachte Apfelbutter aus seiner Droschke heraus verkauft, schnackt gern auf pennsylfaanisch, dem aus Deutsch und Englisch gemixten Lingo seiner Vorfahren, mit dem deutschen Besucher. Seine altmennonitischen Glaubensbrüder und -schwestern klappern freundlich grüßend in *horse buggies* vorbei, ganz in demütigem Schwarz die Herren, in weiten, altmodischen Kleidern und mit Haube die Damen. In einer Bäckerei schieben junge, ebenfalls Häubchen tragende Mädchen frisches Brot in den Ofen. Hausfrauen haben ihre *Quilts,* bunte, selbst genähte Tagesdecken zum Lüften aus den Fenstern gehängt. Und auf dem nahen Farmers' Market parken die Droschken in Reih und Glied, während ihre Chauffeure, unterstützt von Kind und Kegel, frische Gartenerzeugnisse unters Volk bringen.

Willkommen in St. Jacobs, oder »Jakobsstettl«, wie St. Jacobs früher auch hieß. Das adrette Städtchen im Tal des träge fließenden Conestogo River ist das Zentrum der Mennoniten Ontarios. Rund 25 000 leben in der Provinz, die meisten davon in und um St. Jacobs. Das öffentliche Leben spielt sich ausschließlich auf der von viktorianischen Häusern flankierten King Street ab. Der Geschäftssinn der Stadtväter ist unübersehbar. Die meisten der rund 100 (!) Geschäfte

Auf dem St. Jacobs Farmers' Market

befinden sich hier. Besonders gut gehen solche, die sich auf »all things mennonite« spezialisiert haben: rustikale Möbel, Quilts, Hausgemachtes. Das Anfang der 80er Jahre gefasste Ziel, die mennonitische Tradition St. Jacobs nach dem Vorbild der Amischen-Ortschaft Lancaster in Pennsylvania touristisch zu vermarkten, scheint mehr als erreicht. Vor der Stadt entstand der **St. Jacobs Farmers' Market and Flea Market** (7–15.30, Juni–Sept. auch Do 8–15 Uhr), der sich mit 20 000 Besuchern pro Markttag inzwischen zu einem der größten Wochenmärkte Kanadas entwickelt hat. Wenig bekannt: In den Gebäuden hinter der Markthalle finden regelmäßig, meist frühmorgens, öffentliche Viehauktionen statt, fotogene Stelldicheins knorriger

Telefon im Kuhstall, Pieper am Gürtel

Mennoniten bei der Heuernte

Gute Quilts erkenne man an der Zahl der Stiche. Sieben Stiche pro Inch, sagt die alte Dame, wiesen gute Qualität aus, noch mehr machten die kunstvoll genähten Decken zu den Luxusschlitten der Quilt-Landschaft, die nicht unter 700 Dollar weggingen. Gerade hat wieder eine den Besitzer gewechselt, für satte 1400 Dollar. Die »Ontario Mennonite Relief Sale and Quilt Auction« in New Hamburg ist in vollem Gange. Die alte Dame, Buchhalterin des Auktionators, rückt ihre Haube zurecht und macht ein Kreuz in ihre Inventarliste. Begegnungen im Mennonite Country. Altmennonit Enos Martin baut in seiner Werkstatt bei St. Jacobs die schwarzen Pferdedroschken, das Erkennungszeichen der Altmennoniten. 30 Droschken baue er pro Jahr, das Stück zwischen 2500 und

3000 Dollar. Jede Familie habe drei, eine robuste für den Alltag, eine feine für den Sonntag und ein »Dachwägele« für Ausfahrten bei schlechtem Wetter. Sehr traditionell, aber durchaus mobil!

Die Glaubensgemeinschaft der Mennoniten wurde im frühen 16. Jh. von Menno Simons, einem norddeutschen Führer der Wiedertäuferbewegung, gegründet. Unter dem Druck brutaler Verfolgung durch die Gegenreformation wanderten viele Mennoniten im 17. Jh. nach Amerika aus. Die meisten der heute 25 000 Mennoniten Ontarios gehören liberaleren Gruppen an als Enos. Allen Gruppen gemeinsam ist lediglich die Erwachsenentaufe und die Ablehnung des Wehrdienstes. Enos' Gruppe ist in Ontario als »Old Order Mennonites« bekannt. Dieser konservativste Zweig steht den Amischen von Pennsylvania nahe und lehnt technische Errungenschaften wie Autos, Telefon und Elektrizität ab. Die Männer tragen schlichtes Schwarz und bei der Arbeit gelbe Strohhüte, die Frauen weite, altmodische Kleider und blaue Hauben. Die Kinder lernen Englisch erst in der Schule. Der Alltag wird von tätiger Nächstenliebe geprägt: Man hilft einander bei der Feldarbeit, der Bau einer Scheune ist die Aufgabe aller und zugleich Anlass für Picknicks im Grünen.

Mit dem Tourismus scheint die Gegenwart über den Altmennoniten zusammengeschlagen zu sein. So mancher sieht die Tage dieser noch immer im 19. Jh. lebenden sanften Fundamentalisten gezählt. Reverend Dan Nighswander gehört allerdings nicht dazu. Der Vorsteher der Waterloo Mennonite Church sagt: »Die Altmennoniten wird es noch lange geben, auch wenn viele der Jungen inzwischen eigene Wege gehen.« Nighswander selbst verließ mit 15 Jahren seine altmennonitische Gemeinschaft, um sich einer liberaleren anzuschließen. Leicht war das nicht. »Meine Familie mochte das ganz und gar nicht. Aber letztlich blieb ihr nichts anderes übrig, als ihren Segen zu geben. Ich wollte einfach mehr vom Leben.« Zugeständnisse habe man übrigens schon damals, vor 30 Jahren, machen müssen. »Mit Erlaubnis der Ältesten hatten wir zwar ein Auto, aber wir mussten es schwarz lackieren, sogar die Stoßstange, weil alles unanständig glitzerte.« Die Gretchenfrage dreht sich um die Zukunft der Altmennoniten. Nighswander sagt: »Auch die Altmennoniten haben erkannt, dass sie sich nicht ewig vor der Außenwelt verschließen können. Es gibt Zugeständnisse, aber immer nur schrittweise und in kleinen Dosen.« Nighswander schmunzelt. »Das Telefon beispielsweise haben sie jetzt erlaubt. Allerdings darf es nur im Kuhstall installiert werden.« Wie sie dann im Haus hören, wie es klingelt? Ganz einfach. »Sie haben einen Pieper am Gürtel.«

Farmer in karierten Lumberjacks. Und in der neuen **St. Jacobs Factory Outlet Mall** (Mo–Fr 9.30–21, Sa 8.30–18, So 12–17 Uhr) schräg gegenüber verkaufen 25 Markenhersteller, darunter Reebok und Royal Doulton, für bis zu 50 % unter Marktpreis. Glücklicherweise liegen diese beiden Mega-Attraktionen außerhalb. St. Jacobs bleibt damit der größte Rummel erspart. Nicht zuletzt der Besuch des **Meeting Place** (Mai–Okt. Mo–Fr 11–17, Sa 10–17, So 13.30–17, sonst Sa–So 11–16.30 Uhr), eines kleinen Museums zur Geschichte der Mennoniten, erinnert unaufdringlich an den eigentlichen Zweck des Besuchs. Angesichts der Kommerzialisierung ist es wichtiger denn je, einen Altmennoniten – in seiner traditionellen Tracht zweifellos ein reizvolles Fotomotiv – vor dem Ablichten um sein Einverständnis zu bitten. Vielleicht gibt er es, vielleicht auch nicht. Jedenfalls weiß er den erbrachten Respekt zu schätzen. Die beschauliche Idylle, von der sich St. Jacobs zumindest während der Hochsaison entfernt, findet man dagegen auf Radtouren durch die Umgebung. Man passiert gepflegte Farmen mit hohen Silotürmen, zu denen keine Stromleitung führt, und einfache *meeting houses,* in denen die Altmennoniten zur Andacht zusammenkommen. In den Gärten toben freundliche Jungen und Mädchen in traditioneller Kluft herum. Mennonite Country – eine pastorale Idylle.

Der Ale Trail und Stratford

Apropos deutsches Erbe: Die Erkundung der Umgebung von St. Jacobs lässt sich unter das Motto »Gerstensaft« stellen. Mit 60 *micro breweries,* die von Pilsner über Lager bis hin zu »Honey Wheat« und »Amber Dry« nicht weniger als fünf Dutzend Sorten produzieren, verfügen die Counties Waterloo und Wellington nämlich über die höchste Konzentration privater Bierbrauereien in Kanada – woran deutsche Einwanderer nicht ganz unschuldig sind. 1998 haben sich einige dieser Brauereien zum »Ale Trail« zusammengeschlossen und bieten am jeweils dritten Wochenende des Monats kostenlose Führungen, Bierproben inklusive, durch sechs historische Braubetriebe in Waterloo, Elora und Guelph an. Zugleich führt diese von St. Jacobs ausgehende Rundfahrt auf den Highways 86, 6 und 7 durch anglokanadische Kleinstadtidylle par excellence. **Elmira** (7300 Einw.) ist ein Einkaufszentrum der Altmennoniten, wo die Parkstreifen entlang der Main Street speziell für Pferde und *horse buggies* eingerichtet sind. Im Weiler **West Montrose** spannt sich eine der letzten *covered bridges* Ontarios über den Grand River. **Elora** (3300 Einw.) liegt am Rand der 30 m tiefen, von Grand und Irvine River in den Kalkstein gefressenen Elora Gorge und begann 1838 mit einer Mühle. Heute ist die Elora Mill ein eleganter Country Inn, um den sich schöne Steinhäuser aus dem 19. Jh. scharen. Der »Ale Trail« führt hier zur **Old Mill Brewery. Fergus** (8900 Einw.) wirkt wie ein Fragment Schottlands in Kanada. Trutzige Häuser aus Kalkstein mit kleinen Fenstern erinnern an Bauherren aus den Highlands, das Bild eines kilttragenden Highlanders am Ortseingang kündigt Fergus als Austragungsort der im August stattfindenden **Fergus Scottish Festival & Highland Games** an. Im viktorianischen **Guelph** (95 800 Einw.) warten gleich drei Brauereien auf einen Besuch: **Sleeman Brewing & Malting,** die **F & M Brewery** und die **Wellington Country Brewery.** Ist die Neugier auf kanadisches Bier dann noch nicht gestillt, lässt sich der Tag in den Brauereien von Waterloo abschließen.

Eine Autostunde westlich von St. Jacobs liegt **Stratford** (29 000 Einw.). Anders als sonst, wo Pioniere bei der Namensgebung ihrer neuen Heimat wenig Fantasie zeigten, indem sie die neue Heimat nach der alten benannten, stand hier am Anfang ein in der Wildnis verlorener Shakespeare-Fan. 1832 baute William Sargeant an einem mäandernden Flüsschen ein Hotel und nannte es Shakespeare Inn. Den Fluss taufte er Avon, und irgendwie kam der Name der allmählich entstehenden Siedlung von selbst: Stratford. »Very british« ist die Stadt bis heute geblieben. Weitläufige Grünanlagen mit Trauerweiden, Schwänen und geschwungenen Fußgängerbrücken, dazu rotziegeligen Stadthäusern aus dem 19. Jh., erinnern stark an »good ol' England«. Aber erst 1953 schloss sich für Stratford der Kreis: Geschäftsleute und Journalisten hoben das Stratford-Festival aus der Taufe, teils aus Begeisterung für den englischen Dichter, teils aus ökonomischen Überlegungen, denn die devisenbringende Möbelindustrie lag am Boden. Am 13. Juli 1953 gab das Festival in einem Zelt mit »Richard III.« sein Debüt, mit niemand Geringerem als Alec Guiness in der Titelrolle. Damit war ein Standard gesetzt, der bis heute gehalten wurde. 1957 wurde das Zelt durch das 2300 Gäste fassende Festival Theatre ersetzt, später kamen zwei weitere Bühnen dazu. Heute wird das Stratford-Festival zu den wichtigsten Theater-Events Nordamerikas gerechnet. Eine Million Zuschauer verzeichnen die rund 500 Aufführungen pro Saison. Die Entdeckung Shakespeares durch Hollywood und eine vom Kinoerfolg inspirierte freizügige Anzeigenkampagne bescherte dem Festival mit einem Anstieg von 40 % bei den Erstbesuchern jüngst einen regelrechten Boom. Das Repertoire beschränkt sich jedoch nicht auf den englischen Dichterfürsten. Mit Erfolg gespielt werden auch Klassiker wie Molière, Racine, Sophokles sowie zeitgenössische Kanadier, darunter Sharon Pollock, Michel Tremblay und John Murrell.

ⓘ **Niagara and Midwestern Ontario Travel Association,** 180 Greenwich St., Brantfort, ON, N3S 2X6, Tel. (519) 756-3230, 1-800 267-3399, Fax

(519) 756-3231. **St. Jacobs Country,** 47 King St., St. Jacobs, ON N0B 2N0, Tel. (519) 664-1133, 1-800-265-3353, Fax (519) 664-2218. **Tourism Stratford,** P. O. Box 818, Stratford, ON, N5A 6W1, Tel. (519) 271-5140, 1-800-561-SWAN, Fax (519) 273-1818.

Jacobsstettl Guest House, 16 Isabella St., St. Jacobs, Tel. (519) 664-2208, Fax (519) 664-1326: B & B in viktorianischer Villa, Radverleih, $$$. **St. Jacob's Country Inn,** 50 Benjamin Rd., St. Jacobs, Tel. (519) 884-9295, Fax (519) 884-2532: nagelneues Best Western Hotel neben dem Farmer's Market, $$–$$$. **Benjamin's Inn,** 17 King St., St. Jacobs, Tel. (519) 664-3731: gemütliches Gasthaus mit Frühstücksterrasse im ersten Stock, $$$. **The Bristows Inn,** 80 Arthur St., Elmira, Tel. (519) 669-1604: gepflegtes viktorianisches Haus in grün und weiß, $$. **Elora Mill Country Inn,** 77 Mill St., Elora, Tel. (519) 846-5356, Fax (519) 846-9180: herrlicher Landgasthof in alter Mühle mit Blick in die Elora Gorge, $$$–$$$$. **The Breadalbane Inn,** 487 St. Andrews St. W., Fergus, Tel. (519) 843-4770, 1-888-842-2825, Fax (519) 843-7600, $$–$$$. **Holiday Inn Guelph,** 601 Scottsdale Drive, Guelph, Tel. (519) 836-0231, 1-800-HOLIDAY, Fax (519) 836-5329: modernes Mittelklassehotel, $$–$$$.

The Stone Crock, 41 King St., St. Jacobs, Tel. (519) 664-2286: gutbürgerliche Atmosphäre, mennonitische Spezialitäten, $–$$. **Benjamin's Restaurant,** im Benjamin's Inn, St. Jacob, 17 King St., Tel. (519) 664-3731: mennonitische und internationale Rezepte, $$. **Elmira Stone Crock,** 59 Church St. W., Elmira, Tel. (519) 669-1521: Ableger des St. Jacobs Stone Crock, $–$$. **Desert Rose Café,** 16 Metcalfe St., Elora: leichte Snacks, $. **La Cachette,** 13 Mill St., Elora, Tel. (519) 846-8346: wunderbarer kleiner Franzose, Spezialität: Ente in Calvados, $$–$$$. **Breadalbane Inn,** 487 St. Andrews St. W., Fergus, Tel. (519) 843-4770, 1-888-842-2825: mit Antiquitäten eingerichtetes Restaurant, traditionelle Spezialitäten wie Lamm und Lachs mit Kräutern, $$$–$$$$. **The Woolwich Arms Pub,** 176 Woolwich St., Guelph, Tel. (519) 836-2875: dicke Burger auf sonniger Terrasse, $.

St. Jacobs Farmer's Market, Farmer's Market Rd., St. Jacobs. **St. Jacobs Factory Outlet Mall,** 25 Benjamin Rd. St. Jacobs: Textilien, Designer-Klamotten, Geschenkartikel. **The Forge & Anvil,** 30 King St., St. Jacobs: Wetterfahnen, Weinregale und anderes Handgeschmiedetes. **Hasenpflug Homestead,** 50 King St., St. Jacobs: Antiquitäten aus der Umgebung. **Picard Peanuts,** Hwy 86 Ecke Reg Rd., St. Jacobs: Erdnüsse frisch vom Röster. **Ruffled Elegance,** 38 King St., St. Jacobs: handgenähte Quilts und Quilting-Demos. **Silo Weavers,** 10 King St., St. Jacobs: Quilts und handgewebte Teppiche.

Quilt Festival, vom 16.–31. Mai in den Städtchen des Waterloo County. Jede Familie hängt ihren schönsten Quilt aus dem Fenster. Farbenprächtiger Abschluss des Festivals ist die »Ontario Mennonite Relief Sale and Quilt Auction« im New Hamburg Community Centre am 30. Mai. **Stratford Festival** P. O. Box 520, Stratford, Tel. (519) 271-4040, 1-800-567-1600, 3. Mai–7. Nov. **Fergus Scottish Festival & Highland Games,** P. O. Box 25, 431 St. Andrews St., Tel. (519) 787-0099: keltische Musik, Umzüge, Rugby und traditionelle Wettkämpfe.

Farm bei Stratford

Muskoka – Land der Seen

»PFD« steht für »Personal Floating Device«, »GPS« heißt »Global Positioning System«: Den AKüFi (Abkürzungsfimmel) kanadischer Bootsbesitzer lernt man am schnellsten in den Muskokas entschlüsseln. Mit über 1600 Seen im nackten Granit und duftenden Nadelwäldern ist das Gebiet zwischen Orillia und Algonquin Park das traditionelle Refugium der Torontonians.

Wenn in Toronto das Wochenende naht, gehen die Städter *up north* oder *to the cottage*. Gemeint ist das Seengebiet der Muskokas anderthalb Autostunden weit im Norden. Es besteht aus den Gemeinden Bracebridge, Gravenhurst, Huntsville, Dorset, Bala und Port Carling und zählt rund 50 000 permanente Bewohner. Daneben sind rund 100 000 Besitzer von Ferienhäusern, den *cottages*, registriert. Ihnen haben die Muskokas den Beinamen *cottage country* zu verdanken. Und wer nicht zu diesen Glückspilzen zählt, legt hin und wieder einen Kurzurlaub in einem der herrlichen Resorts ein, weitläufigen Ferienanlagen an den Seen, die ihre Gäste mit Golfplätzen, Marinas und guter Küche zum Pauschalpreis verwöh-

Cottages am Lake Muskoka: *das* Wochenendziel der Torontonians

nen. Benannt nach dem Ojibwa-Häuptling Mesqua-Ukee wurde die Region für den Tourismus entdeckt, nachdem zwei Wanderer 1860 von Toronto aus einige Tage in einem Ojibwa-Camp an der Stelle des heutigen Gravenhurst verbracht hatten. Bereits um 1900 waren die Muskokas die Sommerfrische der nordamerikanischen Elite: Die Eaton-Familie, Begründer der kanadischen Kaufhauskette, kanadische Unternehmer und Politiker und auch US-amerikanische Präsidenten, sie alle flohen im Sommer vor dem Staub der Städte *up north.* Gemütliche Country Inns und elegante Grand Hotels entstanden, mit Anlegestellen davor und den für die Muskokas typischen Bootshäusern. Kanäle verbanden die wichtigsten Seen miteinander. Dampfschiffe brachten Post und Touristen bis in die entlegensten Buchten. Talentierte Bootsbauer machten jedes Motor- und Segelboot zu einem ästhetischen Genuss: Für ein aus Kirschholz gefertigtes Muskoka-Boot bezahlt ein Sammler noch heute (fast) jeden Preis.

Muskoka Lakes-Region, Algonquin Provincial Park und Georgian Bay

Lake Muskoka, Lake Rousseau und Lake Joseph gelten gemeinhin als die Juwelen der Region. Die durch schmale Passagen miteinander verbundenen Seen waren die

ersten, die von der Cottage-Industrie erschlossen wurden. Die verschwenderischen Residenzen, die sich amerikanische Nabobs vor allem am Lake Muskoka zulegten, können besonders schön während einer Dampferfahrt mit dem alten Postschiff »RMS Segwun« entlang der so genannten »Millionaire's Row« bestaunt werden. Mit den Rei-

chen und Schönen kamen im Übrigen auch die Künstler – kein Wunder: Die Konzentration von Geld und so viel herrlicher Natur wirkte schon immer stimulierend für das ansonsten häufig brotlose Gewerbe. Gut gehenden Galerien und Ateliers begegnet man daher allenthalben zwischen den Seen.

Orillia, Gravenhurst und Bracebridge

Das Städtchen Gravenhurst gilt als das Tor zu den Muskokas. Auf dem Weg dorthin lohnt sich nicht nur für Literaturfreunde ein Abstecher vom Highway 11 nach **Orillia** (27 800 Einw.). Zum einen bieten die alten Wohnviertel dieser Kleinstadt zwischen Lake Simcoe und Lake Couchiching herrliche Musterbeispiele aller viktorianischen Architekturstile auf engstem Raum (Broschüren mit vorgeschlagenen Wegen gibt es im Besucherzentrum), zum anderen ist dies die Heimat des typischen kanadischen Spießbürgers. Jedenfalls beschrieb Stephen Leacock, ein Sohn der Stadt und Kanadas größter Humorist, seine Mitbürger in »Sunshine Sketches of a Little Town« nicht gerade mit Weichzeichner. In seinem Haus, heute als **Stephen Leacock Museum** (Museum Dr., Juli–Aug. tägl. 10–19, sonst 10–16 Uhr) ein Wallfahrtsort von Fans aus aller Welt, vermitteln Originalmöbel, Manuskripte und Briefe ein interessantes, oft kantenreiches Bild des kanadischen Mark Twain. Der erste Europäer in dieser Region war übrigens Samuel de Champlain. Der Vater Neufrankreichs verbrachte den Winter 1615/16 14 km westlich von hier in dem Huronendorf Cahiague.

Gravenhurst (10 000 Einw.) liegt am Südende des Lake Muskoka. 1859 eröffnete ein gewisser James McCabe hier eine Kneipe für durstige Holzfäller. Um 1870 trug die nunmehr aus 17 Sägemühlen bestehende Siedlung den Spitznamen »Sawdust City«, Grund genug für den zum Postmeister aufgestiegenen McCabe, den Namen ›seiner‹ Siedlung eigenmächtig in Gravenhurst zu ändern – den Namen hatte er aus seinem Lieblingsbuch (auf ähnliche Weise ist übrigens auch der Nachbar Bracebridge zu seinem Namen gekommen). Heute ist das adrette Städtchen mit seiner begrünten, am Wasser liegenden Downtown Austragungsort zahlloser Kunst-, Musik- und Bootsfestivals. Einen ersten Eindruck vom Mythos Muskokas verschafft man sich am besten an Bord der im Sagamo Park ankernden **»RMS Segwun«** (Anf. Juni–Mitte Okt. tägl. 9–19 Uhr). Das 1887 gebaute Postschiff ist einer der ältesten noch aktiven Dampfer Nordamerikas und schippert seine Passagiere auf ein- bis achtstündigen Touren über die Lakes Muskoka, Rosseau und Joseph. Ein ganz besonderer Genuss sind die abendlichen *dinner cruises* in den Sonnenuntergang. Umso mehr fällt ein anderer bemerkenswerter Ort in diesem beschaulichen Idyll aus dem Rahmen. **Das Bethune Memorial House** (235 John St., tägl. 10–12, 13–17 Uhr) ist das Geburtshaus des Arztes Dr. Norman Bethune (1890–1939). Rastlos, streitbar und brillant, verließ Bethune früh die bürgerliche Enge seines Heimatorts, um seine sozialen und politischen Ideale in Montréal und Toronto umzusetzen. Bei Ausbruch des Spanischen Bürgerkriegs schloss er sich den Republikanern an und entwickelte angesichts der hilflos verblutenden Opfer den ersten mobilen Transfusionsdienst. Seine traumatischen Erlebnisse und seine Nähe zum Sozialismus erschwerten ihm die Rückkehr. 1938 ging er nach China und stellte sich als Arzt und Lehrer in den Dienst der revolutionären Truppen Maos. Mit Lazaretten, Hospitälern und von ihm persönlich ausgebildeten Ärzten und Krankenschwestern legte er den Grundstein für das moderne Gesundheitssystem Chinas. 1939 starb er unter Rebellen an einer Blutvergiftung. Dramatische Fotos und persönliche Habseligkeiten, auf Englisch, Französisch und – für Chinesische Bewunderer auch auf chinesisch – im Kontext kommentiert, schaffen ein umfassendes Bild der komplexen Persönlichkeit Bethunes.

Der Dampfer RMS Segwun

Bracebridge (13 200 Einw.) liegt auf halbem Weg zum Nordpol. Ob die Idee zum **Santa's Village and Funland** (Hwy 11, danach Hwy 118 in westl. Richtung zur Santa's Village Rd., Mitte Juni–Sept., tägl. 10–22 Uhr) auf der gleichen Gemeindesitzung wie dieser Slogan am Ortseingang beschlossen wurde, mag ein Geheimnis der Lokalpolitiker bleiben. Mit Achterbahnen, Wasserrutschen und einem Santa Claus, bei dem die Kinder schon im Sommer ihre Wunschzettel abgeben können, ist dieser Park jedenfalls bei kleinen Besuchern eine große Attraktion. Vom Riverside Inn legt die »**Lady Muskoka**« (Juli–Aug. 11 und 14.15 Uhr, sonst variabler Fahrplan) täglich zu zweieinhalbstündigen Kreuzfahrten auf dem Lake Musko-

Überleben in Cottage Country

Die Sache mit den Schwarzfliegen, den berüchtigten *black flies,* ist kein Gerücht. Ein Gerücht ist nur, dass sie immer und überall beißen. In Wirklichkeit kommen sie nur in den ersten zwei Juniwochen. Dann aber zu Millionen. Vor allem in der Dämmerung. Wer dann den nackten Arm in eine Fliegenwolke steckt und eine Sekunde die Augen schließt, hat das Gefühl, als streiche er durch hohes Gras. Lange Hosen, langärmelige Hemden, lange Strümpfe und eine gehörige Portion Langmut werden schnell ausschlaggebend für den weiteren Verlauf des Urlaubs. Und Disziplin. Denn mietet man in dieser Zeit ein Cottage, gilt vor allem: Türen zu, Fenster zu, Insektengitter vor! Permanent nach Moschusöl und anderem, das Lederarmband der Uhr langsam zersetzendem schwerem Geschütz zu stinken, ist nichts dagegen.

Vielleicht wird man von den Nachbarn zu einer Bootsfahrt eingeladen. In diesem Fall ist man gut beraten, sich hinzusetzen, sobald man ins Boot geklettert ist. Andernfalls macht man mit den Hinterleuten Bekanntschaft, sobald der Gastgeber den Gashebel umlegt. An dem harten Hämmern unter dem Boot kann dieser nichts ändern. Das sind die Wellen. Hüte schwimmen, Sonnenbrillen nicht. Übrigens kleben Boote nicht an der Kaimauer. Sie legen an: Für den Passagier bedeutet dies, den Ausstieg konzentriert und zügig zu gestalten, andernfalls er Bekanntschaft mit einem See macht, der vor fünf Wochen noch bis auf den Grund zugefroren war. Ein ungeschriebenes Gesetz zum Schluss: Nach einem Tag auf den Seen freut sich der freundliche Besitzer des Bootes über eine ebenso großzügige Beteiligung am Spritpreis.

ka ab. Auf dem Grundstück der Woodchester Villa, die 1882 das erste Haus mit Zentralheizung, Klimaanlage und elektrischem Licht war, befindet sich in einem nachgebauten Kirchlein der als Chapel Gallery (Juli–Sept., Di–Sa 9–17 Uhr) bekannte Ausstellungsraum der **Muskoka Arts and Crafts Inc.** Hier stellen die besten Künstler der Muskokas aus.

Bala und Port Carling

Vom Hwy 11 führen mehrere Straßen ins Herz der Muskokas. Die von Gravenhurst nach Nordwesten strebende Rte. 169 folgt dem Ufer des buchtenreichen Lake Muskoka nach **Bala** (300 Einw.). Der Ort ist ebenso funky wie sein aus Wales stammender Name: Braungebrannte Boys und Girls rumpeln in alten Volkswagen-Bullies zu den *boat ramps,* um auf ihre Surfbretter zu steigen, coole Poster an den Hauswänden kündigen den nächsten Live Act an. Popmusik hat Tradition in Bala. Seit Gerry Dunn 1942 seine kopfschüttelnden Nachbarn ignorierte und einen Konzertsaal namens »Dunn's Pavillon« in die Landschaft setzte, sind alle großen Namen zum Gig gekommen: Die Glen Miller Band, Louis Armstrong, die Inkspots, und später, als der Saal von neuen Besitzern in **The Kee to Bala** umgetauft worden war, Blue Rodeo, Ashley McIsaac und Michelle Wright. Wer in den Ferien einmal so richtig abrocken will, ist hier genau richtig!

Die Bewohner von **Port Carling** (710 Einw.) nennen ihren Ort liebevoll »Hub of the Lakes«. Zwischen dem Lake Muskoka im Süden und den Lakes Rosseau und Joseph im Norden gelegen, ist Port Carling das alte Handelszentrum der Muskokas. Schleusen verbinden die Seen miteinander, hübsche kleine Brücken geben dem wie aus dem Ei gepellten Städtchen ein romantisches Ambiente. Wenn die »Segwun« die engen Schleusen passiert, ist dies für Einheimische wie Auswärtige stets ein Ereignis. Port Carling ist überdies der beste Ort, um nicht nur die schneeweißen, viele Millionen teuren Spielzeuge wohlhabender Freizeitkapitäne zu bewundern, sondern auch die liebevoll restaurierten alten Muskoka-Boote. Ihre Geschichte einschließlich der langen Bootsbauertradition Port Carlings bewahrt das kleine **Muskoka Lakes Museum** (bei der Schleuse, Ende Mai–Mitte Okt., Di–Sa 10–16, So 12–16 Uhr). Glanzstücke der über 5000 Artefakte zählenden Ausstellung sind die alten, für ihre Auftraggeber maßgefertigten Ruderboote und »Dippy«, ein wunderschönes altes Motorboot mit erstmals integriert angebrachtem Motor. Einen interessanten Rückblick bietet auch die umfangreichste Foto- und Postkartensammlung in den Muskokas.

Huntsville

35 km nördlich von Bracebridge liegt Huntsville (18 000 Einw.). In seiner Doppelfunktion als Einkaufszentrum der nördlichen Muskokas und traditionsreiches Resortstädtchen ist der Ort zwischen den Seen Vernon und Fairy überraschend quirlig. Die ersten Siedler ließen sich 1869 hier nieder. Warum die ältesten Häuser auf dem hügeligen Westufer des Muskoka River gebaut wurden und nicht am flachen Ostufer, erklären Einheimische gern mit dem erklärten Abstinenzler George Hunt. Hunt habe sein Land am Ostufer nämlich nur mit einer Anti-Alkohol-Klausel in den Verträgen verkauft. Diese und andere erbauliche und mitunter spannende Anekdoten und Episoden aus der Pionierzeit der Muskokas erfährt man vom gut informierten Personal des **Muskoka Pioneer Village** (Brunel Rd., Juli–Sept.

tägl. 11–16, sonst tägl. 11–16 Uhr). Auf 22 ha Land über dem blauen Cann Lake wurden 18 für das frühe 19. Jh. typische Blockhäuser zu einer zünftigen Pioniersiedlung mitsamt Schmiede und General Store zusammengestellt. Kostümierte Darsteller spielen das Frontier-Leben vor 150 Jahren nach, auf einem Nature Trail wandert man durch ein naturbelassenes Ökosystem mit Biberdämmen, Stachelschwein- und Waschbärenbehausungen. Als Tor zum buchtenreichen Lake of Bays ist Huntsville darüber hinaus seit 1900 ein Ferienziel für Familien. Zahllose, mit Tennis- und Golfplätzen ausgerüstete Resorts in und um Huntsville bieten Aufenthalte mit umfangreichen Freizeitprogrammen an.

Wanderer am Cann Lake

Orillia & District Chamber of Commerce, 150 Front St. S., Orillia, ON, L3V 4S7, Tel. (705) 326-44 24, Fax (705) 327-7841. **Muskoka Tourism,** RR 2, Kilworthy, ON P0E 1G0, Tel. (705) 689-0660, 1-800-267-9700, Fax (705) 689-9118. **Bracebridge Chamber of Commerce & Visitor Information Centre,** Bird Mill Mews, 1-1 Manitoba St., Bracebridge, ON P1L 1S4, Tel. (705) 645-8121, Fax (705) 645-7592. **Gravenhurst Chamber of Commerce,** 685-2 Muskoka Rd. N., ON P1P 1N5, Tel. (705) 6874-4332, Fax (705) 687-4382. **Huntsville/Lake of Bays Chamber of Commerce,** 8 West St. N., Huntsville, ON, P1H 2B6, Tel. (705) 789-4771.

... in Gravenhurst:
Muskoka Sands Inn, Muskoka Beach Rd., Tel. (705) 687-2233, 1-800-4 61-0236, Fax (705) 687-74 74: weitläufiges Resort mit Haupthaus und Cabins am Seeufer, $$$$. **Pinedale Inn Motel,** 200 Pinedale Lane, Tel. (705) 687-2822: einfach, sauber und etwas außerhalb am Ufer des Gull Lake, $.

... in Bracebridge:
Aston Resort Hotel, RR1, Tel. (705) 764-1177, 1-800-4 61-4398, Fax (705) 764-1198: schönes Resorthotel mit spektakulärem Blick auf den Lake Muskoka, mit Freizeitangebot von Wasserski bis Segeln, $$–$$$$. **Patterson-Kaye Lodge,** RR1, Golden Beach Rd., Tel. (705) 645-4169, 1-800-561-6998, Fax (705) 645-5720: zünftiges Resort in schönem Kiefernhain am Lake Muskoka, Freizeitangebot, $$–$$$. **Inn at the Falls,** 1 Dominion St., Tel. (705) P1L 1R6, Fax (705) 645-5093: eleganter viktorianischer Inn mit Restaurant und Pub im Keller, $$$.

... in Bala:
Inn at Roselawn, 1039 River St., Tel. (705) 762-1400, 1-888-249-4834: nostalgi-

scher, mit schönen Antiquitäten stilvoll eingerichteter Inn am Moon River, $$.

... in Huntsville:
Deerhurst Resort, 1235 Deerhurst Drive, Tel. (705) 789-6411, 1-800-461-4393, Fax (705) 789-2431: Ontarios größtes Luxusresort mit eigenem Golfplatz und totalem Freizeitangebot, $$–$$$$. **Highland Court Motel,** 208 Main St. W., Tel. (705) 789-4424, 1-888-238-9319, Fax (705) 789-4425: Standardmotel, gute Basis für Exkursionen in den Algonquin-Park (s. S. 102 ff.), $–$$. **Beauview Cottage Resort,** RR 2, 4215 South Portage Rd., Tel. (705) 789-3004, 1-800-363-6047, Fax (705) 789-3881: schöne Cottages mit BBQ am Lake of Bays, $$–$$$.

Gravenhurst/Muskoka KOA Campground, 1083 Reay Rd., E., Gravenhurst, Tel. (705) 687-2333: schöner Platz am Duck Lake, $. **Bonnie Lake Campground,** Hwy 11, Exit Hwy. 177, dann 2 km Richtung Bonnie Lake Rd., Tel. (705) 645-4511, Fax (705) 646-2244: sehr romantisch an unbebautem Wildnis-See, $. **Arrowhead Provincial Park,** Hwy 11, 8 km nördlich von Huntsville, Tel. (705) 789-5105, 1-888-ONT-PARK, $.

... in Bracebridge:
Inn at the Falls, 1 Dominion St., Tel. (705)-P1L-1R6, Dining Room: Spezialität: Filet Mignon in Chanterelle-Sauce, $$–$$$. **The Old Station Restaurant,** 88 Manitoba St., Tel. (705) 645-9776: gemütliche Essstube der Einheimischen, gute Pastagerichte, $–$$.

... in Bala:
New Ark Café, Hwy. 169 (zwischen Gravenhurst und Bala, Tel. (705) 687-4977: erstklassige Prime Ribs, $–$$. **Sunset Restaurant Tavern,** Bala Falls Rd., Tel. (705) 762-2662: Steaks und Pasta hemdsärmelig serviert, $$.

Old House Tea Room, Hwy. 118 W., 3,6 km westlich von Port Carling, Tel. (705) 765-5260: europäisch-bürgerlich, mit hauseigenen Soßen, $–$$.

... in Huntsville:
Tall Trees, 87 Main St., Tel. (705) 789-9769: lokaler Treff in der Innenstadt, Ribs & Steaks, $$. **Hillside Bistro and Art Centre,** Hwy 60 (Richtung Algonquin Park): Künstlertreff und skandinavische Küche, $$–$$$.

Summer Craft Show, 16.–18. Juli, Bracebridge, über 200 Künstler der Region stellen aus. **Annual Antique and Classic Boat Show,** 10. Juli, Gravenhurst: mit über 100 historischen Booten größte Schau dieser Art in Kanada.

The Factory Store, 41 Manitoba St., Bracebridge: stark reduzierte Markentextilien. **The Factory Store,** 66 King William St., Huntsville: dito. **The Smithy,** Hwy 118, Glen Orchard (zwischen Port Carling und Bala): maßgefertigte Eisenwaren. **Artisans of Muskokas,** 14 Main St. E., Huntsville: interessante Galerie einer Künstlerkooperative.

R.M.S. Segwun Steamship, 820 Bay St., Gravenhurst, Tel. (705) 687-6667: Bootstouren. **Lady Muskoka Cruises,** 300 Ecclestone Dr., Bracebridge, Tel. (705) 646-2628: Bootstouren. **The Kee to Bala:** Konzerte, Abrocken, Programm und Tickets Tel. (4 16) 870-8000.

Reiten: Deerhurst Riding Stables, RR 4, Huntsville, Tel. (705) 789-6411. **Kanuwandern: Muskoka Outfitters,** 95 Manitoba Rd., Bracebridge, Tel. (705) 646-0492: Kanuverleih, geführte Touren durch die Muskokas. **Radfahren: Ecclestone Cycles,** 230 Ecclestone Dr., Bracebridge, Tel. (705) 645-1166: Verleih und geführte Touren.

Algonquin Provincial Park

Tausende von Seen. Ahorn- und Nadelwälder, felsige Höhenrücken. Elche, Schwarzbären, Biber. Der Ruf des Eistauchers in der Dämmerung und Wolfsgeheul in der Nacht. Zünftige Blockhütten und luxuriöse Lodges. Der erdige Geruch von Urwald und absolute Einsamkeit. Drei Autostunden nördlich von Toronto bietet Ontarios ältester und berühmtester Provinzpark ein Stück Kanada wie aus dem Bilderbuch.

Dabei war der Park nur in voreuropäischer Zeit ›naturbelassen‹. Einige wenige Algonquin sprechende Jäger und Sammler durchstreiften die Region. Weil er abseits der Kanurouten nach Westen lag, ließen ihn auch die Pelzhändler aus Montréal links liegen. Die ersten Weißen in der Region waren Holzfäller um 1850. Angetrieben von der Nachfrage im unersättlichen England, drangen sie auf der Suche nach den großen alten Weißkiefern vom Ottawa Valley her immer weiter nach Westen und Norden vor. Als die Provinz 1893 den 7725 km² großen Algonquin Provincial Park gründete, waren fast alle Weißkiefern im Park gefällt und weite Gebiete verwüstet. Es waren jedoch keineswegs ökologische Bedenken, die die Regierung zu diesem Schritt veranlassten. Der Holzschlag sollte lediglich reguliert und quotiert werden, um das Einkommen der beteiligten *Logging Companies,* der holzwirtschaftlichen Unternehmen, zu sichern. Auch sollten die Ober-

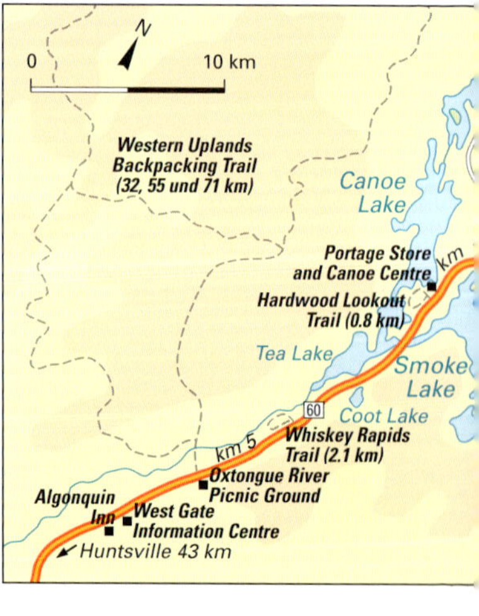

Algonquin Provincial Park
Siehe auch Übersichtskarte S. 94

läufe der fünf im Park entspringenden Flüsse geschützt werden, um im Frühjahr den reibungslosen Abtransport der im Winter geschlagenen Stämme zu gewährleisten. Der Schutz der Fauna war ein (schon damals) politisch willkommener Nebeneffekt. So ging der Holzschlag nahezu ungehindert weiter: 1896 war die vom Holzbaron J. R. Booth finanzierte, mitten durch den Park führende Bahnlinie von Ottawa nach Parry Sound fertig. Bis 1959 – in diesem Jahr wurde die Linie stillgelegt – wurde das Holz noch waggonweise aus dem Algonquin-Park herausgeschaufelt. Während die Holzindustrie den Park sektorweise ›aberntete‹, wurde er von erholungssuchenden Städtern entdeckt. Die wilde Schönheit des Algonquin wurde vor allem von Tom Thompson (1877–1917) nach draußen getragen. Der Park Ranger und Maler lockte mit seinen rau hingeworfenen Skizzen und Bildern aus dem Park die Maler der Group of Seven (s. S. 43) an und inspirierte sie zu einer eigenständigen kanadischen Malerei. Dies und sein bis heute ungeklärter Tod im Canoe Lake trugen viel zur heute fast ins Mythische entrückten Berühmtheit des Algonquin Provincial Park bei. Inzwischen wurden mehr als 50 Bücher über ihn geschrieben und sogar eine Symphonie komponiert. Besucher aus aller Welt genießen seine Wanderwege und Kanurouten. 40 Säugetier- und 130 Vogelarten leben hier. Derweil bleiben einige Sektoren dem Holzschlag vorbehalten: Forstwirtschaft ist nach wie vor das finanzielle Rückgrat der Region. Die Parkstatuten formulieren das Ziel denn auch ganz vorsichtig: den Park forstwirtschaftlich und touristisch nutzen, solange nicht das »Gefühl von Wildnis« verloren geht.

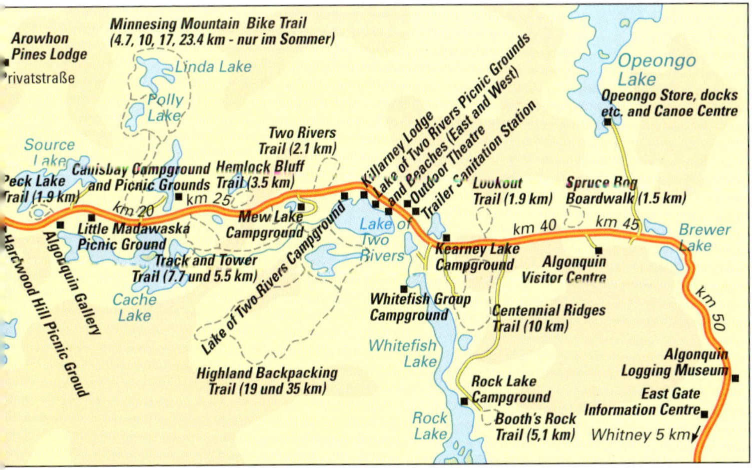

Der Algonquin Provincial Park besteht eigentlich aus zweien. Der 56 km durch die Südwestecke des Parks führende Hwy 60 erschließt ein mit 13 am Straßenrand beginnenden Wanderwegen (0,8 m–11 km lang), acht Campingplätzen, zwei Informationszentren, Museen, Galerien und einigen Lodges als »Parkway Corridor« bezeichnetes Erholungsgebiet. Dies ist der Algonquin Park für Besucher mit wenig Zeit und/oder Kondition. Einen ersten Überblick sowie Broschüren, Trail Karten und den Termin des nächsten *public wolf howl* verschafft man sich im neuen **Algonquin Visitor Centre** bei km 43 (Juni–Sept. tägl. 9–21, sonst 10–17 Uhr). Landschaftsmodelle und Filme erläutern die Natur- und Kulturgeschichte des Parks, ein Restaurant und ein guter Buchladen stehlen leicht noch mehr Zeit. Das **Algonquin Logging Museum** (Juni–Sept. tägl. 9–21, sonst 10–18 Uhr) unmittelbar hinter dem Osteingang erinnert – romantisch verklärt – mit Videos und einem rekonstruierten Holzfällercamp an die Zeit, als den Bäumen im Park noch mit Muskelkraft zu Leibe gerückt wurde. An km 20 präsentiert die **Algonquin Gallery** (Juni–Sept. tägl. 9–21, sonst tägl. 10–18 Uhr) Bilder der Group of Seven und moderner, auf die Wildnis spezialisierter Maler. Die schönsten

Der Algonquin Provincial Park ist ein Paradies für Outdoor-Fans

Kanada wie gemalt

Das Geheimnis vom Canoe Lake

8. Juli 1917, Canoe Lake. Der Ranger Tom Thomson bricht mittags in seinem Kanu zu einem Nachbarsee auf, um dort zu angeln. Bei den Washeogo Islands wird er zum letzten Mal lebend gesehen. Eine Woche später entdeckt man seine Leiche. »Tod durch Ertrinken« steht später auf dem Totenschein.

Algonquin Provincial Park, Pen Lake, heute. Wir machen falsch, was falsch zu machen ist. Vordermann Pascal ist zur Salzsäule erstarrt, hat sein Paddel wie eine Balancierstange vor die Brust gepresst. Hinten halte ich mich mit beiden Händen an den Rändern fest. Wir haben das, was in amerikanischen Action-Filmen eine *situation* genannt wird. Urplötzlich hat sich der Pen Lake von einem Anfängersee in kabbeliges, graues Wasser verwandelt. Jetzt prügeln halbmeterhohe Wellen auf unser Kanu ein. Wir sind gründlich überfordert. Wieder schlägt Gischt über die Kante, klatscht auf die in der Kanumitte verstauten Packsäcke. Für drei Tage in der Wildnis sind wir ausgerüstet, entsprechend tief liegen wir im Wasser, entsprechend mulmig ist uns zu Mute. Unseren Führer Gord Baker haben wir in der Euphorie, die *city slicker* bei der Outdoor-Premiere gern befällt, abgehängt. Gord kennt den Park wie seine Westentasche, handhabt sein Kanu elegant wie ein Butler das Silberbesteck. »Paddelt, Jungs, hört bloß nicht auf zu paddeln!« brüllt er von hinten.

Als er endlich neben uns auftaucht, haben wir schon fast mit unserem Leben abgeschlossen. Unser sensibles Gefährt zu wenden haben wir uns nicht getraut, dazu hätten wir wieder Breitseiten riskieren müssen, und das hätte uns vorher fast zum Kentern gebracht. Gord genießt seinen Auftritt als Retter in der Not. Breit grinsend legt er steuerbord an und stabilisiert damit die Lage augenblicklich.

Abends ist Lagerfeuer angesagt. Holz nachlegen, die Funken stieben hinaus in die sternenklare Nacht. Das Tagewerk ist vollbracht: Die Kanus liegen umgedreht am Ufer, die Lebensmittel hängen bärensicher im Baum. Unser Lager am Südende des Pen Lake liegt zwischen alten Kiefern auf einem Felsen hoch über dem See. »Das mit Thomson soll ein Unfall gewesen sein?« Gord schaut den Flammen zu, wie sie die Holzscheite lecken, und lauscht seinen Worten hinterher. Dann erzählt er uns eine andere Version. Sie klingt ebenso mysteriös wie die Steckschuss-Theorie im Mordfall J. F. K. Nachdem man nämlich die Wasserleiche an

Land gezogen hatte, wuden Schlagspuren an Thomsens rechter Schläfe und Blut am rechten Ohr festgestellt. Und sein rechtes Bein war in Angelschnüre verheddert. »Thomson war ein Outdoor-Experte und arbeitete hier als Park Ranger. Der kannte doch die Natur wie ein Bürohengst seinen Schreibtisch.« Gord nimmt noch einen Schluck Kaffee. »Ihr müsst zugeben, das alles klingt reichlich mysteriös.« In der Finsternis heult ein Wolf. Weiter entfernt, verloren in der Weite der kanadischen Wälder, antworten seine Kumpane.

Thomson hatte keinen Schutzengel wie wir heute. Dafür ist er später als Pate der Group of Seven unsterblich geworden, jener Gruppe von Malern, die in den 20er Jahren eine kanadische, von Europa unabhängige Malrichtung begründeten. Denn wenn er nicht Touristen den Park zeigte, zog er mit Tafeln aus Birkenrinde los und malte, was er auf seinen Kanu-Expeditionen sah. Was dabei herauskam, war anders als die Postkartenidyllen mit glücklichen Schafen und rotwangigen Bäuerinnen, die damals in den Salons Europas *en vogue* waren. Mit kräftigem, agressivem Pinselstrich malte er die Natur des kanadischen Nordens so, wie er sie erlebte, rau, kompromisslos und doch immer überwältigend schön. Als er 1917 ertrank, hatte er bereits eine Gruppe junger Maler um Lawren Harris inspiriert. 1920 organisierten diese unter dem Namen »Group of Seven« in der Art Gallery of Toronto ihre erste Ausstellung. Heute hängen die Bilder von Harris, Lismer & Co und natürlich von Thomson als nationale Heiligtümer in allen kanadischen Kunstgalerien.

Was damals auf dem Canoe Lake wirklich geschah, wird sich wohl nie mehr klären lassen. Nicht zuletzt dank der Bilder Thomsons gilt der Algonquin Provincial Park nördlich von Toronto inzwischen als ein Stück Bilderbuch-Kanada. Unzählige einsame Seen liegen hier, eingelassen in den uralten Granit des Kanadischen Schildes. In den dichten Laub- und Nadelwäldern hausen Schwarzbären, Elche und Wölfe, an den Seeufern ist das warnende Klatschen von Biberschwänzen zu hören. Zwar kann man sich den Park auf mehreren Trails erwandern, aber ins Innere gelangt man nach wie vor nur mit dem Kanu. An *log jams* (Holzstaus) vorbei und von See zu See wird dieses ur-kanadische Transportmittel auf den Schultern getragen, ganz in der Tradition der legendären *voyageurs,* der frankophonen Pelzhändler, die so einst Tausende von Kilometern tief ins Innere des Kontinents reisten (s. S. 111). Unsere erste *portage* kommt gleich am nächsten Morgen. 600 m zwischen Pen Lake und Rock Lake wollen zu Fuß bewältigt werden. 600 m mit zwei Kanus und 80 kg Gepäck durch felsiges, wurzelverkrustetes Terrain! »Das ist noch gar nichts«, grinst Gord und schultert gekonnt sein Kanu, »andere Tragestellen sind

viele Kilometer lang und steil wie Hausdächer!« Dann verschluckt ihn der Wald, nur der Rumpf seines Kanus schimmert noch kurz durch das Grün. Unnötig zu sagen, dass wir für diese Tragestelle etwas länger brauchen und auch mehr schwitzen. Der Rock Lake entschädigt jedoch für alle Strapazen. Die Luft ist klar und zaubert so klare Bilder, dass die fernsehgewohnten Augen schmerzen. Die Farben sind so kräftig wie auf den Bildern von Thomson & Co. Glatt und ruhig liegt der See vor uns. Die Fahrt wird zu einem unvergesslichen Genuss. Das Kanu öffnet die stille, dunkle Oberfläche wie einen Vorhang. Alles, was wir hören, ist das Lied unserer Paddel im Wasser und das Gurgeln des Sees unter dem Kiel. An einer über 100 m hohen Wand zeigt uns Gord prähistorische Felsmalereien. An diesem Abend haben wir eine ganze Insel für uns allein. Ausladen, Zelte aufbauen, Feuer an, Kaffee aufgesetzt: Als wir auf Jean Island landen, sind alle Handgriffe bereits in Fleisch und Blut übergegangen. Anderntags genießen wir frühmorgens ein Kanu-Erlebnis der dritten Art. Noch während der Morgennebel in dicken Schwaden über dem See liegt, steigen wir in die Kanus und gleiten auf den See hinaus, vorbei an einem verschlafenen Eistaucher und einem verdutzten Biberpärchen. Bereits wenige Meter vom Ufer entfernt hat uns der Dunst verschluckt. Die Sicht reicht nur bis zum Bug, davor verschwimmt Kanada in einem riesigen Weichzeichner. Der Abschied von Gord fällt uns nicht leicht. Wir haben drei Tage zusammen in der Wildnis verbracht, das verbindet. Offenbar haben wir uns dabei nicht allzu dumm angestellt: Nächstes Jahr will Gord mit uns den ganzen Park im Kanu machen.

der am Hwy 60 beginnenden Trails: **Hardwood Lookout Trail** (0,8 km) mit schönem Blick auf den Smoke Lake, **Track and Tower Trail** (7,7 km und 5,5 km) mit Sicht auf den Cache Lake, der anstrengende **Centennial Ridges Trail** (10 km) zu spektakulären Aussichtspunkten über den Park sowie **Booth's Rock Trail** (5,1 km), der an zwei Seen und einem grandiosen Aussichtspunkt vorbeiführt.

Das als »Park Interior« bezeichnete Innere ist das wahre Ich des Parks. Hierher führt keine Straße, seine herbe Schönheit lässt sich nur zu

Eistaucher: sein Ruf ist Symbol der kanadischen Wildnis

Fuß oder, besser noch, per Kanu erschließen. Während Zahl und Länge der Langstrecken-Trails begrenzt sind – kurz hinter dem Westeingang beginnt der 71 km lange **Western Uplands Trail,** am Mew Lake Campground nimmt der 35 km lange **Highland Backpacking Trail** seinen Anfang – gibt es sage und schreibe über 2400 km Kanurouten aller Schwierigkeitsgrade! Rund 1600 Seen gibt es im Park, die meisten davon so dicht beieinander, dass man Kanu und Ausrüstung von einem zum anderen tragen kann. Der »Schwierigkeitsgrad« bezeichnet Länge und Gefälle der *portage* (Tragestelle): Die leichtesten betragen wenige hundert Meter über ebenes Gelände, die schwersten mehrere Kilometer durch unwegsames, extrem steiles Terrain. Übernachtet wird auf einfachen Zeltplätzen, die meist aus nicht mehr als einem verwitterten Schild, einer Feuerstelle und – wenn's hoch kommt – einem ›Donnerbalken‹ in gebührendem Abstand bestehen. Bei der Orientierung hilft die im Visitor Centre erhältliche Karte »Canoe Routes of Algonquin Provincial Park«. Unternehmungslustige Greenhorns ohne Kanu und Ausrüstung sollten sich schon von daheim aus einem der erfahrenen Ausrüster anvertrauen. Sie sind im Park oder an den Parkgrenzen stationiert und betreiben hoch spezialisierte Outdoorshops, in denen vom Trockenfutter über Angellizenzen bis zum Glasfiberkanu alles zu haben ist. Hier kann man Zelte, Kanus, Vorräte und ggf. auch einen Guide buchen.

Zeiten

Der Mai ist die beste Zeit zur Elchbeobachtung. Die Könige der Wälder verlassen dann ihr Reich, um neben dem Hwy 60 das nach der Schneeräumung salzige Wasser in den Gräben zu trinken. Die ersten zwei, drei Juniwochen herrschen *black flies* und Moskitos im Park. Moskitosprays und entsprechende Kleidung sind dann unumgänglich. Der Herbst ist mit seinem *Indian Summer* Ende September/Anfang Oktober die fünfte Jahreszeit: Die Laubfärbung insbesondere der Ahornbäume, Espen und Roteichen gehört zum schönsten Farbenspiel nördlich von Neuengland. Kühle Nächte und warme, gänzlich moskitofreie Tage – für viele die beste Zeit für die lang geplante Kanuwanderung.

Algonquin Provincial Park, Superintendent, P.O. Box 219, Whitney, ON, K0J 2M0, Tel. (705) 633-5572 (Info), 633-5538/5725: Campsite-Reservierungen.

Killarney Lodge, Hwy 60 (km 32) am Lake of Two Rivers, Postadresse P.O. Box 10005, Huntsville, ON, P1H 2G9, Tel. (705) 633-5551, Fax (705) 633-5667: luxuriöse Blockhütten und *fine cuisine* auf kleiner Felsenhalbinsel im Lake of Two Rivers, $$$–$$$$. **Arowhon Pines,** Hwy 60 (ausgeschildert), P.O. Box 10001, Huntsville, ON, P1H 2G5, Tel. (705) 633-5661, Fax (705) 633-5795: schönes altes Resort mit eigenem See, exzellente Küche, $$$$. **Algonquin Inn,** RR 1, Oxtongue Lake (kurz vor Westeingang), Dwight, Tel. (705) 635-2434, Fax (705) 635-3737: preisgünstige Alternative zu den teuren Lodges im Park, $$–$$$.

Reservierungen bei der Parkverwaltung, Tel. s. o.

Voyageur Quest, 599 Millwood Rd., Toronto, Ont., Canada M4S 1K7, Tel. (4 16) 4 86-3605, Fax (4 16) 486-3604, www.voyageurquest.com: Wer bei John Langford, dem Chef von Voyageur Quest bucht, muss etwas Kondition und Improvisationstalent mitbringen. Dann geht es im Fiberglaskanu auf drei- bis achttägigen Expeditionen durch den wild romantischen Norden Ontarios, auf historischen Kanurouten, die einst Kanada erschließen halfen. Geschlafen wird in Zelten und in Indianerreservaten, auf dem Speiseplan stehen Hühnchen, Pasta und frischer Fisch aus den klaren Flüssen und Seen. Derzeit hat Voyageur Quest u. a. folgende Kanu-Touren im Programm: »Journey of the Voyageur« (Drei Tage durch den Norden des Algonquin Provincial Park, 375 Dollar p. P.), »Algonquin Odyssey« (Sieben Tage Algonquin, 675 Dollar p. P.), »Pukaskwa – Past and Present« (Siebentägige kombinierte Wander- und Kanutour auf dem Lake Superior und im Pukaskwa National Park, 1850 Dollar. Wer nach einem Tag in der Wildnis doch lieber im Bett schläft, kann sich in Johns zünftiger Algonquin Log Cabin Lodge am untouristischen Nordrand des Algonquin Provincial Park einquartieren. Drei mit Wanderungen und Kanutrips gefüllte Tage kosten 300 Dollar. Alle Preise schließen drei Mahlzeiten, Guides, die komplette Kanu- und Outdoor-Ausrüstung sowie den Transfer von/nach Toronto ein. Für erfahrene Outdoor-Fans stellt John auch maßgeschneiderte Trips in den hohen Norden zusammen.

Algonquin Outfitters, RR 1, Dwight, Tel. (705) 635-2243, Fax (705) 635-1834: ältester und erfahrenster Outfitter-Laden im Park. Organisiert auch geführte Kanutouren, $$ pro Tag und Person.

Georgian Bay und Ontarios naher Norden

Wegen ihrer gewaltigen Ausdehnung wird die Georgian Bay oft auch als sechster der Großen Seen bezeichnet. In ihrem Hinterland erklangen einst die Lieder der Pelzhändler aus Montréal, der Voyageurs. Heute wandert und paddelt man hier durch eine der schönsten Landschaften Kanadas.

Karte s. S. 94/95

Von Toronto aus strebt der Hwy 400 durch friedliches, langsam ansteigendes Farmland nach Norden. Vor 400 Jahren spielten sich hier einige der spannendsten Episoden der kanadischen Geschichte ab. Das Szenario allein war dramatisch genug. Die Franzosen, die sich ab 1608 am St.-Lorenz-Strom niederließen, fanden bei ihrer Ankunft zwei verfeindete Machtblöcke vor. Südlich vom St.-Lorenz-Strom herrschte die mächtige Irokesenliga der Five Nations (Mohawk, Onodaga, Oneida, Seneca und Cayuga), nördlich vom Strom eine von ihren Erzfeinden, den Huronen, dominierte Konföderation, der noch die Montagnais, Cree, Ojibwa und Attikamek angehörten. Zusätzlich Öl ins Feuer goss der Pelzhandel mit den Weißen: Im Streit um lukrative Zwischenhändlerstellungen kam es in den endlosen Wäldern auch untereinander zu regelrechten Vernichtungsfeldzügen.

In dieser angespannten Situation entsandte Neufrankreich seine Missionare. Von 1624 an erschienen Jesuiten aus Québec in Wendake, dem huronischen Kernland im Süden der Georgian Bay. Die Anreise im Kanu war lang, strapaziös und wegen der Irokesenüberfälle ein gefährliches Unternehmen. Zunächst folgten sie dem Ottawa und Mattawa bis zum Lake Nippissing. Von hier aus ging es den French River stromabwärts zur Georgian Bay. 1639 errichteten die wegen ihrer schwarzen Priesterrobe *robe noires* genannten Jesuiten beim heutigen Midland die Missionsstation Ste-Marie-au-pays-des-Hurons. Von hier schwärmten die vor Glaubenseifer brennenden Männer aus, um *les sauvages* den rechten Glauben zu bringen. Diese empfingen die blassen, ihre Sprache nur mühsam sprechenden Priester mit einer Mi-

Die Voyageurs

Kanus mussten mitunter mehrere hundert Meter über Land getragen werden

18 bis 20 Stunden pro Tag paddeln, Schlagzahl 40 bis 60 pro Minute bzw. 50–70 000 Paddelschläge pro Tag. Das Kanu durch straßenlose Wildnis zum nächsten See schleppen. Und jeweils 90 kg Gepäck dazu, so oft, bis die gesamte Ladung drüben ist. Tagaus tagein gepökeltes Schweinefleisch und Bohnen, 7000 Kalorien täglich. Doppelt so viel, wie heute der Durchschnittsbürger braucht. Klingt guinessbuchverdächtig? Die frankophonen Voyageurs waren schon zu Lebzeiten Legende. Dunkelhaarig, kleinwüchsig und bärenstark, paddelten sie zwischen 1760 und 1820 in einem Sommer von Montréal zum 2000 km entfernten Fort William (heute: Thunder Bay) am Lake Superior und wieder zurück, das von acht bis zehn Kollegen bemannte Kanu aus Birkenrinde schwer beladen mit Post und Tauschwaren auf dem Hinweg und wertvollen Fellen auf dem Rückweg. Zeit war Geld: Als Angestellte der Montréaler North West Company (s. S. 146), die als erbitterte Konkurrentin der Hudson Bay Company deren Herrschaft im Nordwesten anfocht, erhielten sie Stundenlohn und Prämien bei frühzeitiger Lieferung. Das Land der Seen und Flüsse, das der in den Hwy 69 übergehende Hwy 400 hinter Big Chute durchmisst, kannten sie so gut wie ihre Westentasche. Hier flossen die Wasserwege, auf denen die ersten Weißen ins Innere des Riesenlandes vorgedrungen waren.

schung aus Neugier und unverhohlener Abneigung. Die Botschaft der Fremdlinge klang merkwürdig genug: Für einen Himmel ohne Kriegszüge, Vielweiberei und Jagdveranstaltungen und obendrein voller Franzosen mochte sich niemand erwärmen. Nach 20 Jahren intensiver Missionstätigkeit bestand die Schar der Schäflein noch immer hauptsächlich aus Kranken und Schwachen. Trost bei ihrer oft lebensgefährlichen Sisyphusarbeit fern der Heimat schöpften die Jesuiten aus der Gewissheit, nicht nur eine gottgewollte Tätigkeit zu verrichten, sondern bei einem Scheitern auch als Märtyrer in den Himmel zu kommen.

Severn Sound

Gewiss half die Niederschrift ihrer Erlebnisse auch bei der Seelen-Hygiene: Dank der *relations,* mit denen die Jesuiten von Ste-Marie die Oberen in Québec auf dem Laufenden hielten, können wir uns ein Bild vom Alltag in Ontarios erster europäischer Siedlung machen. 1964 halfen die *relations* auch bei der Rekonstruktion von **Ste-Marie-among-the-Hurons** (Hwy 12, 5 km östl. von Midland, Tel. (705)-526-7838, tägl. 10–17 Uhr) im pastoralen Umland von Midland (16 400 Einw.) am Severn Sound. Links neben Hwy 12 wurde die Station detailgetreu wiederaufgebaut, mit ihren Steinmauern, Palisadenwällen und einem wehrhaften Haupttor ein stattliches Beispiel französischer Festungsarchitektur. Innen warten 22 Gebäude, darunter eine Kapelle, Unterkünfte, Werkstätten und Wigwams auf Besucher. Ein hervorragendes Museum informiert über das Ende: Der Station war kein Glück beschert. Statt den Frieden auf Erden trugen die Jesuiten Infektionskrankheiten zu den Huronen. Zugleich säten sie Zwietracht, indem sie die Autorität traditioneller Führer untergruben. Als die Irokesen Anfang 1649 den endgültigen Vernichtungsfeldzug gegen Wendake begannen, waren die Huronen zu einer ernsthafen Gegenwehr nicht mehr in der Lage. Angesichts der Schreckensmeldungen von grausamen Gemetzeln unter ihren Verbündeten brannten die Jesuiten ihre Station nieder, um sie nicht in Feindeshand fallen zu lassen. Mit den letzten überlebenden Huronen schlugen sie sich nach Québec durch. Zwei Missionare schafften es nicht: Jean de Brébeuf und Gabriel Lalemant wurden von den Irokesen gefangen genommen und starben am Marterpfahl. Damit war die Besiedlung der Gebiete westlich von Montréal für die nächsten 150 Jahre aufgeschoben. Dem Andenken der während dieser Zeit umgebrachten Missionare zu Ehren entstand 1926 die prachtvolle **Martyrs' Shrine Church** (Hwy 12, tägl. 8.30–21 Uhr) auf der anderen Seite der Straße. Mehr über die einst glänzende Kultur der bis auf einen entwurzelten Rest in Québec ausgelöschten Huronen erfährt man im

Die rekonstruierte Missionsstation Ste-Marie-among-the-Hurons

Museumsdorf **Huronia Museum & Huron Indian Village** (549 Little Park Rd., Midland, tägl. 9–17 Uhr) einem rekonstruierten, aus mehreren Dutzend Hütten und Wigwams bestehenden Huronendorf.

Midland ist ein guter Ausgangspunkt für die Erkundung der Georgian Bay. Zu Touren durch die Schärenwelt der Thirty Thousand Islands lädt die **»Miss Midland«** ein, ein schöner, am Midland Town Dock ankernder Ausflugsdampfer. Auch die maritime Tradition reicht weit zurück im Severn Sound. Nicht weit von Midland entfernt liegt der hübsche Küstenort **Penetanguishene** (7300 Einw.) »Peentäng«, wie ihn die Einheimischen nennen, entstand während des Krieges von 1812, als die Briten hier eine Garnison und eine Schiffswerft errichteten. Für die nächsten 30 Jahre war Penetanguishene die wichtigste Schaltstation im Verkehr mit den britischen Stützpunkten im unerschlossenen Nordwesten. An die Zeit als »His Majesty's Naval Establishment« erinnert **Discovery Harbour** (93 Jury Dr., Mai–Sept. tägl. 10–17 Uhr), ein aus 15 historischen Gebäuden, Werften und der Garnison bestehendes Museumsdorf. Besonders sehenswert: Die Replik des 1814 gebauten Zweimastschoners »HMS Tecumseh«, die ebenfalls Touren durch die Thirty Thousand Islands unternimmt.

Knapp 60 der Thirty Thousand Islands schützt der **Georgian Bay Islands National Park** (tägl.). Unter-

Der hübsche Küstenort Penetanguishene, einfach auch »Peentäng« genannt

wegs auf dem Hwy 400 lohnt sich ein kurzer Abstecher auf dem Hwy 34 nach **Big Chute.** Unweit des Örtchens werden Boote, unterwegs auf dem historischen Trent-Severn-Waterway (s. S. 127 f.), von der Big Chute Marine Railway auf einen Spezialwaggon gehievt und 200 m über Land von einem See zum anderen transportiert. Hwy 5 biegt derweil links zu dem Resortstädtchen **Honey Harbour** ab. Hier liegt das Besucherzentrum des Nationalparks, von hier fahren mehrmals täglich Wassertaxen zu den Inseln, die im Übergangsgebiet zweier Vegetationszonen liegen und mit Nadelwäldern und Felsen im Norden und Mischwäldern im Süden ungewöhnlich vielfältig sind. Wassersport – Kayaking, Segeln, Schwimmen – wird ganz groß geschrieben. Wanderwege gibt es vor allem auf **Beausoleil Island,** der größten der Inseln. 13 der 15 Campingplätze befinden sich hier.

Von Parry Sound nach Killarney

Gen Norden weicht die Landwirtschaft dem Schild. Von den Mitte des vorigen Jahrhunderts entstandenen Holzfällersiedlungen hat das gemütliche **Parry Sound** (6300 Einw.) den Sprung in die Gegenwart am besten geschafft. Einen seltenen Überblick über einen großen Teil der Küste verschafft man sich vom alten

Feuerwachtturm auf dem **Tower Hill.** Der Dampfer **»Island Queen«** legt zweimal täglich zu schönen, dreistündigen Kreuzfahrten durch die Thirty Thousand Islands ab (Juni–Mitte Okt.). Hinter Parry Sound liegen die Ansiedlungen immer weiter auseinander. Dieser Teil Ontarios wurde erst gegen Ende des 19. Jh. besiedelt. Vor allem Holzfäller und Fabrikarbeiter aus Québec ließen sich hier nieder, wodurch sich der überwiegend frankophone, noch immer in der Papierindustrie beschäftigte Bevölkerungsanteil erklärt. Rund 300 000 Franko-Ontarians leben heute in der Region, Tendenz fallend (s. S. 40). Wo der Hwy 69 den **French River,** den alten »Rivière des Français« überquert, lohnt ein kurzer Stopp. Eine blaue Bronzeplakette adelt den Fluss zum »Heritage River« und erinnert an berühmte Durchreisende: an Jean Nicolet (1634), der den Lake Michigan entdeckte, an Pierre Radisson und Médart des Groselliers (1659), die auf dem Weg zur Hudson Bay hier Station machten und die Paten der Hudson Bay Company waren. Ein Spazierweg führt über glatten Fels zum Fluss, der hier sein Bett tief in den Schild gegraben hat und wie eh und je – Reisenden galt er einst als kraftsparende ›Rennstrecke‹ – träge der Georgian Bay zufließt. Dort wandten sie sich nach Norden, der Küste von *la mer douce* folgend, wie der Lake Huron anfangs genannt wurde, bis der Windschatten bietende North Channel zwischen Festland und Manitoulin Island erreicht war. Unterwegs kamen sie auch beim heutigen **Killarney** (400 Einw.) vorbei. Der

Elchkuh im Killarney Provincial Park

bildhübsche, auf rötlichen Fels gebaute kleine Ort liegt am Ende des Hwy 637 und heißt längst Luxusyachten statt Kanus willkommen: Die Portage Cove, eine von weißen und roten Felsen gerahmte Bucht gleich um die Ecke, zählt zu den schönsten Ankerplätzen der Welt! Wer festen Boden unter den Füßen bevorzugt, kann Killarney als Stützpunkt für Wanderungen im **Killarney Provincial Park** nutzen. Dessen nordisch-herbe Felsenlandschaft charakterisieren roter, von weißem Quarzit durchzogener Granit und das allgegenwärtige tiefe Blau der Georgian Bay. Schwarzbären, Wölfe, Wildkatzen, Weißschwanzhirsche, Biber und Elche sind hier leichter als anderswo zu sehen. A. Y. Jackson, ein Maler der Group of Seven, betrieb die 1964 erfolgte Gründung des 345 km^2 großen Naturschutzgebiets. Heute bietet der für seine dünn bewaldeten Felsenrücken, tiefen Fjorde und herrlichen Aussichtspunkte auf die Bay berühmte Park *hiking* der Extraklasse. Viele der Trails tragen die Namen kanadischer Maler. Der längste ist der 100 km lange »La Cloche Trail«. Kanus, Zelte und Vorräte können bei einem Outfitter am südlichen Parkeingang besorgt werden.

Huronia Tourism Association, 1110 Hwy 6, Simcoe County Building, Midhurst, ON L0L 1X0, Tel. (705) 726-8502, 1-800-487-6642, Fax (705) 726-3991. **Rainbow Country Travel Association,** 2726 Whippoorwill Ave., Sudbury, ON P3G 1E9, Tel. (705) 522-0104, 1-800-465-6655, Fax (705) 522-3132.

Rocky Crest Resort, RR 1, Mactier, Lake Joseph, Tel. (705) 375-2240, 1-800-461-4454: informelles Resort mit vielen Freizeitmöglichkeiten, Nähe Big Shute, $$–$$$. **Rawley Lodge,** P.O. Box R, Port Severn, ON 0K 1S0, Tel. (705) 538-2272, 1-800-263-7538: nostalgischer Inn mit Freizeitmöglichkeiten nahe Georgian Bay Islands National Park, $$–$$$. **Log Cabin,** RR 2, Parry Sound, ON P2A 2W8, Tel. (705) 746-7122, Fax (705) 746-8060: Blockhütten-Atmosphäre mit Whirlpool und 4-Gänge-Dinner, $$$. **Jolly Roger Inn,** Hwy 400, Parry Sound, Tel. (705) 378-2461, 1-800-638-5883, Fax (705) 378-2137: preiswert, mit Pool und Minigolf, $$. **Pleasant Cove Resort,** P.O. Box 44RO, Pointe au Baril, Tel. (705) 366-2206, 1-888-641-4629: bequeme Cottages an der Bay, ideale Angelferien, $$$. **Killarney Mountain Lodge,** 3 Commissioner Rd., Killarney, Tel. (705) 287-2242, Fax (705) 287-2691: schöne alte Lodge auf Felsenufer an der Georgian Bay, $$–$$$; Flüge nach Manitoulin Island, s.u. **The Sportsman's Inn,** 37 Channel St., Killarney, Tel. (705) 287-2411: legere Unterkunft für jüngere Reisende, unmittelbar an der Marina, $$–$$$.

Georgian Bay Islands National Park, Honey Harbour, Tel. (705) 756-2415, 756-5909 (Reservierungen), Fax (705) 756-3886. **Killarney Provincial Park,** Killarney, Tel. (705) 287-2900, Fax 287-2893.

Ausrüster/Veranstalter: Killarney Outfitters, Hwy 637, Killarney, Tel. (705) 287-2828, 1-800-461-1117, Fax (705) 287-2691: Kanus, Mountainbikes, Campingausrüstung für Trips in den Killarney Provincial Park. **Air Killarney,** s. Killarney Mountain Lodge: ein- und mehrtägige Ausflüge nach Manitoulin Island.

! **Miss Midland,** Tel. (705) 526-0161 (Res.). **Island Queen,** Thirty Thousand Islands Cruises, 9 Bay St., Parry Sound, Tel. (705) 746-2311, 1-800-505-2628. Auf den beiden komfortablen Ausflugsdampfern kann man die Thirty Thousand Islands erkunden.

Ontarios naher Norden

Killarneys rudimentäre Verkehrsanbindung provoziert die Gewissensfrage: Sollte man Manitoulin Island von hier aus per Charterflug besuchen oder aber per Auto, wobei man einen vielstündigen Umweg über die Industriestadt Sudbury in Kauf nehmen muss? Für den Flug spricht außer beträchtlicher Zeitersparnis das Erlebnis der Vogelperspektive: Zum ersten Mal während der Reise rücken die gigantischen Ausmaße der Großen Seen ins rechte Bild. Aus der Luft gibt sich **Manitoulin Island** als stattliche, 2400 km² große, 140 km lange und max. 40 km breite Landmasse zwischen Georgian Bay und Lake Huron zu erkennen. Nein, die Wasserwüste da unten ist kein Ozean, sondern der drittgrößte der Großen Seen, ein fast 60 000 km² großes Binnenmeer, in dem Manitoulin als größte Insel der Welt in einem Süßwassersee immer noch reichlich Platz hat. Der Name heißt auf Ojibwa »Insel des Großen Geistes«. Ein Viertel der rund 12 000 Insulaner sind Ojibwa, Odawa und Potawotami. Entsprechend lebendig sind die alten Traditionen auf der von Kalksteinkuppen und dichten Wäldern bedeckten Insel. Im Juli und August finden in den sechs über die Insel verstreuten Reservaten festliche Zusammenkünfte statt, die so genannten *Pow Wows.* Das größte und farbenprächtigste gilt zugleich als das größte Nordamerikas.

In **Wikwemikong** im Osten der Insel treffen sich dann Indianer aller Stämme, um *red power* zu demonstrieren und bei den hoch dotierten Tanzwettbewerben die besten Tänzer zu ermitteln. Die buchtenreiche, dem Festland gegenüberliegende Nordküste der Insel ist zudem als Teil des North Channel ein Eldorado für Segler, Kayak- und Kanufahrer. Arrangements für einen mehrtägigen Aktivaufenthalt können bereits in Killarney getroffen werden (praktische Hinweise s. S. 116 und 124).

Von North Bay nach Ottawa

Noelville, Ouelette, Monetville: Der Weg von Killarney nach North Bay führt durch kleine frankophone Gemeinden mit bunten Holzhäuschen. Bei Verner stößt der Hwy 64 auf den Hwy 17. Bekannter als Trans Canada Highway, beginnt diese Straße in St. John's in Newfoundland und endet erst knapp 10 000 km weiter in Vancouver. Kanadischen Petrijüngern ist das jedoch ziemlich egal. Für sie ist der Trans Canada Highway der magische Rand eines bis zur Hudson Bay reichenden Anglerparadieses. Angeln ist in Kanada Volkssport, kein Wunder bei über 250 000 Seen allein in Ontario. Kehrseite der Medaille: Die Seen im dichter besiedelten Süden sind praktisch leergefischt. Ohne *permit* geht deshalb nichts mehr: Die Strafen für Schwarzangler sind empfindlich. Alle nehmen sie deshalb ernst, die Stories von eifrigen Rangern, die selbst auf namenlosen Seen im menschenleeren Norden einschweben und das rosa Papier sehen wollen. Die paar Dollar für die Lizenz zum Angeln, die in jedem Angelshop und *Convenience Store* zu haben ist, sind also eine gute Investition. Danach kann es jedoch losgehen, am besten so weit wie möglich weg von den Städten.

Tänzer bei einem Pow Wow, Manitoulin Island

Nördlich vom Trans Canada Highway also, gut fünf Autostunden von Toronto entfernt. Forellen, Hechte und Barsche tummeln sich hier in Seen, die man entweder nur auf unbefestigten *logging roads* oder aber per Wasserflugzeug erreicht. Aus der Luft sieht man die *fishing lodges* und *Fly-In-Fishing-Camps* am besten. Die Main Lodge, drum herum die Cabins, die Generatorhütte und natürlich die Pier mit den Außenbordern: In diesen für Angler maßgeschneiderten Mikrokosmen ist alles da, was Stadtneurotikern Tränen des Glücks in die Augen treibt.

Fünf Sterne in der Wildnis

Das Kronjuwel unter Ontarios Angelcamps ist die Lake Obabika Lodge nördlich von Sturgeon Falls. Tourism Ontario ließ für ihre Unterbringungsqualität fünf Sterne springen, die *Canadian Automobile Association* (CAA) verleiht ihrer Küche alle Jahre wieder vier Diamanten, sogar landesweit ein einsamer Rekord. Soviel Luxus in der Wildnis kommt nicht von ungefähr. Hinter den Daunenoberbetten und dem 6-Gänge-Dinner mit kalifornischen Weinen, italienischem Espresso und anschließender Monte Cristo steht ein energiegeladener Österreicher. Peter Herburger, 44, hat in den 80er Jahren seinen Traum von Kanada in das Südufer des 35 km langen Lake Obabika gestanzt, mitten in die unbesiedelte Temagami-Region, wo die letzten der alten Weiß- und Rotkiefern Ost-Kanadas stehen. Daheim hatte er eine gutgehende Massagepraxis. Der Fiskus verdarb ihm jedoch den Spaß am Arbeiten. »Von Jahr zu Jahr blieb unterm Strich weniger übrig«, erzählt Herburger. Irgendwann hatte er die Nase voll. Er verkaufte, packte seine Siebensachen und wanderte mit Frau Margit und Bruder Markus, einem begnadeten Möbeltischler, nach Kanada aus. Irgendwann fanden sie den Lake Obabika. Herburger kaufte Land und erhielt von der Regierung die Garantie, der einzige Siedler am See zu bleiben. Im Gegenzug verpflichtete er sich zum Schutz der Natur und der Fischbestände. Dann bauten sie die Lodge, zuerst das Hauptgebäude, ein zweigeschossiges Blockhaus mit Seeblick. Heute besteht das Anwesen, zu dem Herburger eigens eine Piste durch den Busch schlagen musste, aus Werkstätten, dem Sauna- und Whirlpoolhaus und sieben hübschen, gemütlich eingerichteten Rundholz-Chalets, die durch Plankenwege miteinander verbunden sind. An der Pier liegen Motorboote mit 25-PS-Mercury-Außenbordern, mit denen die Gäste frühmorgens in See stechen. Die Lake Obabika Lodge fasst insgesamt nur 20 Gäste. Das garantiert persönlichen Service und Erholung rundum.

Buchen kann man das Anglerglück bei der *Northern Ontario Tourist Outfitters Association* in **North Bay** (54 300 Einw.). Zahlreiche durch sie vertretene Lodges befinden sich bereits in der Umgebung. Die Stadt, deren Bewohner einer scheinbar unausrottbaren, von amerikanischen Reiseführern in die Welt gesetzten Meldung zufolge ihre Toten im Winter nicht begraben kann, ist Ausgangspunkt für Kanu- und Angeltrips in den hohen Norden. Ein Ring aus Shopping Malls und Parkplätzen scheint den historischen Kern zu ersticken, aber noch ist die alte Main Street zwischen Cassell Street und Fischer Street mit den mit falschen Fassaden versehenen Frontierhäusern eine hübsche Erinnerung an die Pionierzeit des 19. Jh. Auch die schöne Lage am ausgedehnten Lake Nipissing versöhnt das Auge. Der See lag einst auf der Kanuroute nach Westen. Wo damals Eisenwaren und Felle die Besitzer wechselten, stellten 1882 weiße Siedler im Gefolge der Eisenbahn die ersten Häuser auf den felsigen Boden. Heute dient der See vor allem dem Plaisir: Die **»Chief Commanda II«,** ein schnittiger Passagier-Katamaran, legt im Sommer täglich zu Exkursionen zu den Inseln und Reservaten auf der anderen Seite des Sees ab. Das Andenken an die Dionne-Fünflinge bewahrt das **Dionne Quints Museum** (Seymour St. und North Bay Bypass, Ende Mai–Okt. 9–17, im Juli bis 19 Uhr) zwar unkritisch, dafür umso liebevoller (s. S. 121).

»Voyageur Trail«: Die von der Provinz Ontario aufgestellten Schilder geben dem Trans Canada Highway bzw. Hwy 17 historisches Gewicht. Von North Bay bis nach Ottawa begleitet er nämlich jene Kanuroute, auf der Entdecker und Voyageurs nach Westen vordrangen, oder, wie Historiker es formulieren, »von Biberteich zu Biberteich«, und dabei weit über die Großen Seen hinaus nach Manitoba und Saskatchewan gelangten – und Kanada fast nebenbei entdeckten! Der Schlüssel zum alten Westen – und damit zu einem ganzen Kontinent – war der **Mattawa River.** Er entspringt kurz hinter North Bay im 198 m hoch gelegenen Trout Lake. 64 km weiter und 50 m tiefer mündet er beim Ort **Mattawa** in den Ottawa River. Der Mattawa River ist ein historisches Juwel. Die Broschüre im **Mattawa and District Museum** (285 First St., Juli–Aug. 9–17 Uhr, Mai, Juni, Sept., Okt. nur nach Anmeldung), die prominente Durchreisende listet, liest sich wie ein *Who's Who* der kanadischen Geschichte: Etienne Brûlé, Samuel de Champlain, Jean Nicolet, Père Jacques Marquette und Louis Joliet, Pierre de la Vérendrye, Simon McTavish, Simon Fraser, Alexander Mackenzie – Namen, denen man in Ontario und Québec immer wieder begegnet. Sie erkundeten die Großen Seen, fuhren auf dem Mississippi hinab zum Golf von Mexiko und schlugen sich zu den Rocky Mountains und zur Beaufort-See durch. Sie alle benutzten den Mattawa, quälten sich

Die Suche nach Wahrheit und verlorenen Millionen

Kanada hat ein Problem, das es am liebsten vergessen würde. Es sind drei alte Damen, die eigentlich nicht gern im Rampenlicht stehen. Das vorläufig letzte Mal war dies 1998. Damals bot die Regierung Ontarios ihnen, die bis dahin gemeinsam von 746 Dollar Rente gelebt hatten, 6000 Dollar pro Monat an. Sie lehnten ab und sprachen stattdessen von der Wahrheit. Eine Woche später bot Premierminister Mike Harris vier Millionen Dollar. Gefragt, ob sie nun glücklich seien, sagte eine, sie seien erleichtert. Die Kamera glitt von einer zur anderen, und es war, trotz unterschiedlicher Frisuren, als ob man immer in dasselbe Gesicht blickte.

Ihre Geschichte ist noch lange nicht zu Ende. Denn die drei Frauen teilen ein ebenso einzigartiges wie tragisches Schicksal. In den 1930er Jahren waren sie eine Touristenattraktion, die mehr Menschen anzog als die Niagara-Fälle. Insgesamt über drei Millionen Menschen aus ganz Nordamerika reisten damals nach Corbeil, einem armen frankokanadischen Nest unweit von North Bay. Dort standen sie geduldig Schlange, bis sie nach »Quintland« eingelassen wurden. So hieß das weitläufige Gebäude, das die Objekte der Begierde zur Schau stellte. Es war die Zeit der Weltwirtschaftskrise, man kämpfte ums nackte Überleben. »Quintland« ließ die Menschen wieder an Wunder glauben. Denn was sie dort hinter getönten Scheiben sahen, war zu jener Zeit eines. Fünf kleine, identische Mädchen, aufgeputzt wie Prinzessinnen, spielten in einem allseits einsehbaren Kinderzimmer, bedienten die Heile-Welt-Fantasien gleich fünffach. Die ersten Schritte, die ersten Zähne: Die Presse verfolgte die eineiigen Fünflinge Cecile, Yvonne, Marie, Emilie und Annette Dionne auf Schritt und Tritt. Als »Dionne Quints« wurden sie gnadenlos vermarktet. Die Fotoagentur NEA verkaufte ihre Exklusivbilder an fast 700 Zeitungen. Die Mädchen mussten als Werbeträger herhalten. Für die heimische Tourismusindustrie waren sie die »beliebteste Attraktion der Welt«. Die menschliche Seite dagegen interessierte niemanden.

Als Mutter Elzire am 28. Mai 1934 unter primitiven Bedingungen mit ihnen niederkam, rechnete niemand damit, dass sie überleben würden. Ganze 900 Gramm wogen die drei Erstgeborenen, die beiden kleinsten noch weniger. »Wir wären besser gleich danach gestorben«, sagte Cecile später. Ihre Eltern hatten schon fünf Kinder. Schon zwei Tage später begann die Belagerung durch Reporter und Schaulustige. Ihr überrumpelter Vater Oliva lieferte sie amerikanischen Geschäftsleuten aus. Die wollten sie lebend oder tot auf Jahrmärkten ausstellen und drückten Oliva für alle Fälle Spiritus in die Hand – zum Einlegen. Als die kanadische Presse Wind von der Sache bekam, erklärte sie ihn zum triebhaften Wüstling, dem man die Kinder am besten wegnehme. Eine Zeitung heuchelte: »Ein junger Bauer mit zehn Kindern ... und mit einer auf seinem Hof lastenden Hypothek verdient es, dass man ihm zumindest einen Teil seiner Probleme abnimmt...«. Die Fünflinge sollten in einer glücklichen Umgebung aufwachsen, damit Kanada etwas bekommt, das kein anderes Land der Welt besitzt.« Das Ergebnis war »Quintland«, Bauherr Ontario. Man asphaltierte noch die Zufahrtswege und sonnte sich dann im humanitären Image. Vor allem wurde kassiert. Werbedeals, Foto- und Filmrechte und das Souvenirgeschäft in »Quintland« boomte. Insgesamt verdiente Ontario 500 Mio. Dollar an der staatlich organisierten Peepshow. Der kanadische Journalist und Schriftsteller Pierre Berton schreibt in seinem Buch »The Dionne Years«: »(Die Fünflinge, d. Red.) retteten eine ganze Region vor dem Bankrott, sie waren ein Rohstoff, so wertvoll wie Gold oder Nickel.«

Die Kinder blieben dabei auf der Strecke. Mit neun Jahren waren die Fünflinge groß und dick und nicht mehr süß. Sie hatten ausgedient und mussten in ihr Elternhaus umziehen. Ihre Eltern und Geschwister kannten sie nicht, hatten sie nie auch nur berührt. Konflikte waren vorprogrammiert. Der Vater machte sie für sein Unglück verantwortlich, weil das ganze Land ihn als Unhold darstellte. Später ist in einer Biografie von sexuellem Missbrauch die Rede. Die Mutter wollte am liebsten alles vergessen. Das Erwachsenenleben der Fünflinge begleiten Depressionen und gescheiterte Ehen. Emilie starb mit 20, Epilepsie. Marie starb 1970. Die überlebenden Schwestern zogen sich in die Anonymität eines Montréaler Vorortes zurück. Ihr Geburtshaus, ein kleines grün-weißes Holzhaus, steht heute neben der Touristeninformation von North Bay und dient als Museum. Seit 1994 wühlen sich Cecile und ihr Sohn Bertrand durch die alten Akten. Sie fanden: Millionenbeträge waren einfach verschwunden, entweder in den Taschen von Regierungsbeamten oder versenkt in obskure Verwaltungsjobs. Nach Durchsicht der Akten schätzt Cecile, dass sie und ihre Schwestern um mindestens 22 Mio. Dollar betrogen wurden. Der Kampf um die verlorenen Millionen geht weiter.

auf knochenbrechenden *portages* an Hindernissen vorbei, die noch heute *portage de la mauvaise musique* (wo einem wohl das Singen verging) oder *porte de l'enfer* (Höllentor) heißen. Der **Mattawa River Provincial Park** schützt einen 37 km langen Abschnitt dieses Flusses und bietet Kanuten mit ausgeschilderten Einstiegsplätzen schöne Paddelmöglichkeiten. Den unverwüstlichen Voyageurs gewidmet ist das **Voyageur Heritage Centre** (tägl. 9–17 Uhr) im **Samuel de Champlain Provincial Park** kurz vor Mattawa. Historische Dokumente und die Replik eines neun Meter langen *canot de maître* erinnern an die Zeiten, als Biberfelle die Währung waren und die Voyageurs in Flotten bis zu 50 Kanus hier vorbeikamen. Ein Voyageur-Kanu bedienen und eigenhändig um Wasserfälle schleppen kann man auf einer vom Park angebotenen »Voyageur Adventure Tour«. Wer sich um den 24. Juli in der Gegend befindet, sollte die mehrtägigen **Voyageur Days** nicht verpassen: Junge Kanufahrer aus der Region nehmen den Mattawa in einem spektakulären Kanurennen von Mattawa nach North Bay unter den Rumpf, wofür sie für die 60 km lange Kanuroute meist nicht mehr als drei Stunden benötigen …

Von Mattawa an folgt Hwy 17 dem Ottawa River bis zur Bundeshauptstadt. Der Ottawa trennt das fruchtbare Ackerland Ontarios vom waldbedeckten Kanadischen Schild der Nachbarprovinz Québec und

Wildwasser-Abenteuer auf dem Ottawa River bei Beachburg

markiert zugleich die Grenze zwischen Englisch- und Französisch-Kanada. Dabei ist die Sprachgrenze fließend: Beiderseits der Grenze wird sowohl Englisch als auch Französisch gesprochen. Hin und wieder öffnen sich schöne Blicke auf den dem St.-Lorenz-Strom zufließenden Ottawa. Allmählich weitet sich sein Bett zum Ottawa Valley aus. Sehr englisch wirkende Kleinstädte fliegen vorbei, darunter **Pembroke** und **Renfrew,** ehemalige Holzfällercamps, die sich mit guten Hotels als Übernachtungsstopps anbieten. Bei Cobden lohnt sich ein Abstecher nach **Beachburg.** Der Ottawa River macht hier eine Schlaufe, wobei er sich tief im Granit durch enge Passagen drückt. Tosende Strudel und Stromschnellen haben diesen Abschnitt zum besten Rafting-Revier im Osten gemacht. Spezialveranstalter in Beachburg organisieren feucht-fröhliche Achterbahnfahrten und mehrtägige Expeditionen.

Ontario East Tourism Association, RR 1, Reynolds Rd. and Thousand Islands Parkway, Landsdowne, ON KOE 1L0, Tel. (613) 659-4306, 1-800-567-3278, Fax (613) 659-4300.

Lake Obabika Lodge, Box 10, River Valley, Ontario, Canada P0H 2C0, Tel. (705) 858-1056, 1-800-268-1056, Fax (705) 858-0115: Luxus-Angellodge 443 km nördlich von Sturgeon Falls, zu erreichen auf den Highways 64 und 805, $$$$. **Comfort Inn,** 676 Lakeshore Dr., North Bay, Tel. (705) 494-9444, Fax (705) 494-8461: verkehrsgünstig gelegenes Motel, sauber, $–$$. **Renfrew Inn,** 760 Gibbons Rd., Renfrew, Tel. (613) 432-8106: guter Zwischenstopp auf dem Weg nach Ottawa, $–$$.

Mattawa River Provincial Park, Mattawa, Tel. (705) 744-2276. **Samuel de Champlain Provincial Park,** Mattawa, Tel. (705) 744-2276.

Ausrüster/Veranstalter: Equinox Adventures, 5334 Yonge St., Toronto, Tel. (416) 222-2223, 1-800-785-8855, Fax (416) 887-1951: Ontarios älteste Kanu-Schule, Paddelkurse und Kanuwanderungen auf dem Ottawa River. **Wilderness Tours,** Beachburg, Tel. (613) 646-2291, 267-9166 (Reservierungen), Fax (613) 646-2996: profiliertester Rafting-Veranstalter am Ottawa River, mit Kayakschule. **Fishing Lodges: Northern Ontario Tourist Outfitters Association,** 269 Main St. W., Suite 408, North Bay, ON P1B 2TB, Tel. (705) 472-5552, Fax (705) 472-0621: Vereinigung von über 600 Angelcamps, Kanu-Spezialisten und Fly-In-Services, verschickt Kataloge und Verzeichnisse.

Northern Ontario Truck Festival, 17.–20. Juni, Sturgeon Falls: auf Hochglanz polierte Trucks aus ganz Nordamerika. **Mattawa Voyageur Days,** 22.–25. Juli, Mattawa: viertägiges Volksfest mit Kanurennen als Höhepunkt. **Sturgeon Falls Step Dance and Fiddle Festival,** 8.–15. August: hohe Preisgelder locken Fiedler aus ganz Nordamerika an. **Wikwemikong Annual Competition Pow Wow,** 31. Juli–2. August, Manitoulin Island: größtes Pow Wow Nordamerikas.

Chief Commanda II, 200 McIntyre St. E., Tel. (705) 474-0400, 1-800-387-0516: mit dem großen Katamaran (Bordrestaurant) über den Lake Nippissing.

Von Toronto nach Ottawa

Im Hausboot durch halb Ontario schippern? Nach Wracks in den Thousand Islands tauchen? Unterwegs nach Ottawa wartet im beschaulichen Herzland des alten Upper Canada so manche Überraschung. Die kanadische Hauptstadt lockt mit dem größten Kunst- und Kulturangebot in ganz Kanada.

Nach der Vernichtung der Huronen durch die Irokesen kamen die Ojibwa und Ottawa. 150 Jahre jagten und sammelten sie in den Wäldern zwischen Lake Ontario und Ottawa River, dann war Schluss. Die nach 1784 einwandernden Loyalisten überschritten zunächst den St.-Lorenz-Strom und setzten sich dann an der Küste des Lake Ontario fest. Mit dem Bau des Rideau Canal 1826 von Kingston nach Ottawa und des Trent-Severn-Waterway von Trenton zur Georgian Bay richtete sich ihr Augenmerk landeinwärts: Die ker-

Bei Kingston erstreckt sich die reizvolle Inselwelt der Thousand Islands

zengerade wachsenden Kiefern waren ideale Masten für die königliche Navy, das neue Land idealer Lebensraum für königstreue Amerikaner und Einwanderer aus dem Königreich. Die nächsten 100 Jahre florierte das Gebiet, dann aber zog Toronto mit Riesenschritten davon, unterstützt von einer boomenden Wirtschaft, die sich auf Straße und Schiene verlagert hatte. Das alte Upper Canada fiel zurück, viele der Städte, die vielversprechend begonnen hatten, überkam eine Trägheit, die erst dank einer neuen Dezentralisierungspolitik aus Toronto abschütteln konnte. Auch der 200 km lange Rideau Canal und der doppelt so lange Trent-Severn sattelten um: Statt Holz und Siedler transportieren sie heute Wasserratten und Freizeitkapitäne.

Die Kawartha Lakes

Der am Lake Ontario entlangführende Hwy 401 nach Montréal ist auch der schnellste Weg nach Ottawa. Unterwegs empfehlen sich diverse Abstecher. Bevor man z. B. bei Port Hope zu den Kawarthas abbiegt, sollte man im 1798 gegründeten **Cobourg** (16 000 Einw.) vorbei-

Von Toronto nach Ottawa

schauen und vor der prächtigen, 1860 vom Prince of Wales eröffneten **Victoria Hall** die noch immer sehr lebendige *british connection* Ontarios in sich aufnehmen. Einen guten Eindruck von weiteren, ebenfalls noch immer *very british* wirkenden Loyalistengründungen erhält man auf dem Hwy 2, dem so genannten »Heritage Highway« von Cobourg nach Trenton.

Der vom Hwy 401 abbiegende Hwy 28 führt durch hügeliges Farmland zur Seenplatte der Kawartha Lakes. Der 40 km lange **Rice Lake** gleitet vorbei, ein beliebtes Feienziel der Ontarians. Er und die weiter nördlich liegenden Kawartha Lakes waren einst Teil einer uralten Kanuroute vom Lake Ontario quer durch Zentralontario hinauf zur Georgian Bay. Viele prähistorische Felsmalereien, die schönsten davon im **Petroglyphs Provincial Park** (bei Burleigh über Hwy 28), erinnern an die enorme Bedeutung des prähistorischen Wasserwegs. Die in der straßenlosen Wildnis lebenden Siedler – Farmer, Kaufleute, Holzfäller – erkannten in der wasserreichen Geografie einen idealen Verkehrsweg zu ihren Absatzmärkten. 1833 wurde bei Bobcaygeon im Herzen der Kawarthas die erste Schleuse gebaut. Bis 1920 kamen Kanäle und 40 weitere Schleusen hinzu. Aber als der Trenton und Port Severn verbindende **Trent-Severn-Waterway** endlich fertig war, hatten ihn Schiene und Straße bereits entwertet. Das Ende

Hausboot 437: Käpt'ns Log

Showtime. Vor uns liegt Schleuse 31 und dahinter Buckhorn. Früher war Buckhorn ein Jagdcamp für reiche Amerikaner. Heute treffen sich hier braun gebrannte Skipper und fachsimpeln über alles, was schwimmt. Ganz ruhig. Bis zur blauen Linie fahren, hat der Vermieter gesagt. Wenn wir dahinter anlegen, wisse der Schleusenwärter, dass wir passieren wollen. *Locking through* heißt das hier. Als wir näherkommen, bemerke ich zwei unangenehme Dinge zugleich. Auf den Booten rechts und links ent-

war dies allerdings nicht. Statt Holzfällerflößen schipperten nunmehr Ausflugsdampfer mit reichen Städtern über die Seen, organisierte die Oberschicht elegante Regatten, entdeckten jagd- und angelfreudige Amerikaner die stille Seenlandschaft. Das 1825 von 2000 irischen Einwanderern gegründete **Peterborough** (69 500 Einw.), anfangs ein wichtiger Stopover auf dem Trent-Severn-Waterway, begründete während dieser Phase seinen Ruf als Ferien- und Bootsbauerstadt und verfügt über ein in Kanada einzigartiges Museum. Das **Canadian Canoe Museum** (910 Monaghan Rd., tägl. 10–16 Uhr) widmet sich mit über 400 Kanus der Kulturgeschichte jenes Verkehrsmittels, in dem Kanada erschlossen wurde. Vom Kanu aus Birkenzweigen, das Irokesen auf ih-

steht Unruhe. Die Yachtbesitzer gehen besorgt mit langen Stangen in Stellung. Zweitens: Wir befinden uns in einer Einbahnstraße. Sauber zurücksetzen ohne anzuecken übersteigt meine nautischen Fähigkeiten. Eine winzige Parklücke ist übrig, vorn links, zwischen zwei vor Elektronik strotzenden Luxusyachten. Mir bricht der Schweiß aus. Die Hände fliegen, das Steuer gehorcht nicht. Natürlich nicht, Hausboote reagieren anders als Autos. Irgendwann stehen wir quer, mit dem Heck ein Schnellboot touchierend, mit dem Bug auf die Parklücke zeigend. Jemand erbarmt sich, schnappt sich unsere Leine, macht sie an der Mole fest. Ich setze zurück, woraufhin sich unser Heck langsam an die Pier bequemt. »Bella Figura« haben wir nicht gerade gemacht, aber das ist jetzt egal. Es knackt im Lautsprecher. »Hausboot 437, legen Sie links an!« Der Schleusenmeister ist hier der Boss. Ein Boot nach dem anderen fährt langsam in die Schleusenkammer und macht an den senkrecht gespannten Hartgummiseilen fest. Die Kommandos sind kurz und präzise. Erstaunlich, wie schnell die Routine kommt. Nach dem Malheur von eben fühlen wir uns schon fast wie alte Hasen. Wir wickeln unsere Taue brav um die Gummiseile und halten, während der Wasserspiegel um drei Meter sinkt, tief durchatmend die Schlaufen fest. Als sich vor uns das Schleusentor öffnet, tuckern wir hinaus auf den Lower Lake Buckhorn, stolz, die Reifeprüfung für Hausbootfahrer bestanden zu haben. In der Deer Bay legen wir eine Badepause ein. Wir springen vom Sonnendach ins Wasser und trocknen in der warmen Nachmittagssonne. »Welche Insel hätten's gern?« heißt das Spiel des Abends. Wir entscheiden uns für ein hübsches Eiland mit Bucht nahe der Schleuse 32. Motor drosseln und Anker werfen. Wir erkunden ›unsere‹ Insel und fühlen uns wie Tom Sawyer und Huckleberry Finn. Kein Mensch zu sehen, niemand zu hören.

Erst als die Sonne blutrot untergeht, tun wir die Steaks auf den Grill …

ren Kriegszügen zur Überquerung von Flüssen rasch improvisierten, über das formvollendete Birkenrindenkanu der Ojibwa bis hin zu den legendären, aus Zedernholz gefertigten »Peterborough Canoes« aus den Workshops der einst berühmtesten Kanubauer des Landes sind alle Kanudesigns vertreten. Weitere Kanus, darunter einige Guinessbuch-Rekord-Inhaber, warten in der rückwärtigen Lagerhalle darauf, katalogisiert zu werden. Nördlich vom Stadtzentrum erinnert das hydraulische **Peterborough Lift Lock** (c/o Trent-Severn-Waterway, Mai–Okt.) an die damalige Bedeutung des Wasserwegs. 1904 gebaut, ist es mit seinen Wannen, in denen bis zu acht Boote gemeinsam einen Höhenunterschied von 20 m überwinden, immer noch weltweit eine der höchsten Schleusen dieser Art. Die genial einfache Technologie wird in einem Besucherzentrum erläutert.

Die hier auf grünes Licht zum *locking through* wartenden Hausboote kommen von den 16 zusammenhängenden Seen, die die Huronen einst »die glücklichen Wasser« nannten. Die **Kawartha Lakes** liegen in einer landschaftlich extrem vielfältigen Übergangszone zwischen St.-Lorenz-Tiefland und Kanadischem Schild: Während der Pigeon Lake mit seinen von Mischwäldern bestandenen Ufern mitteleuropäisch wirkt, ist der Stoney Lake mit Hunderten von Felseninselchen und dichten Kiefernwäldern ein Stück Kanada aus dem Malkasten. Ein Hausboot ist die beste Art und Weise, die Kawarthas zu genießen. Autoreisende sollten die hübschen Schleusendörfer besuchen. In **Buckhorn, Bobcaygeon** und **Lakefield** sind durchschleusende Vergnügungsboote aus ganz Nordamerika eine Attraktion, die Einheimische und Besucher gemütlich von Uferrestaurants aus genießen.

Von Quinte's Isle nach Kingston

Kurz vor Kingston beult sich die sonst gerade verlaufende Küstenlinie des Lake Ontario seewärts aus. Offiziell als Prince Edward County eingetragen, ist die bei Trenton an einem schmalen Landstreifen hängende Halbinsel eher als **Quinte's Isle** bekannt. 800 km Küstenlinie und eine bukolische, von Getreidefeldern und stillen Landstraßen geprägte Landschaft machen sie zu einem unaufgeregten Refugium für Städter, die es ruhig lieben. 1784 gingen hier die ersten Loyalisten an Land. Traditionell pro-britisch ausgerichtet und geprägt vom Trauma der Flucht aus den republikanischen USA, prägten sie auch den kanadischen Nationalcharakter – jedenfalls sehen manche ihrer Nachkommen und auch einige Historiker das so. Die dem Kompromiss eher als der Konfrontation zuneigende kanadische Psyche und das weniger aggressive Termini als das amerikanische aufweisende kanadische Englisch: für den, der es so sehen will, sind das Hinweise auf die loyalistischen Wurzeln. Auf dem 94 km langen **Loyalist Parkway** (Hwy 33) von Trenton nach Kingston passiert man ihre schönsten Dörfer. Bei schönem Wetter mag man jedoch zunächst den 10 km langen Badestrand im **Sandbanks Provincial Park** ansteuern (Hwy 11, 16 km südwestl. von Picton). **Picton** (4700 Einw.) ist das Nervenzentrum der Insel. Die schönsten seiner viktorianischen, unter alten Bäumen versteckten Häuser stehen im **Macauley Heritage Park** (Church St./Union St., Juli–Sept. Mi–Mo 10–16, sonst 13–16 Uhr). Sehenswert ist die 1825 errichtete St. Mary Magdalen Church mit einem guten Museum zum Thema Loyalisten. Ideal für ein Picknick ist der **Lake-on-the-Moun-**

tain Provincial Park. Die Lage des Sees 61 m über dem von hier aus sichtbaren Lake Ontario schafft einen eigenartigen optischen Eindruck. Im verschlafenen Weiler **Glenora** setzt eine ›antike‹ Autofähre nach **Adolphustown** (900 Einw.) auf dem Festland über. Der Ort war 1784 die erste Gründung der Königstreuen. »Put off thy shoes from off thy feet for the place whereon thou standest is holy ground« verkündet eine Bronzetafel, die am Ortsende die Stelle des ersten Landgangs ziert. Das **United Empire Loyalist Museum** (Hwy 33, Mai–Sept. Di–Sa 10–16, So 13–17 Uhr) bewahrt Dokumente und Haushaltsgegenstände aus dieser Zeit auf. Danach hält der Loyalist Parkway zielstrebig auf Kingston zu. Die sauberen, mit Parks und *bandstands* verschönten Orte an der Bay of Quinte wirken wie wehmütige Erinnerungen an das Empire und den Five o'Clock Tea.

Kingston und die Thousand Islands

Indianisches Dorf, französischer Pelzhandelsposten Fort Frontenac 1673. Als 1784 rund 1500 Loyalisten hier ihre Häuser bauten, hatte die Stelle an der Mündung des Cataraqui River schon viel gesehen. Unter britischer Herrschaft blühte der in **Kingston** (115 000 Einw.) umgetaufte Ort als Werft und Umschlagplatz auf. 1812 wurde Fort Henry gebaut, um die Amerikaner fernzuhalten. Einfluss und Wohlstand wurden in schöne neoklassische Steinhäuser und repräsentative öffentliche Gebäude umgesetzt und führten 1841 sogar zur Beförderung: Kingston wurde Hauptstadt der Province of Canada. Hocherfreut gaben die Stadtväter die auf den Lake Ontario blickende City Hall in Auftrag. Allein, die Zeitläufe waren gegen sie: 1844 entschieden sich die Politiker für Montréal als Hauptstadt, und Kingston zahlte die Rechnung. Übrig blieb ein Stadtbild, das einem Regierungssitz gut anstehen würde. Heute profitiert Kingston von seiner Lage als Gateway zu den berühmten Thousand Islands: Touristen aus aller Welt genießen die Kreuzfahrten in das Insellabyrinth.

Ein Gefühl für Kingston bekommt man beim Flanieren auf der **Brock Street.** Die auf den See zulaufende Straße wird flankiert von alten viktorianischen Stadthäusern und endet an der pompösen City Hall, die ursprünglich als Parlament Kanadas geplant war. Hinter der City Hall befindet sich der bunte **Farmers' Market.** Sonntags werden hier Antiquitäten verkauft. Seewärts blickt die City Hall über die Ontario Street auf den schönen **Confederation Park,** der die gesamte Waterkant begleitet. Das **Marine Museum of the Great Lakes** (Ontario St./Union St., Juni–Sept. Mo–Fr 10–17 Uhr) erinnert an die 1678 mit dem Bau des ersten Schiffes begonnene maritime Tradition der Großen Seen. Vorbei

Blick von Fort Henry auf Kingston und den Cataraqui River

an Residenzen unter alten Ahornbäumen gelangt man zum **Bellevue House** (35 Centre House, Juni–Sept. 9–18, sonst tägl. 10–17 Uhr). Das in den 1840er Jahren einer toskanischen Villa nachempfundene Haus war 1848–1849 die Residenz von Sir John A. Macdonald, dem ersten Premierminister des modernen Kanada. Zeitgenössische Möbel und über die Macdonalds gut informierte Guides machen den Besuch zu einer informativen Zeitreise zu den Anfängen des Staates. Etwas westlich wartet ein ungewöhnliches Museum: Gegenüber dem Männergefängnis widmet sich das **Correctional Service of Canada Museum** (555 King St. W., Ende Mai–Anfang Sept. Mi–Fr 9–16, Sa–So 10–16 Uhr) dem kanadischen Strafvollzug von der öffentlichen Folter bis zu den als *trailer weekends* bekannten Rendezvous von Freigängern mit ihren Frauen. Jenseits des Cataraqui River kontrolliert auf einer Anhöhe das trutzige **Fort Henry** (Hwy 2, Mitte Mai–Ende Sept. tägl. 10–17 Uhr) die Flussmündung. Eine Feuerprobe blieb der Feste erspart. Heute halten hinter den meterdicken Kasematten uniformierte Studenten des Royal Military College zackige Paraden ab. Der Blick auf See und Stadt lohnt den Weg hierher. Der Cataraqui River zu Füßen des Forts ist Teil des 1826–1832 angelegten Rideau Canal von Kingston nach Ottawa (s. Ottawa S. 139).

Thousand Island

Der als **Thousand Islands** berühmte Abschnitt des St.-Lorenz-Stroms liegt zwischen **Gananoque** (5200 Einw.) und **Brockville** (21 800 Einw.). In Wahrheit besteht der »Lac-des-Mille-Îsles« der französischen Trapper aus genau 1865 Inseln und Inselchen – wobei diese mindestens zweieinhalb Quadratmeter groß sein und über zwei Bäume verfügen müssen, um offiziell als Insel anerkannt zu werden. Für Geologen Ausläufer des Kanadischen Schildes, waren sie für die Cataraqui-Indianer der »Garten des Großen Geistes«, bei Tageslicht grune Spritzer im tiefblauen Wasser, bei Nacht von Lagerfeuern erhellte Punkte in der Dunkelheit. Im 19. Jh. entdeckte die städtische Elite sie als Sommerfrische und bedeckte sie – jedem seine Insel – mit luxuriösen Cottages. Heute vermitteln Kreuzfahrten ab Kingston, Gananoque, Rockport und Brockville auch weniger Begüterten einen Eindruck von der Schönheit dieser Landschaft. Besondere Attraktionen sind u. a. die Ritterburg **Boldt Castle,** die George Boldt, der Erfinder des Thousand Island Dressing, auf Heart Island bauen ließ, und diverse Mini-Inseln, auf denen gerade Platz genug für ein Sommerhaus ist. Auch der in Gananoque beginnende, 38 km lange **Thousand Islands Parkway** bietet immer wieder schöne Blicke auf die Inselwelt. Hinter dem Ort Ivy Lea führt die Thousand Islands International Bridge über Hill Island in die USA. Auf Hill Island ermöglicht der 121 m hohe **Sky Deck Tower** herrliche Panoramablicke (Ivy Lea Bridge nach Hill Island, Juni–Sept. tägl. 9–18, bis Mitte Okt. 8.30–17 Uhr). 21 Inseln und 90 Eilande zwischen Kingston und Brockville und ein Uferstreifen bei Mallorytown Landing stehen unter dem Schutz des **St. Lawrence Islands National Park**

Shipwreck Adventures

Die Schätze der Thousand Islands liegen nicht nur über Wasser. Seit durch die Vermehrung der Zebramuschel das Wasser klarer geworden ist und sich die Sichtweite unter Wasser auf fast 30 m erhöhte, ist der Abschnitt zwischen Gananoque und Brockville ein beliebtes Revier für Wracktaucher geworden. Über 200 Schiffswracks aus 300 Jahren liegen hier in 20 bis 30 m Tiefe, viele davon in hervorragendem Zustand. Zahlreiche Hotels haben deshalb *Scuba Packages* in ihr Angebot aufgenommen: Mit dem Zimmer werden zugleich Tauchausrüstung und -gänge gebucht. Taucherfahrung ist Voraussetzung. Für Novizen gibt es jedoch Kurse mit abschließendem Diplom. Einzelheiten erfährt man beim regionalen Fremdenverkehrsverein Ontario East.

(Hwy 401). Mit über 800 Pflanzen-, 65 Vogel- und 28 Schlangen- und Amphibienarten und Inselnamen wie Camelot oder Endymion ist der Park ein märchenhaftes Paradies für Naturfreunde. Auf elf der Inseln gibt es kleine Campingplätze, allerdings nimmt die Verwaltung in Mallorytown Landing keine Reservierungen entgegen *(first come, first serve)*. Die Anreise erfolgt entweder im Rahmen offizieller Führungen oder per Boot (Kayak, Kanu, Motorboot).

Getaway Country c/o Bancroft & District Chamber of Commerce, P.O. Box 539, Bancroft, ON K0L 1C0, Tel. (613) 332-8089, 1-8 00-461-1912, Fax (613) 332-2119; **Ontario East Tourism Association,** RR 1, Rexnolds Rd. and 1000 Islands Parkway, Landsdowne, ON K0E 1L0, Tel. (613) 659-4300, 1-800-567-3278, Fax (613) 659-4306. **Kingston Area Economic Development Commission,** 209 Ontario St., Kingston, ON K7L 2Z1, Tel. (613) 548-4415, 1-888-855-4555, Fax (613) 548-4549.

Elmhirst's Resort, RR 1, 1045 Settlers' Line, Keene, Tel. (705) 295-4591, 1-800-461-1940, Fax (705) 295-4596: schönes Resort mit Haupthaus und Cottages am Rice Lake, \$\$–\$\$\$\$. **Beachwood Resort,** RR 1, Lakefield, Tel. (705) 633-5543, Fax (705) 633-5746: Cottages und Kondos an der Deer Bay in den Kawarthas, \$\$–\$\$\$\$. **Holiday Inn Peterborough Waterfront,** 150 George St., Peterborough, Tel. (705) 743-1144, Fax (705) 740-6559: gutes Mittelklassehotel, verlässlicher Stopover, \$\$. **Amaryliss Houseboat B & B,** P.O. Box C-10, Rockport, ON K0E 1V0, Tel. (613) 659-3513: urgemütliche Unterkunft in altem Doppeldecker-

Am Rideau Canal

Hausboot mitten in den Thousand Islands, Kanu- und Bootsverleih, $–$$$. **1000 Islands Motel,** 550 King St. E., Gananoque, Tel. (613) 382-3911, 1-888-689-7973, Fax (613) 382-3911: solides Motel mitten im Kreuzfahrtenrummel, $–$$$. **Painted Lady Inn,** 181 William St., Kingston, Tel. (613) 549-5534, 1-800-267-0525, Fax (613) 549-5534: wunderschönes viktorianisches B & B, $–$$. **Hochelaga Inn,** 24 Sydenham St., Kingston, Tel. (613) 549-5534, 1-800-267-0525, Fax (613) 549-5534: stilvolles 19. – Jh.-Haus, $$–$$$.

Hot Belly Mama's, Water und Simcoe Sts., Peterborough, Tel. (705) 743-1144: leichte Snacks in jugendlicher Umgebung, $. **Big Tomato,** 31 Main St., Bobcaygeon (im Bobcaygeon Inn), Tel. (705) 738-5433: Pizzen und Pasta mit Blick auf Schleusen, $–$$. **The Kingston Brewery Co.,** 34 Clarence St., Kingston, Tel. (613) 543-4978: Chicken, Ribs und hauseigenes Bier der Marke »Dragon's Breath«, $–$$. **Chez Piggy,** 8 Princess St., Kingston, Tel. (613) 549-7673: verfeinerte kanadische Küche, Lamm besonders gut, $$–$$$.

1000 Islands KOA Campground, Hwy 401, Ausfahrt 675 nach Mallorytown, Hwy 2, Tel. (613) 923-5339, 1-888-KOA-9725: alle Einrichtungen, $.

In der Innenstadt von Port Hope sind rund 40 **Antiquitätenläden** zu finden. **Ojibwa-Kunsthandwerksladen** »Wheetung« im Curved Lake Indian Reserve in den Kawarthas. **Kingston:** Shopping auf Ontario, Princess und Brock Sts.

Annual Buckhorn Wildlife Art Festival, 13.–15. August, Buckhorn: 100 Maler stellen ihre Bilder aus der Wildnis vor.

Egan Marine, R.R. 4, Omemee, Ontario, Canada K0L 2W0, Tel./Fax (705) 799-5745: Hausboot-Verleih. **Tieken Kayaks,** 145 River St., Gananoque, Tel. (613) 3 82-25 31, Fax (613) 382-8769: Kayakverleih und -touren. **Wanapitei Canoe Expeditions,** 17–393 Water St., Peterborough, Tel. (705) 745-3721, Fax (705) 745-4971: organisierte Kanutouren. **Kingston Flying Club,** Norman Rogers Airport, Tel. (613) 389-0954: Sightseeing-Flüge. **Sea Fox Thousand Islands Boat Tours,** Kingston, Tel. (613) 542-4271. **Gananoque Boat Lines,** 6 Water St., Gananoque, Tel. (613) 382-2144.

Ottawa

Der St.-Lorenz-Strom war schon immer die Lebensader dieses Teils Kanadas. Seit der Eröffnung des St. Lawrence Seaway 1959 gilt das doppelt: Ozeandampfer können seither vom Atlantik bis zu dem 183 m höher liegenden Chiacago im Herzen des Kontinents reisen. Vom Hwy 2, dem »Heritage Highway«, sind sie hin und wieder zu sehen, vor allem in **Iroquois** (18 000 Einw.), wo eine der insgesamt 20 Schleusen des Seaway zu besichtigen ist. Ottawa, die Bundeshauptstadt, liegt überraschend weit entfernt vom Strom. Der Grund dafür hat mit den USA zu tun. Um einen vor den Amerikanern sicheren Nachschubweg zu schaffen, wurde zunächst Colonel John By 1825 mit dem Bau des Rideau Canal von Kingston zum Ottawa River beauftragt. 4000 irische Einwanderer schufteten sich bis 1832 durch den Granit, dann hatte man den Ottawa erreicht. Dort war inzwischen eine kleine Siedlung names Bytown entstanden, ein schäbiges Nest, verloren in den Wäldern und bevölkert von Tagelöhnern, Glücksrittern und leichten Mädchen. Dank Großbritanniens Holzhunger wurde Bytown jedoch bald der Hauptlieferant der königlichen Flotte. Fortan nannte es sich **Ottawa** und betrat wenig später sogar den Kreis der Bewerber, als London eine Hauptstadt für die Provinz Kanada suchte. 1857 wurde das Unmögliche wahr: Queen Victoria entschied sich gegen Montréal, Toronto und Kingston, dem Nobody in der Wildnis den Zuschlag gebend. Kritiker zeterten, Victoria kenne Ottawa nur von romantischen Postkarten her, aber die Geschichte sollte ihr Recht geben. Ottawa, das 1867 auch Bundeshauptstadt wurde, lag nicht nur weit genug von der amerikanischen Artillerie entfernt, sondern auch, heute wichtiger denn je, exakt auf der Grenze zwischen Englisch- und Französisch-Kanada. Heute ist Ottawa die Hauptstadt des zweitgrößten und dezentralsten Landes der Erde, mit allen Nachteilen, die der Job mit sich bringt. Beispielsweise sorgt die ausladende Geografie dafür, dass Kanadier selten über ihre eigene Provinz hinausdenken: Vancouverites blicken eher nach Kalifornien als nach Ottawa. Eher verfolgt man das Treiben der eigenen Provinz- als das der Bundesregierung. Letztere taucht im kanadischen Alltag nur als Kassierer der GST *(General Sales Tax)* auf: »Ottawa, the city Canadians love to hate«. Ungeliebt von den Provinzen und ohne glanzvolle Vergangenheit und Lebensart (wie Montréal) oder wirtschaftliche Strahlkraft (wie Toronto), galt Ottawa unter Kanadas Weltstädten lange als Mauerblümchen. Mankos dieser Art macht die saubere Beamtenstadt jedoch mit Kunst und Kultur wieder wett. Von Subventionsgeldern verwöhnt, bietet Ottawa dem Besucher heute die höchste Konzentration internationaler Museen und Galerien in Kanada.

Stadtbesichtigung

Stadtrundgänge beginnen fast automatisch auf dem Parliament Hill. 1857 wurde auf dem Felsen über dem Ottawa River der Grundstein für die heute in strenger Neogotik die City beherrschenden **Parliament Buildings (1)** gelegt. Im Centre Block zu Füßen des 96 m hohen **Peace Tower** – die Aussicht von hier oben erinnert daran, dass Ottawa noch immer von endlosen Wäldern umgeben ist – residieren der Senat und das House of Commons. Ein weißes Licht auf dem Peace Tower zeigt an, wann das Parlament *in session* ist. Außerhalb der Sitzungen sind die heiligen Hallen – Bürgernähe wird groß geschrieben – zu besichtigen (Mai–Sept. tägl. 9–20.30, sonst 9–16.30 Uhr). Von Ende Juni bis Ende August zelebrieren auf dem Rasen vor dem Centre Block täglich um zehn Uhr die Canadian Grenadier Guards das Wachablösungsritual. Im West und East Block befinden sich Regierungsbüros. Von der Terrasse hinter dem Parlament gleitet der Blick zur National Gallery of Canada und dem in der gegenüber liegenden, bereits zu Quebec gehörenden Schwesterstedt Hull gelegenen Musée Canadien des Civilisations (s. S. 138) hinüber, den beiden Besuchermagneten der Stadt. In Form und Stil die Parliament Buildings zitierend, liefert die aus Glas, Granit und Beton bestehende **National Gallery of Canada** (**2;** 380 Sussex Dr., Okt.–April Mi–So 10–17,

Ottawa:
1 Parliament Buildings/Peace Tower **2** National Gallery of Canada **3** Musée Canadien des Civilisations **4** Confederation Square **5** National Arts Centre **6** Château Laurier **7** Currency Museum **8** Bytown Museum **9** Canadian Museum of Contemporary Photography **10** By Ward Market **11** Notre-Dame Basilica

In Ottawa ›steigt‹ der Rideau Canal über acht Schleusen zum Ottawa River ab

Do 10–20 Uhr, Mai–Sept. tägl. 10–18, Do 10–20 Uhr) des kanadischen Star-Architekten Moshe Safdie den angemessenen Rahmen für die beste Kunstsammlung des Landes. 12 000 der rund 40 000 Kunstobjekte der Galerie sind ausgestellt. Bereits der Blick aus der gläsernen Great Hall hinüber zu den Parliament Buildings ist spektakulär. Von den zahlreichen Ausstellungen sind folgende besonders zu empfehlen: die »Canadian Galleries« mit Meisterwerken von Cornelius Krieghoff, Tom Thomson (die Galerie zeigt das Schlüsselbild der Group of Seven, »The Jack Pine«), Emily Carr und Jean-Paul Riopelle sowie die Inuit Art Galleries. Die europäischen Meister, darunter Rubens, Degas, Monet, Cézanne und Matisse, werden in chronologischer Reihenfolge präsentiert. Sehenswert sind auch die Amerikaner, darunter Warhol und Lichtenstein. Alle Galerien im Erdgeschoss gruppieren sich um die eine im Zentrum: Nach ein paar Metern durch einen Gang steht man plötzlich in einer schönen Kapelle. Die 1888 erbaute Chapelle du Convent Notre-Dame-du-Sacré-Cœur wurde, nachdem der Konvent 1972 abgerissen worden war, zerlegt und hier vollständig wieder aufgebaut.

Die Architektur des **Musée Canadien des Civilisations** (**3**; 100 Rue Laurier, Hull, Mai–Sept. tägl. 9–18, Do bis 21 Uhr, Juli–Aug. auch Fr bis 21, Okt.–April Di–So 9–17, Do bis 21 Uhr) ist ebenso ungewöhnlich. Das Kurvendesign symbolisiert den von Gletschern, Flüssen und Winden geformten Kanadischen Schild, die dominierende Gesteinsformation Kanadas. Die Ausstellungen im Innern widmen sich der Besiedlungsgeschichte und sind interaktiv präsentiert, um auch jugendliche Besucher anzusprechen. Höhepunkte sind die umfangreichste Totempfahl-Sammlung der Welt in der Great Hall und die Maskensammlungen der Präriestämme.

Auch die übrigen Sehenswürdigkeiten Ottawas liegen nur wenige Gehminuten vom Parliament Hill entfernt. Vor den Regierungsgebäuden bildet der **Confederation Square (4)** das stets brummende Zentrum der Stadt. Interessante Punkte am Platz sind das moderne **National Arts Centre (5),** ein Kulturzentrum mit drei Bühnen, Cafés und Restaurants, und das **Château Laurier (6)** schräg gegenüber. Mit dem Château Frontenac in Québec City und dem Royal York in Toronto gehört es zu den schönsten der traditionsreichen kanadischen Eisenbahnhotels. Vom Platz biegt die elegante Einkaufsstraße Sparks Street Mall ab. Einen zweiten Blick lohnt hier das in der Bank of Canada untergebrachte **Currency Museum** (**7;** 245 Sparks St., tägl. 9.30–17.30, Sa–So 10–17 Uhr). In acht Räumen verfolgt es die Geschichte der Geldmünzen und schenkt auch Biberfellen und während der Kolonialzeit benutztem Geldersatz Beachtung. Früher oder später trifft man auf den sich durch die Stadt schlängelnden, von schönen Geh- und Radwegen begleiteten **Rideau Canal.** Unterhalb des Château Laurier steigt er mit Hilfe von acht handbetriebenen Schleusen, den Ottawa Locks, zum 24,4 m tiefer liegenden Ottawa River hinab. Zu Füßen der Schleusentreppe befindet sich das winzige **Bytown Museum** (**8;** unterhalb von York und George St., Mitte Mai–Ende Nov. Mo–Sa 10–17, So 13–17 Uhr) untergebracht im ältesten noch stehenden Haus (1827) der Stadt. Neben der zum Museum hinabführenden Treppe lohnt für Fotofans auch das **Canadian Museum of Contemporary Photography** (**9;** 1 Rideau Canal, Mai–Sept. Mo–Di, Fr, So 11–17, Mi 16–20, Do 11–20 Uhr, Sept.–April Mi–Do 11–20, Fr–So 11–17 Uhr), mit bestechenden Bildern des National Film Board of Canada einen Besuch.

Ausgiebige Beflaggung und schwarze Diplomatenwagen weisen den **Sussex Drive** aus, Ottawas Aushängeschild. Rechter Hand liegt zunächst **By Ward Market (10)**, die ein bißchen zu perfekt restaurierte Altstadt. Sie sieht zwar nicht alt aus, ist dafür mit vielen Restaurants und Bars das beste Ziel am Abend. Seit 1840 wird hier der Wochenmarkt abgehalten. Die schöne Kirche gegenüber der National Gallery of Canada ist die **Notre-Dame Basilica (11),** die älteste Kirche der Stadt. Sie wurde 1841 für die frankophone und die irisch-katholische Bevölkerung gebaut, die im Innern mit Statuen für Johannes den Täufer und St. Patrick vertreten sind. Die Weiterfahrt auf dem Sussex Drive offenbart

einen weiteren Unterschied zu den USA: Während jenseits der Grenze um jede Politikerresidenz kameraüberwachte Mauern gezogen werden, wohnen kanadische Spitzenpolitiker (fast) wie normale Menschen. In 24 Sussex Drive, einem bescheidenem, Haus mit Blick auf den Ottawa River, lebt z. B. der kanadische Premierminister. Kameras und Wachpersonal sind unauffällig – so unauffällig, dass die First Lady vor drei Jahren nur durch resolutes Auftreten einen fremden Mann aus ihrem Schlafzimmer vertreiben konnte. Seither sind die Kameras leichter von der Straße aus zu sehen. Gegenüber residiert der Stellvertreter der Queen, der Governor General, in einem schwer einsehbaren Anwesen namens **Rideau Hall.** Wenig später ist **Rockcliffe** erreicht. In diesem parkähnlichen Stadtteil wohnen die Botschafter aller Herren Länder neben Wirtschaftsbossen und Senatsmitgliedern. Sicherheit auch hier kein Problem: Mit der Versetzung nach Rockcliffe werden vor allem Veteranen belohnt …

Ottawa Tourism and Convention Authority, 130 Albert St., Suite 1800, ON K1P 5G4, Tel. (613) 237-5150, 1-800-363-4465, Fax (613) 237-7339.

Château Laurier, 1 Rideau St., Tel. (613) 214-1414, 1-800-441-1414, Fax (613) 562-7030: traditionsreiches Luxushotel der kanadischen Eisenbahn, \$\$\$–\$\$\$\$. **Lord Elgin Hotel,** 100 Elgon St., Tel. (613) 235-3333, 1-800-267-4298, Fax (613) 235-3223: altmodisches Grand Hotel, überraschend preiswert, \$\$. **Doral Inn,** 486 Albert St., Tel. (613) 230-8055, 1-800-26-DORAL, Fax (613) 237-9660: geschmackvolle Mittelklasse unweit Parliament Hill, \$\$.

D'Arcy McGee, 44 Sparks St., Tel. (613) 230-4433: irischer Pub, eine Minute vom Parlament, Hangout der Regierungsbeamten, \$–\$\$. **Le Métro,** 315 Somerset St., Tel. (613) 230-8123: traditionelle französische Küche in schweren Ledersesseln, \$\$\$.

Sparks St., Bank St., Elgin St., By Ward Market

Canadian Tulip Festival, 8.–24. Mai, drei Millionen Tulpen blühen in der Hauptstadt. **Ottawa Fringe Festival,** 18.–20. Juni: 40 Theatergruppen auf improvisierten Bühnen spielen überall in der Stadt. **Ottawa Jazz Festival,** 16.–25. Juli: Top Acts aus aller Welt.

Rideau Lakes Houseboat Vacations, 1645 Russell Rd., Unit 2, Tel. (613) 737-3957, Fax (613) 738-1244: Hausbootverleih

Das Musée Canadien des Civilisations beherbergt die größte Totempfahl-Sammlung der Welt

Québec

Montréal

Ausflüge in die Umgebung von Montréal

Auf dem alten Chemin du Roy nach Québec

Québec Ville

Die Nordküste des St. Lorenz: Von Québec nach Natashquan

Südlich des St. Lorenz-Stroms: Bas-Saint-Laurent und Gaspésie

Percé, am östlichsten Punkt der Gaspé-Halbinsel

Montréal

Die Essenz der Stadt ist der Widerspruch: Montréal ist provinziell und kosmopolitisch, formell und nonchalant. Frankreich trifft England trifft Nordamerika: Das zusammengewürfelte, bisweilen chaotische Stadtbild ist beredtes Zeugnis einer schillernden Vergangenheit. Montréal, das sind verschachtelte Viertel mit eigener Kirche und eigenem Bäcker im Schatten glitzernder Bürotürme. Das sind spielend von Französisch auf Englisch und 100 weitere Sprachen umschaltende Menschen, für die der Sprachenstreit nur noch ein Hobby der Politiker in Québec City ist.

Manhattan ohne den Stress, loben amerikanische Touristen. Montparnasse ohne die Pariser, sagen manche Deutsche. Die Liste der Vergleiche ist endlos, macht aber deutlich: Montréal lässt sich in kein Schema pressen. In wenigen Sätzen erklären kann man diese Stadt nicht. Genießen ist angesagt. Die 3,3-Millionen-Metropole ist großzügig, trotz ihrer Weltgewandtheit überhaupt nicht mondän und pflegt dabei einen erstaunlich sanften Lebensstil. In den Cafés, in der Schlange vor der Kasse die heitere, für Montréal typische Atmosphäre ist überall greifbar. Die Stadt ist nicht eigentlich schön. Viel Altes wurde abgerissen, viel Neues planlos daraufgesetzt. Dies hatte auch seine guten Seiten. Die Stil- und Formenvielfalt reicht von 300 Jahre alten Steinhäusern bis zu postmodernen Riesenquadern und produziert das ideale Biotop für eine Gesellschaft, die unter französischen, englischen, amerikanischen und ethnischen Einflüssen eine der dynamischsten Kunstszenen Nordamerikas hervorgebracht hat. Dass die Lebenshaltungskosten – ein Segen für kreative Geister – bedeutend niedriger sind als in Toronto, hilft. Und auch, dass die Provinz die ersten 15 000 Dollar aus Copyrights an Büchern, CDs und Software steuerfrei lässt und doppelt soviel in Kultur investiert wie Ontario, was scharenweise junge Menschen anlockt. Die Rechnung der Politiker – erst die Bohème, dann die Cafés, dann die Makler, dann die Zahnärzte – scheint aufzugehen. Bestes Beispiel: Der in Montréal groß gewordene »Cirque de Soleil«, heute ein multinationaler Welterfolg.

Auf dem Mont Royal

Stadtgeschichte

»Quel mont royal«, soll Jacques Cartier ausgerufen haben, als er von der Spitze des Berges auf den Strom und die endlosen Wälder blickte. Damit, so heißt es, hatte Montréal seinen Namen weg. Ob sich seine Miene gleich darauf verdüsterte? Denn die von hier oben ebenfalls erkennbaren Stromschnellen beendeten seine Reise nach China. Cartier musste umkehren, aber zuvor benannte er die Stelle: Lachine, heute eine Vorstadt Montréals.

1642 gründete Paul de Chomedey, Sieur de Maisonneuve, den Missionsposten Ville-Marie. Als typisches Kind seiner Zeit – glaubensfest, intolerant – geriet er bald mit den ohnehin feindlich gesinnten Irokesen über Kreuz. Hinterhalte, Überfälle – allein 1689 töten sie alle Männer aus Lachine, entführen 100 Frauen und Kinder – plagten die Siedlung bis zum Frieden von 1701. Zu diesem Zeitpunkt lebten in Montréal bereits mehr Abenteurer und Händler als Priester: Die Stadt am Zusammenfluss von Ottawa River und St.-Lorenz war Pelzhandelszentrum und Sprungbrett für Entdeckungsreisen geworden. Die *coureurs de bois,* die einzelgängerischen Waldläufer, und später die *voyageurs* folgten von hier aus den kostbaren Pelztieren bis zum Nordmeer und Pazifik und schufen die Grundlage für Montréals Wohlstand. Nach der Eroberung übernahmen schottische Kaufleute den Pelzhandel. Loyalisten siedelten sich an. Anfang des 19. Jh. erreichte der Pelzhandel seinen Höhepunkt, als die 1783 von Kaufleuten um die Pelzbarone McGill, McTavish und Fraser gegründete North West Company Handelsposten von Labrador bis zum Pazifik unterhielt. Nach dem Zusammenschluss mit der über die Hudson Bay operierenden Hudson Bay Company 1821 ging der Pelzhandel an der Stadt vorbei. Die Montréaler Elite hatte jedoch diversifiziert: Banken, Transportunternehmen, Reedereien, Versicherungsgesellschaften, der Wechsel zu Handel und Hochfinanz war schmerzlos. 1853 erschloss die Eisenbahn die Märkte im Süden, beschleunigte die Industrialisierung. In den 1880er Jahren verband Canadian Pacific Railways die Stadt mit Atlantik und Pazifik. Um 1900 – Montréal hatte eine halbe Million Einwohner – kontrollierte die anglophone Elite 70 % des kanadischen Volkseinkommens. Die Unterschicht bestand aus franko-kanadischen und irischen Arbeitern, Montréal war eine geteilte Stadt, mit den wohlhabenden, protestantischen Anglos im Westen und dem unterprivilegierten, katholischen Bevölkerungsteil im Osten. Im 20. Jh. wuchs Montréal weiter, unterbrochen nur von der Depression der 30er Jahre. Die 60er und 70er Jahre gehörten Jean Drapeau: Der charismatische Bürgermeister holte die Expo '67 und die Olympischen Sommerspiele 1976 nach Montréal, ließ die Métro bauen und Stadtteile im Osten renovieren. Der Preis für Montréals Platz auf der Weltbühne war ein bis heute quälender Schuldenberg. Auch den Flirt der Provinz mit der Unabhängigkeit hat die Stadt mit dem Exodus großer Teile der anglophonen Führungsschicht teuer bezahlt. Zum Millennium ist sie jedoch wieder da, sogar mit neuen Zubringerindustrien: Weil sie von Teheran bis Tokio alle Städte der Welt doubeln kann, produzierte Hollywood 1997 hier mehr Filme als in Toronto und schob damit eine Zubringerindustrie mit zweistelligen Zuwachsraten an.

Vieux-Montréal

Montréals Altstadt zeigt Architektur aus drei Jahrhunderten und ist ein fußgängerfreundliches Rechteck am St.-Lorenz, im Schatten moderner Bürotürme. Der Spaziergang beginnt an der Rue McGill (Métro: Square Victoria). Hier vollzieht sich der Szenenwechsel besonders abrupt: Westlich der von modernen Bürotürmen umgebene **Square Victoria,** östlich davon neoklassische Sandsteinarchitektur. Die **Rue Saint-Jacques** führt in die Vergangenheit. Von 1830 bis weit ins 20. Jh. war die alte, von Banken- und Versicherungsgebäuden gesäumte James Street Kanadas Wall Street. Sehenswert ist vor allem der 1847 errichtete Sitz der **Banque de Montréal (1;**

Place Jacques Cartier: ein Dorado für Flaneure

Nr. 119) 1817 gegründet, ist sie Kanadas ältestes Geldinstitut und wurde dem römischen Pantheon nachempfunden. Die innen ebenso pompöse Bank beherrscht mit ihrem korinthischen Portiko die Nordseite des **Place d'Armes.** Zu Zeiten des *ancien régime* war dieser das Nervenzentrum der Stadt. Milizen wurden hier gedrillt, Indianerkämpfer gesegnet. Heute liegt er im Schatten glatter Bürotürme. Das Denkmal des alten Anglo-Establishment liegt dem seines katholischen Gegenspielers genau gegenüber. Die 1824–1829 vom Sulpizianerorden angeordnete **Basilique Notre-Dame** (**2;** Rue Notre Dame Ouest) zählt zu den schönsten Kirchen Nordamerikas. Die neogotischen Fassaden ziert mittelalterlicher Dekor, das prachtvolle, aber nicht überladene Innere fasziniert mit blauem Sternenhimmel, schwerelos wirkenden Galerien und einem vergoldeten Altar selbst weniger fromme Besucher. Die Casavant-Orgel gilt mit 5772 Pfeifen als eine der größten der Welt. Links neben der Basilika schließt das **Vieux Séminaire de St-Sulpice (3)** an. 1683 erbaut, ist es das älteste Gebäude der Stadt. Damals war das mauerbewehrte Hauptquartier der Sulpizianer eine Insel der Zivilisation und für die Siedler ein Fluchtpunkt bei Irokesenangriffen. Heute dient es dem Orden als Alterssitz. Der Stadtgründer **Maisonneuve** steht auf hohem

Sockel in der Mitte des Platzes, seinen Hund Pilote, der Irokesen angeblich schon von weitem roch, und drei seiner Getreuen zu Füßen. Die hinter der Basilika parallel zum Wasser verlaufende **Rue St-Paul** ist die älteste Straße. Einst verband sie als Fußweg Ville-Marie mit dem von Jeanne Mance gegründeten Krankenhaus. Heute ist sie mit ihren alten Stadthäusern, in denen exzellente Galerien (wie z. B. **Cité des Arts et des Nouvelles Technologies** (**4;** Nr. 85, Mai–Sept. tägl. 11–20, sonst Di–So 11–18 Uhr), Trendrestaurants und Musikkneipen untergebracht sind, Tag und Nacht belebt. Der 1657 angelegte **Place Royale** ist Montréals ältester Platz. Umgeben von alten Lagerhäusern, dominiert

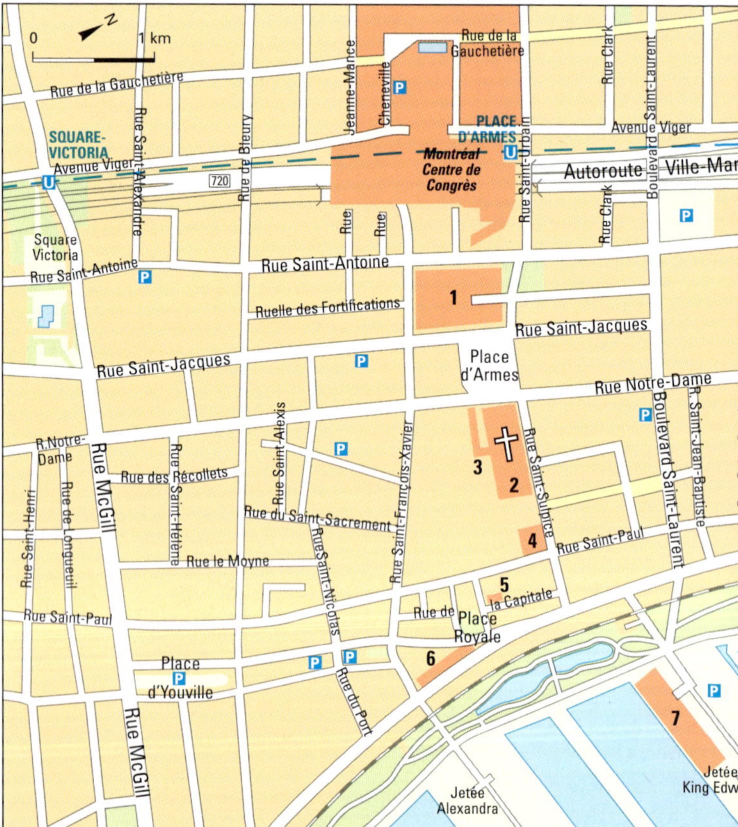

das 1836 in strenger Neoklassik erbaute Zollgebäude **Vieille Douane (5).** In dem zum Informationszentrum umfunktionierten Gebäude endet eine unter dem Place Royale hindurchführende, im **Musée d'Archéologie et d'Histoire de la Pointe-à-Callière (6;** 350 Place Royale, Juni Di–Fr 10–17, Sa–So 11–17 Uhr, Juli–Sept. Di–Fr 10–18, Sa–So 11–18 Uhr) beginnende Passage. Das postmoderne, 1992 genau über dem alten Ville-Marie eröffnete Museum bereitet die Frühgeschichte der Stadt multimedial auf und zeigt Ausgrabungen unter dem Place Royale, wo alte Mauerreste und der erste Friedhof starke Eindrücke aus der dramatischen Frühzeit vermitteln. Die Aussichtsterrasse im dritten Stock des Musée d'Archéologie (hier befindet sich auch ein hübsches Bistro) bietet einen fotogenen Blick auf den alten Hafen **Vieux-Port.** Heute weniger Hafen als Freizeitpark, bezeichnet der Name das im 19. Jh. aufgeschüttete Areal vor der Häuserzeile neoklassischer Lagerhäuser an der Rue de la Commune. Wo einst Schiffe aus Europa festmachten, erstreckt sich das 1992 eröffnete Naherholungsgebiet **Esplanade.** Grünanlagen, Spazier- und Radwege, Flohmärkte in Lagerhallen und ein

Vieux-Montréal

1 Banque de Montréal
2 Basilique Notre-Dame
3 Vieux Séminaire de St-Sulpice
4 Cité des Arts et des Nouvelles Technologies
5 Vieille Douane
6 Musée d'Archéologie et d'Histoire de la Pointe-à-Callière
7 Cinéma IMAX
8 Colonne Nelson
9 Hôtel de Ville
10 Musée du Château Ramezay
11 Maison Papineau
12 Chapelle Notre-Dame-de-Bonsecours/Musée Marguerite Bourgeoys
13 Marché Bonsécours

Straßenmusiker an der Place Jacques Cartier

Cinéma IMAX (**7;** King Edward Pier, Rue de la Commune/Blvd. St-Laurent, Tel. (514) 496-IMAX, April–Okt. tägl. 11–22 Uhr, sonst Di–Do 10–21 Uhr), Hafenrundfahrten, dazu schöne Blicke auf die Altstadt vor der Kulisse der Downtown: Der Vieux-Port ist ein Besuchermagnet. Von den die Rue de la Commune kreuzenden Straßen ist der **Boulevard St-Laurent** (s. S. 158) die interessanteste. Die alte Trennlinie zwischen anglo- und frankophoner Bevölkerung war auch die Straße der Einwanderer: Wo Besucher heute ihren *Café latte* genießen, gingen im 19. und 20. Jh. Zehntausende Einwanderer aus Ost- und Südeuropa an Land. Viele blieben gleich hier, zogen in mehreren Wellen die Straße hinauf, ein Vorgang, der besonders jenseits der Rue Sherbrooke noch an den Geschäftsnamen ablesbar ist.

Der **Place Jacques-Cartier** ist das touristische Epizentrum der Altstadt. Seit 1998 eine Fußgängerzone, ist er mit seinen Straßenkünstlern und Cafés ein Dorado für Flaneure. Mit einem Blick erfasst man verschiedene Baustile und Epochen. Blickfang im Norden ist die 15 m hohe **Colonne Nelson (8),** mit der die Anglo-Montréaler den britischen Seehelden bereits vier Jahre nach dessen Sieg bei Trafalgar ehrten. Nachdem seine landeinwärts blickende Statue mehrere Male von sich provoziert fühlenden Franko-Montréalern beschädigt wurde, besteht sie nunmehr aus Glasfiber. Jenseits der Rue Notre-Dame dominiert das 1878 im verspielten Second Empire-Stil errichtete Rathaus **Hôtel de Ville (9).** Von seinem Balkon aus schleuderte Frankreichs Charles de Gaulle 1967 der kanadischen Regierung sein berühmt-berüchtigtes »Vive le Québec libre« entgegen. Der kleine **Place Vauquelin** mit der Statue des Verteidigers von Louisbourg, Jean Vauquelin, neben dem Rathaus war als Ausgleich für den britischen Kriegshelden gedacht. Der Blick gleitet von hier über das weitläufige **Champs-de-Mars,** wo ausgegrabene Stadtmauerreste zu sehen sind, zur modernen Downtown hinüber. Einen Blick sollte man auch in das **Musée du Château Ramezay (10)** werfen (280 Rue Notre-Dame Est,

Juni–Sept. tägl. 10–18, sonst tägl. 10–16.30 Uhr). 1705 für Gouverneur Claude de Ramezay gebaut, beherbergt es heute herrliche zeitgenössische Mahagoni-Möbel und interessante Ausstellungen zur Sozialgeschichte. Am Südende des Platzes ist die zwischen typischer französischer Kolonialarchitektur liegende **Rue Saint-Amable** mit ihren Zeichnern und Schmuckhändlern sehenswert.

Weiter westlich biegt die Rue Notre-Dame rechts in die **Rue Bonsecours** ab, die schönste Straße der Altstadt: Kopfsteinpflaster, kleine Feldsteinhäuser mit dicken Mauern und kleinen Fenstern – bestes Beispiel ist das Maison Pierre-du-Calvet (Nr. 401) – vermitteln eine Vorstellung, wie Montréal zu Beginn des 18. Jh. aussah. Im Haus Nr. 440, dem **Maison Papineau (11),** lebte der Rechtsanwalt und Anführer der Rebellion von 1837, Louis-Joseph Papineau (1786–1871). Beherrscht wird das Straßenbild von der Kirche **Chapelle Notre-Dame-de-Bonsecours** (**12;** 400 Rue St-Paul Est, Mai–Okt. Mo 16.30–18 Uhr, Di–So 10–18 Uhr, Mai–April u. Nov.–Jan. Mo 16.30–18, Di–So 11–18 Uhr, sonst tägl. 16.30–18 Uhr). Das anmutige Kirchlein mit der kupfernen Turmspitze wurde 1771 von den Sulpizianern auf die Fundamente der 1657 von Marguerite Bourgeoys (1620–1700) gebauten Holzkirche gesetzt. Auf dem rückwärtigen Dach steht eine 9 m hohe Marienstatue mit ausgebreiteten Armen, die früher einlaufende Segelschiffe grüßte. Im Innern hängen noch einige Votivgaben in Schiffsform unter der Decke, Dank aus Seenot geretteter Seeleute. Das kleine **Musée Marguerite Bourgeoys** (Mai–Okt. Di–So 10–16.30 Uhr, März–April, Nov.–Jan. Di–So 11–15 Uhr) erinnert an die mit Maisonneuve gekommene Nonne, die u. a. die *Filles du Roi* (s. S. 181) betreute. Eine Treppe führt von hier aus zu einer hübschen Aussichtsplattform hinauf. Das elegante Gebäude mit der weithin sichtbaren silbernen Kuppel ist der **Marché Bonsécours (13).** Der neoklassische Bau mit dem schönen Portiko und den großen Fenstern wurde 1847 als Markthalle eröffnet. Heute finden hier Ausstellungen statt

Centre-Ville, die Downtown

Auch wenn der Montréaler die Downtown Centre-Ville nennt, ein klar erkennbares Stadtzentrum sucht man hier vergebens. Die meiste Zeit bewegt sich der Besucher entlang zweier Ost-West- und zweier Nord-Süd-Achsen, hin und wieder in Querstraßen vorstoßend und dabei stets den Hausberg Mont Royal als Orientierungspunkt vor Augen. Ein Auto braucht er auch hier nicht: Die Métro fährt überallhin. Die Besichtigung beginnt beim hervorragenden **Centre Infotouriste** am **Square Dorchester (1).** Ursprünglich Montréals Friedhof, blicken heute interessante

Centre-Ville/Downtown

1 Centre Infotouriste/Square Dorchester
2 Édifice Sun Life
3 Basilique-Cathédrale Marie-Reine-du-Monde
4 Hôtel Château Champlain
5 Hôtel Reine-Elizabeth
6 Place Ville-Marie/Tour Banque-Royale
7 McGill University
8 Place Montréal Trust
9 Christ Church Cathedral
10 Place des Arts
11 Musée d'Art Contemporain de Montréal
12 Musée des Beaux-Arts
13 Musée McCord d'Histoire Canadienne

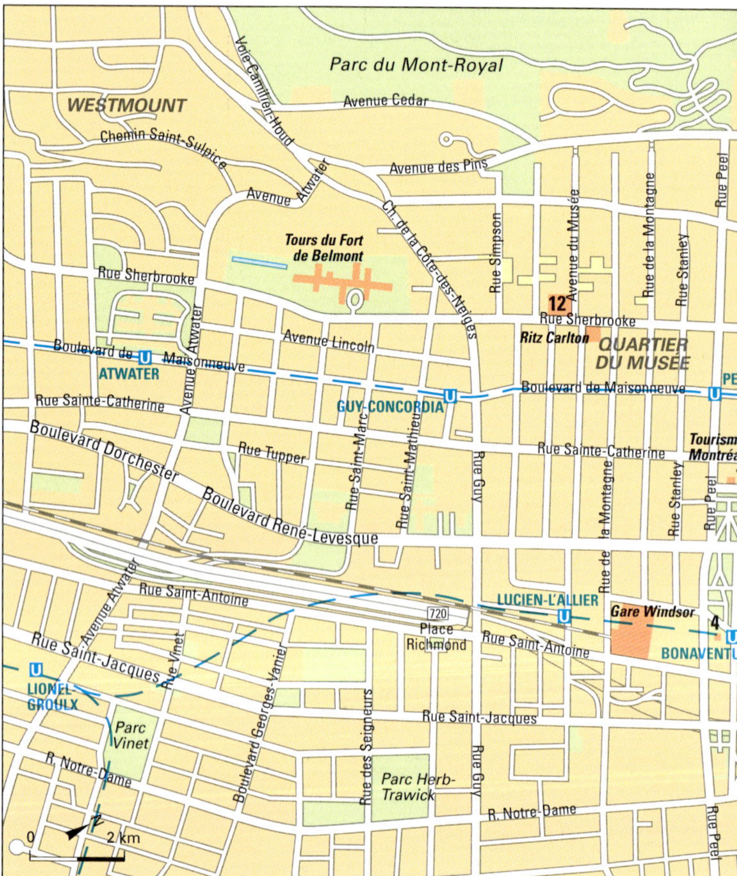

Gebäude auf den von Statuen bedeutender Staatsmänner geschmückten Park hinab. Der die gesamte Ostseite einnehmende Berg aus weißem, im Beaux-Arts-Stil aufgetürmtem Granit ist das **Édifice Sun Life (2;** 1155 Rue Metcalfe). Während Montréals Glanzzeiten als Finanz-Hochburg arbeiteten in dem 1923–1933 errichteten Gebäude 2500 Menschen. Großbritannien lagerte hier während des Zweiten Weltkriegs seine Staatskasse. Heute ist das einst höchste Gebäude des Empire Sitz der Versicherungsgesellschaft Sun Life sowie anderer Ban-

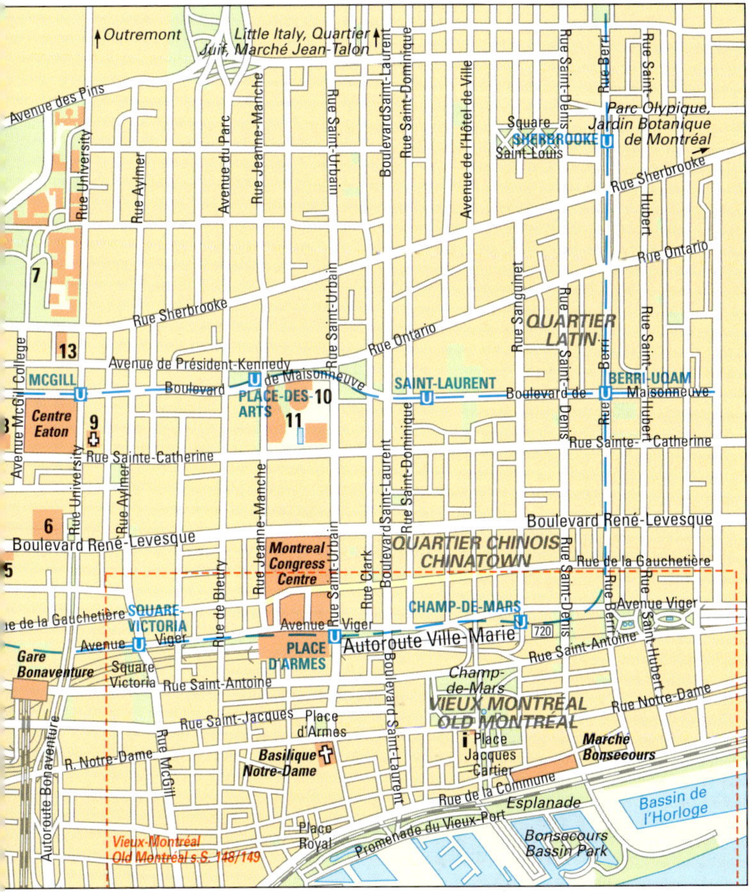

Stadtstaat Montréal?

Montréal ist traditionell eine Hochburg der nach Ottawa schauenden Liberalen. Bislang spielten die kosmopolitischen Montréaler bei jedem Referendum zur Unabhängigkeit das Zünglein an der Waage: Waren die bis dahin in der Provinz ausgezählten Stimmen mit überwältigender Mehrheit für ein »Québec libre«, rissen die Montréaler mit ihrem »Non« noch immer das Steuer zu Gunsten eines vereinigten Kanadas herum – allerdings beim letzten Mal mit dem denkbar knappen Vorsprung von gerade 50 000 Stimmen. Zwangsläufig mangelt es nicht an Leuten, die sich bereits auf den Fall der Fälle vorbereiten und eigene Vorstellungen von der Zukunft Montréals haben. Mindestens zwei Bürgerinitiativen setzen sich für die Abspaltung Montréals von Québec ein, falls die Provinz Kanada verlassen sollte. In diesem Fall sehen Dr. Roopnarine Singh und seine Mitstreiter Montréal als neue Provinz Kanadas. Sollte Kanada auseinanderbrechen, schwebt dem indischstämmigen Kardiologen ein unabhängiger Stadtstaat Montréal à la Singapur vor. Singh, der seit 19 Jahren die Parade zum Canada Day in Montréal organisiert, propagiert seine Vision seit dem letzten Referendum vom 30. Oktober 1995. Damals stimmten zwei Drittel aller Montréaler für den Verbleib bei Kanada; 40 % davon gehörten ethnischen Minderheiten an. Singh: »Der Schlüssel zur Einheit Kanadas ist Einigkeit unter den Bewohnern Montréals. Wenn wir gemeinsam nein sagen, kann Québec sich nicht lösen. Ohne Montréal wäre Québec eine Bananenrepublik ohne Bananen.« Die zweite Gruppe nennt sich »Citizens Committee for a new Province« und will noch mehr: Zu einer neuen Provinz Montréal sollten dann auch all jene Gebiete gehören, die beim Referendum gegen ein unabhängiges Québec gestimmt haben. Mark Kotler, der sich das ausgedacht hat: »Ich empfange bis zu 50 zustimmende Faxe pro Tag.«

ken und Brokerfirmen. Das für Montréal typische Gegengewicht liegt gleich dahinter. Die 1894 nach 24-jähriger Bauzeit fertiggestellte **Basilique-Cathédrale Marie-Reine-du-Monde (3;** Blvd. René Lévesque/ Rue Mansfield, tägl. 7–19.30 Uhr) sollte die Präsenz der katholischen Kirche in diesem traditionell anglophon-protestantischen Viertel stärken. Äußerlich eine kleinere Version der Peterskirche zu Rom, dominiert das Innere ein herrlicher, über dem Mittelschiff hängender Baldachin, der ebenfalls einem römischen Vorbild nachempfunden wurde. Die Wände schmücken Gemälde kanadischer Märtyrer, im Vestibül hängen die Porträts aller Bischöfe Montréals. Das vorwärts stürmende 20. Jh. hat auch diese schöne Basilika in den Schatten gerückt: Leicht auszumachen sind das oft mit einer Käseraspel verglichene **Hôtel Château Champlain (4)** von Marriott, das hässliche Rechteck des 1000-Zimmer-Luxushotels **Hôtel Reine-Élizabeth (5)** und, über allem, der 1959 von I. M. Pei entworfene, aus vier Gebäuden bestehende Vielzweckkomplex **Place Ville-Marie (6)** mit dem 42 Stockwerke hohen **Tour Banque-Royale.** Ein kleiner Platz gibt nach Norden einen schönen Blick über die von postmoderner Architektur gesäumte Avenue McGill College bis zur altehrwürdigen **McGill University (7)** frei. Besonders auffällig ist ein zylinderförmiges, aus rosa Marmor und senkrecht verlaufenden, pastellblauen Fensterpartien bestehendes Gebäude. Der 1989 vom deutschstämmigen Architekten Eberhard Zeidler entworfene Büroturm **Place Montréal Trust (8)** ist mit über 100 Geschäften und Bistros zugleich einer der beliebten Konsumtempel an der Geschäftsmeile **Rue Sainte-Cathérine.** Hier liegen mit dem Magasin Eaton (Nr. 677 Ouest) und angeschlossenem Centre Eaton, La Baie (Nr. 585 Ouest) und dem schicken Ogilvy (Nr. 1307 Ouest) alle kanadischen Shoppinginstitutionen, dazu riesige Konsumschleusen wie Le Faubourg (Nr. 1616 Ouest) und Les Promenades de la Cathédrale (Nr. 625 Ouest). Unter der Erde geht der Kaufrausch weiter: Allerorten führen Rolltreppen hinab in die unterirdische Stadt, die **Ville Souterraine,** wo 30 Tunnel- und Passagenkilometer Einkaufsfläche für weitere 2000 Geschäfte bieten. Kein Zufall: Die Montréaler geben mehr für Mode aus als andere Kanadier, haben sogar ein eigenes, in Frankreich nicht existierendes Wort dafür: *magasiner.* Natürlich gibt es auch kleinere Läden, wie Gap, Guess, Levis, Mexx, InWear und Urban Outfitter. Vor allem die jungen Montréaler haben eine Schwäche für coole Klamotten und *urban culture:* Trendcafés wie Starbucks und Second Cup, oft in modernen Buchhandlungen wie Indigo (Place Montréal Trust) und Chapters (Nr. 1171) untergebracht, helfen das Lebensgefühl veredeln. Gute Fotomotive sind die 1859 im neogotischen Stil erbaute anglikanische **Christ Church Cathedral (9;** Ecke Rue University, tägl. 8–17 Uhr) und ihr postmodernes Alter Ego, der 34 Stockwerke zählende Büroturm **Place de la Cathédrale**, in dessen kupferfarbener Glasfassade sie sich spiegelt. Tief im Osten der Sainte-Cathérine setzte sich Maire Drapeau mit dem Kulturzentrum **Place des Arts (10;** zwischen Rue Jeanne Mance und Rue St-Urbain) ein Denkmal. Hier residieren die Montréaler Symphoniker, Les Grand Ballets Canadiens und die Oper. Fünf Bühnen spielen Klassiker und Moderne. Das **Musee d'Art Contemporain de Montréal (11;** 185 Rue Ste-Cathérine, Di–So 11–18, Mi bis 21 Uhr) gleich daneben ist das einzig moderner Kunst gewidmete Museum Kanadas und zeigt in lichten Hallen vor allem

Québecer Moderne wie Riopelle, Molinari und Pellan.

Die Familien, die um 1885 70 % des kanadischen Volkseinkommens kontrollierten, lebten an der **Rue Sherbrooke** und an den Hängen des Mont Royal. Der Glanz dieses einst als **Golden Square Mile** berühmten Areals ist nach der Abrisswut der 50er und 60er Jahre verblasst. Zwischen Bürotürmen und Luxushotels lässt nur noch die traditionsreiche **McGill University,** einst prachtvolle Residenz des Pelzhändlers James McGill, das einstige Straßenbild erahnen. Und natürlich das **Ritz-Carlton** (Nr. 1228), die 1912 im Renaissance-Stil errichtete Hotellegende.

Fast gegenüber befindet sich das 1860 eröffnete, an seinem Marmorportikus erkennbare **Musée des Beaux-Arts (12;** 1380 Rue Sherbrooke Ouest, Di–So 11–18, Mi bis 21 Uhr), das älteste Kunstmuseum des Landes und mit über 25 000 Artefakten von den alten Meistern bis zur Gegenwart eines der besten Nordamerikas. Ein absolutes Muss für historisch Interessierte ist das **Musée McCord d'Histoire Canadienne (13;** 690 Rue Sherbrooke Ouest, Di–Fr 10–18, Sa–So 10–17 Uhr). 750 000 historische Fotos, eine herrliche First Nations-Abteilung und eine der Stadtgeschichte gewidmete Galerie sind die Highlights.

Mont Royal

Der ›Hausberg‹ der Stadt ist 233 m hoch und ragt aus dem Häusermeer heraus wie der Fels in der Brandung. Der höchste seiner drei Gipfel trägt den **Parc du Mont-Royal**, die herrliche, 1876 von dem berühmten Landschaftsarchitekten Frederick Law Olmsted gestaltete grüne Lunge der Stadt (zu Fuß: am Nordende der Rue Peel über die Avenue des Pins, dann auf einem schmalen, mit Treppen versehenen Fußweg hinauf. Im Auto: Voie Camilien-Houd bis zum Parkplatz, von dort aus zu Fuß weiter). Wälder, Spazierwege, ein künstlicher See mit Tretbooten und Spielplätzen und zwei schöne Aussichtspunkte machen den Park zu einem beliebten Ausflugsziel. Der **Mt. Royal Cemetery** (tägl. 9–18 Uhr), der schönste der zwischen den Gipfeln liegenden Friedhöfe, ist seit

Die grüne Lunge Montréals: der herrliche Parc du Mont-Royal

dem Kinohit »Titanic« bei Fans beliebt: Hier wurden die aus Montréal stammenden Opfer begraben, mit entsprechenden »Titanic«-Hinweisen auf ihren Grabsteinen. Der **Belvédère du Chalet,** eine weitläufige Terrasse, bietet einen fantastischen Blick über Downtown und St.-Lorenz bis zu den aus der Stromebene aufragenden Inselbergen der Montérégiennes. Jugendliche Cabriofahrer bevorzugen an lauen Sommerabenden hingegen den romantischeren **Belvédère Camilien-Houde** (Voie C. H.) mit Blick auf das Olympiastadion (s. S. 158). An der Westflanke des Bergs liegt **Westmount,** lange eine anglophone Bastion und heute mit seinen prachtvollen Residenzen an steilen, kurvigen Straßen Montréals feinster Stadtteil. Eine Spazierfahrt lohnt besonders der Summit Circle Drive. Die Ostflanke nimmt **Outremont** ein, das alte Viertel der frankophonen Oberschicht. Heute ist das mit feinen Cafés und Restaurants bestens ausgerüstete Nobelviertel – namentlich an der Avenue Laurier und Rue Bernard – der ideale Ort für den Abschluss der Tour de Montréal.

Boulevard Saint-Laurent

An manchen verwitternden Fassaden ist der alte Name noch zu lesen: »The Main«. Was für eine Biografie diese in Nord-Süd-Richtung verlaufende Straße hat: Pfad für Ziegenhirten vor 300 Jahren, Montréals Champs Elysées um 1885, Bordellmeile für die Amerikaner während der Prohibition, Trennlinie *the great divide* zwischen Anglos und Frankos, neue Heimat für Chinesen, Juden, Ost- und Südeuropäer im 19. und 20. Jh., vergessen und verwahrlost von 1960 bis 1980, wiederentdeckt und in den 90er Jahren neu geboren. Die angesagtesten Restaurants Montréals liegen zwischen Rue Sherbrooke und Avenue Mt-Royal. Sehenswert: das immer lebhafte **Quartier Chinois** auf der Höhe Rue de la Gauchetière mit seinen kantonesischen Supermärkten, das alte **Quartier Juif** zwischen den Straßen Sherbrooke und Mt-Royal mit Überbleibseln wie dem leicht chaotischen »Warshaw Supermarket« (3863, Blvd. St-Laurent) und »Schwartz's Hebrew Delikatessen« (3895, Blvd. St-Laurent), wo seit Generationen das beste Rauchfleisch produziert wird. Die Fußgängerzone **Rue Prince-Arthur** mit italienischen und griechischen Restaurants und die Avenue Mont-Royal, mit etlichen neuen Bistros und Trendrestaurants ist der neueste *hangout* der Montréaler. Weiter nördlich liegt **Little Italy,** Heimat der größten ethnischen Minderheit Montréals. Cafeterien und Gelaterien laden zum Füßeausruhen ein, Seitenstraßen wie die Rue Dante führen in rein italienische Viertel. Mittendrin liegt der **Marchais Jean-Talon** (7075 Ave. Casgrain), Montréals größter, polyglotter Wochenmarkt.

Rue Saint-Denis

Das Ritual des Auswärts-Essengehens zelebrieren die Montréaler gern in einem der kleinen Restaurants an der Rue St-Denis. Zu Beginn des 19. Jh. siedelten sich an der von schönen viktorianischen Stadthäusern gesäumten Nord-Süd-Achse frankophone Bildungseinrichtungen und Theater an und, in deren Gefolge, Kneipen und Restaurants. Bald hatte die Gegend ihren Namen: **Quartier Latin.** Heute reiht sich im Abschnitt zwischen Rue Sainte-Cathérine und Rue Duluth eine Kneipe an die andere. Nördlich der Rue Sherbrooke überwiegen Restaurants, darunter etliche von Gourmetzeitschriften in den Feinschmeckerhimmel gelobte.

Parc Olympique

Als Anfang 1999 das Zeltdach unter dem Gewicht der Schneemassen einriss und Menschen nur zufällig nicht zu Schaden kamen, wurde einmal mehr die Frage gestellt: Wohin mit dem Olympiastadion? 24 Jahre nach der Olympiade und 1,4 Mrd. Dollar ›später‹ ist es noch immer nicht abbezahlt und verdient auch als Vielzweckarena kein Geld. Sprengen, eine ernsthaft untersuchte Alternative, geht nicht: Man stellte fest, dass das Stadion in jedem Fall nicht nach innen zusammenstürzen, sondern in alle Windrichtungen zerfetzt würde. Am Anfang war der

Rue Saint-Denis: Montréals Quartier Latin bei Nacht

Alptraum noch ein Traum: Um den Zuschlag des IOC zu erhalten, engagierte Maire Drapeau den Pariser Stararchitekten Roger Taillibert. Dieser entwarf eine fliegende Untertasse aus Beton und den mit 175 m Höhe und einer 45-Grad-Neigung höchsten schiefen Turm der Welt. Unvorhergesehene technische Probleme verzögerten die Fertigstellung: Der Turm und das durch Stahltrosse gehaltene Zeltdach wurden erst 1987 fertig. Nach der Olympiade zog das Baseballteam der Montréal Expos ein. Heute wird das **Stade Olympique** (3200 Rue Viau, Métro: Pie IX) von Olympiabewerbern als Beispiel dafür, wie man es nicht machen sollte, herangezogen. Guides (Führungen tägl. 11 u. 13 Uhr) erzählen die wechselvolle, politisch oft dramatische Konstruktionsgeschichte spannend und sachkundig. Das Stadion hat 55 000 Plätze und könnte das römische Kolosseum aufnehmen. Der Blick von der Aussichtsplattform des **Tour Olympique** (tägl. 10–17 Uhr, 10. Jan.–11. Feb. geschl., Aufzug alle 10 Min.) lässt den Inselcharakter Montréals erkennen. Das ehemalige Velodrom wurde 1992 als Umweltmuseum **Biodôme** (Juni–Sept. 9–19, sonst 9–17 Uhr) neu eröffnet: Der Besucher wandert durch vier verschiedene, insgesamt 10 000 m^2 einnehmende Ökosysteme – tropischer Regenwald, Kanadischer Schild, St.-Lorenz-Strom, Arktis – und lernt dabei auch die für jedes Biotop typischen tierischen Bewohner kennen. Der nördlich der Rue Sherbrooke liegende **Jardin Botanique de Montréal** (Métro: Pie IX, Mai–Okt. 9–19, sonst tägl. 9–17 Uhr) zählt mit seinen 21 000 Pflanzen- und Baumarten auf 75 Hektar zu den schönsten botanischen Gärten der Welt. Sehenswert sind vor allem der traumhaft schöne, einem historischen Ming-Garten nachempfundene Jardin de Chine und der Jardin Japonais.

Tourisme Montréal, 1555 Rue Peel, Montréal, PQ H3A 3L8, Tel. (514) 844-5400, Fax (514) 844-7141. Unabhängige lokalpolitische Berichterstattung und Infos zu aktuellen Veranstaltungen liefern die umsonst in Cafés erhältlichen **Stadtzeitungen** »Voir«, »Mirror« und »Hour«.

Ritz Carlton, 1228 Rue Sherbrooke Ouest, Tel. (514) 842-4212, 1-800-363-0366, Fax (514) 8423383: Montréals Hotellegende, mit Marmor-Badezimmern und dem besten Frühstück im »Le Jardin du Ritz«, $$$$. **La Reine Elizabeth,** 900 Blvd. René-Lévesque Ouest, Tel. (514) 861-3511, 1-800-441-1414, Fax (514) 9542256: zentral, mit dem von Canadian Pacific Hotels gewohnten Standard, $$$–$$$$. **Auberge Le Jardin d'Antoine,** 2024 Rue St-Denis, Tel. (514) 843-4506, 1-800-361-61 62, Fax (514) 281-1491: gemütliches Stadthotel mitten im Quartier Latin, $$–$$$. **Auberge du Vieux-Port,** 97 Rue de la Commune Est, Tel. (514) 876-0081, 1-888-660-7678, Fax (514) 876-8923: schick in historischem Gemäuer, mit französischem Bistro im Keller, $$$–$$$$. **Passants du Sans-Soucy,** 171 Rue St-Paul Ouest, Tel. (514) 842-2634, Fax (514) 8422912: schönstes B&B der Stadt, in einem Haus von 1723, $$$. **Four Points Hôtel & Suites Montréal Centre-Ville,** 475 Rue Sherbrooke Ouest, Tel. (514) 842-3961,

Straßenfest im lebhaften chinesischen Viertel von Montréal

1-800-842-3961: gehobene Mittelklasse mit allem Komfort, $$–$$$. **Auberge de la Fontaine,** 1301 Rue Rachel Ouest, Tel. (514) 597-0166, 1-800-597-0597, Fax (514) 597-0496: hübsche Herberge am Rand des weitläufigen Parc Lafontaine, $$. **A Bed & Breakfast Downtown Network,** 3458, Ave. Laval, Tel. (514) 289-9749, 1-800-267-5180: Vermittlungszentrale für B&Bs. **McGill University Residences,** 3935 Rue University, Tel. (514) 398-6367: Zimmer im Studentenwohnheim, $. **Hostelling International Montréal,** 1030 Rue Mackay, Tel. (514) 843-3317: JH mitten in Centre-Ville.

L'Express, 3927 Rue St-Denis, Tel. (514) 845-5333: wo die Barleute blind in die Weinregale greifen, bestes Bistro-Restaurant der Stadt, $$–$$$. **Soto,** 3527 Blvd. St-Laurent, Tel. (514) 842-1150: bester Japaner am St.-Lorenz, $$–$$$. **Toqué,** 3842 Rue St-Denis, Tel. (514) 499-2084: die absolute Nr. 1 unter Kanadas Newcomern, marktfrische *cuisine verticale,* kreativ präsentiert, $$$–$$$$. **Wienstein & Gabino's Pasta Bar Factory,** 1434 Rue Crescent, Tel. (514) 288-2231: lebhafter Pizza/Pasta-Hangar für Montréals Yuppies, $$–$$$. **La Binerie Mont-Royal,** 367 Ave. Mt-Royal Est, Tel. (514) 285-9078: eine der letzten Nachbarschaftskneipen, Gerichte wie bei Muttern, gut: *tourtière* (Gehacktes in Mürbeteig), $. **Le Grand Comptoir,** 1225 Square Philipps, Tel. (514) 393-3295: klassisches französisches Bistro der Montréaler, $$. **Shed Café,** 3515 Blvd. St-Laurent, Tel. (514) 8420220: hippe Kneipe mit Pizza, Pasta, Sandwiches, $–$$. **Maestro,** 3615 Blvd. St-Laurent, Tel. (514) 842-6447: beste Meeresfrüchte, Austernbar mit 15 verschiedenen Sorten, $$–$$$. **Zyng,** 1748 Rue St-Denis, Tel. (514) 284-2016: neuester Nudel- und Suppentreff, preisgekröntes Dekor, $–$$.

Kneipen: L'Air du Temps, 191 Rue St-Paul Ouest: bester Live-Jazz-Joint in der Altstadt, $–$$. **Les Deux Pierrots,** 104 Rue St-Paul Est: traditionelle Québecer Musik, live, das Bier fließt in Strömen, $–$$. **Club Lounge 737,** 1 Place Ville-Marie: Trinken mit Aussicht im 42. Stock des Büroturms, $$–$$$. **Le**

Grand Café, 1720 Rue St-Denis: cooler Live-Treff im Quartier Latin, \$–\$\$. **Hurley's Irish Pub,** 1225 Rue Crescent: typisch irisch, reichlich Fiddle-Musik, \$–\$\$. **Biddle's,** 2060 Rue Aylmer: Jazz mit Charlie Biddle himself, \$–\$\$. **Quai des Brumes,** 4481 Rue St-Denis: viel Qualm, viel Jazz, \$–\$\$.

Nachtleben: Les Foufounes Électriques, 87 Rue Ste-Cathérine, Montréals schrägste Disko für Punks bis Studenten. **Thursday's,** 1449 Rue Crescent, Disko-Treff der Anglos und Frankos. **Le Balattou,** 4372 Blvd. St-Laurent: bester afrikanischer Nachtklub, oft Live-Acts aus Afrika und der Karibik. **Metropolis,** 56 Rue Ste-Cathérine Est, Montréals größte Disko. **Playground,** 1296 Rue Amherst, für Nachteulen: geöffnet von 2 bis 9 Uhr morgens.

Theater, Ballet, Oper, Rockkonzerte: Spielpläne, aktuelle Veranstaltungen: Info-Arts, Tel. (514) 790-ARTS. **Ticketverkauf:** Admission, Tel. (514) 790-1245. **Place des Arts,** 260 Blvd. de Maisonneuve Ouest, Tel. (514) 270-7848, Tickets: Tel. (514) 842-2112: Das Kulturzentrum verfügt über fünf Theater. **Centaur Theatre,** 453 Rue St-Francois, Tel. (514) 288-3161, Musicals. **Saidye Bronfman Centre,** 5170 Côte Ste-Cathérine, Tel. (514) 739-7944, Galerie und jiddisches Theater. **Théatre St-Denis,** 1594 Rue St-Denis, Tel. (514) 849-4211: modernes Theater, Konzerte. **Spectrum,** 318 Rue Ste-Cathérine Ouest, Tel. (514) 861-5851: mittelgroße Halle, U-Musik aus Kanada und USA. **Club Soda,** 5240 Ave. du Parc, Tel. (514) 270-7848: mittelgroße Halle, oft Latin-Rock.

Festivals: Tour de l'Île de Montréal, 31. Mai: Volksfest auf Rädern: 45 000 Radler gehen alljährlich zum Sommerbeginn auf die 70 km lange Strecke, die durch die schönsten Montréaler Bezirke führt. **Player's Grand Prix of Canada,** 5.–7. Juni: das einzige Grand-Prix-Rennen der Formel I in Nordamerika, 200 000 Zuschauer, Austragungsort ist der Circuit Gilles-Villeneuve auf der Île Notre-Dame im St.-Lorenz-Strom. **Benson & Hedges International Fireworks,** Anfang Juni bis Ende Juli: internationaler Feuerwerker-Wettbewerb über dem Vieux-Port. **Festival International de Jazz,** 1.–12. Juli: 400 Konzerte, 300 davon gratis, in der abgesperrten Innenstadt. **Juste pour Rire – Just for Laughs Festival,** 15.–26. Juli: Berühmtes Comedy-Festival, beste Alleinunterhalter Nordamerikas. **Festival International Nuits d'Afrique,** 16.–26. Juli: Musiker aus Afrika und der Karibik machen die Nacht zum Tag. **Festival International des Films du Monde – World Film Festival,** 27. Aug.– 7. Sept.: Neue Produktionen aus aller Welt, Schwerpunkt weniger auf wohlkalkulierten Kassenschlagern als auf künstlerischen Produktionen.

CDs: HMV, 1020 Rue Ste-Cathérine. **Sam the Record Man,** 399 Rue Ste-Cathérine. **Archambault Musique,** Place des Arts: anspruchsvolle Musik. **Québecer und Inuit-Kunsthandwerk: Le Rouet,** 136 Rue St-Paul Est. **Le Chariot,** 446 Place Jacques-Cartier. **Guilde Canadienne des Métiers d'Arts,** 2025 Rue Peel. **Schmuck: Birks,** 1240 Square Philipps: Montréals traditionsreichster Juwelier. **Oz Bijoux,** 3955 Rue St-Denis: origineller Goldschmuck. **Suk Kwan Design,** 5141 Blvd. St-Laurent, kreatives Modedesign.

Lachine Rapids Tours Ltd., 47 Rue de la Commune Ouest, Tel. (514) 284-9607: mit PS-starken Jetboats durch wilde Stromschnellen.

Airport Mirabel, 53 km nördlich, Tel. (450) 476-3010, direkter Buszubringer nach Montréal und Ottawa.

Ausflüge in die Umgebung von Montréal

»On monte dans le nord!« Mit diesem Ruf leeren sich freitagsnachmittags die Büros schneller als sonst: Wer ein Chalet, ein Ferienhaus, in den Laurentides besitzt, bleibt am Wochenende nicht in der Millionenstadt. Die Berge, Wälder und Seen zwei Autostunden nördlich sind ein Vier-Jahreszeiten-Spielplatz der Montréaler. Südöstlich der Metropole liegt eine alte Kulturlandschaft mit dramatischer Vergangenheit, ein franko-kanadischer Nationalschrein und Stück Neuengland, mit Wein unter Schnee und wehrhaften Forts: das Richelieu-Tal und die Eastern Townships.

Die Laurentides, Montréals Spielwiese

Die Laurentides bzw. Laurentinischen Berge bezeichnen geologisch die sich zu Höhen bis 1000 m aufstülpenden Ausläufer des Kanadischen Schildes. Mal näher, mal etwas weiter entfernt, begleiten sie den St.-Lorenz-Strom vom Golf bis Montréal als mittelgebirgsartiger, dicht bewaldeter Höhenzug, in dem die letzte Eiszeit mit Hunderten in den Granit gestanzten Seen ihre Visitenkarte hinterlassen hat. Landwirtschaft ist hier nicht möglich: Das musste bereits Vater Antoine Labelle (1833–1891) erkennen. Um die Abwanderung arbeitsloser Franko-Kanadier nach Ontario und Neuengland zu stoppen, stellte sich der Priester und Landwirtschaftsminister an die Spitze eines groß angelegten Kolonisierungsprogramms mit dem Ziel, die bis dahin unerschlossene Bergwelt zu besiedeln. Zu Fuß, zu Pferd und im Kanu erkundete der rüstige Gottesmann ein bis dahin wegeloses, 20 000 km^2 großes Gebiet und gründete 20 neue Ortschaften. Zwar blieb seine Vision eines zweiten Kalifornien ein Traum. Doch wenig später wurden die Laurentides von einer anderen Sorte Mensch entdeckt: Gestresste Großstädter vom St.-Lorenz erkannten den Erholungswert der einsamen Seen und stellten hübsche Sommerhäuser an die Ufer. Ebenfalls entdeckt wurde der Reiz der Winterwunderlandschaften: Während in den Rockies Bergführer aus der Schweiz die kanadische Alpinistentradition begründeten, wurden in den Laurentides die ersten (und meisten) Skilifte Nordamerikas gebaut. Heute ist die Berglandschaft mit den überall herausragenden Granitkuppen die franko-kanadische Version des *cottage country* in Ontario, mit 19 Skiresorts, 350 Abfahrten, zahllosen Loipen sowie Wander- und Wassersportmöglichkeiten *en masse.* Besonders reizvoll macht die Entdeckungsreise die hohe Konzentration hervorragender Unterkünfte und Restaurants, wie man sie in dieser Dichte in Europa vielleicht nur aus dem Elsass kennt.

Von Saint-Jerôme nach Mt-Tremblant

Auf der Autoroute 15 erreicht man nach einer halben Autostunde St-Jérome (23 400 Einw.). Der sonst nicht weiter sehenswerte Ort auf der Schwelle zu den Laurentides gilt als *la porte du nord.* Von hier aus begleitet die ältere Rte. 117 den modernen Highway durch das allmählich enger werdende Tal des Rivière du Nord. Kleine, vor wenig mehr als hundert Jahren gegründete Dörfer gleiten vorbei. Einen ersten Zwischenstopp wert ist **St-Sauveur** (5900 Einw.), ein hübsches, inzwischen fast überentwickeltes Resortstädtchen mit vielen Restaurants, Bars und Einkaufsmöglichkeiten. Die Rue Principale ist im Sommer wie im Winter Laufsteg für alle, die sehen und gesehen werden wollen. In **Ste-Adèle** (8700 Einw.) lohnt der Besuch des **Musée Village de Séra-**

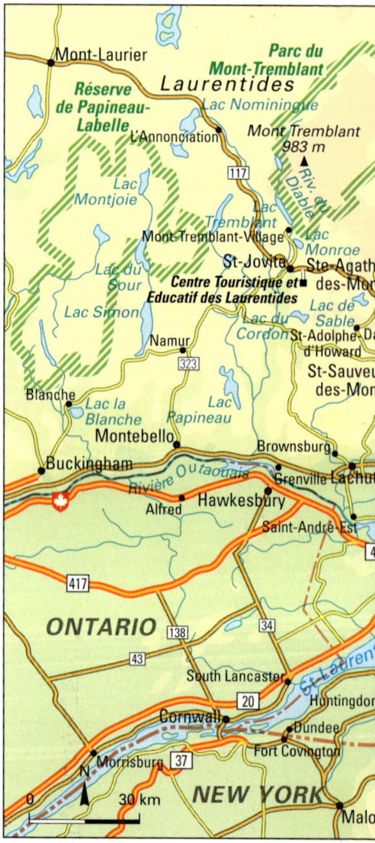

Die Umgebung von Montréal: Laurentides, Montérégie und Eastern Townships

phin (297, Montée à Séraphin, Juni–Sept. tägl. 10–18 Uhr). In einem hübschen Waldstück wurden hier rund 20 Holzhäuser unterschiedlicher Baustile zu einem traditionellen Québecer Dorf zusammengestellt. **Ste-Agathe-des-Monts** (8080 Einw.) ist das Verwaltungszentrum der Region. Eine schöne Aussichtsstraße, der 11 km lange Chemin Tour du Lac, führt um den H-förmigen Lac des Sables am Rand des Resortstädtchens und eröffnet immer wieder neue Ansichten auf herrliche Ferienhäuser, in denen schon die englische Queen, Jackie Kennedy und selbst Baron von Ribbentrop Urlaub gemacht haben. Auf halbem Weg zweigt übrigens eine schmale, später nur noch aus Schot-

ter bestehende Straße durch die Berge zum **Centre Touristique et Éducatif des Laurentides** ab (April–Okt. tägl. 8–20 Uhr). Herrliche, bis zu 12 km lange Trails durch dichte Ahornwälder rund um den Lac du Cordon und hinauf zu luftigen Aussichtspunkten vermitteln einen guten Eindruck von den Laurentides vor der Ankunft der Siedler. Durch eine immer rauer werdende Bergwelt ist eine dreiviertel Stunde später und 140 km nördlich von Montréal der **Parc du Mont Tremblant** (Juni–Okt. tägl. 7–22, sonst 8–16 Uhr), Québecs ältester Provinzpark, erreicht. 1500 km^2 Seen, reißende Flüsse und knapp 1000 m hohe Berge, dazu die Crême der kanadischen Tierwelt mit Schwarzbären, Elchen und Bibern machen den Park zu einem Dorado für Outdoor-Freunde. Einen quer-

schnittartigen Eindruck vermittelt die vom Lac Supérieur-Eingang durch den Park führende Rte. 1. Sie folgt dem Kanufluss Rivière du Diable und passiert den Lac Monroe, wo man Kanus für Tagestouren leihen kann. Trails verschiedener Länge beginnen beiderseits der Straße. An der Rte. 327 an der Südwestgrenze des Parks liegt idyllisch am lang gestreckten Lac Tremblant das Resortstädtchen **Mt-Tremblant** (980 Einw.). Das gesamte Ostufer wird vom steil aufragenden, von Skipisten bedeckten Mont-Tremblant (983 m) eingenommen. Zu seinen Füßen wurde in den letzten Jahren das größte Vierjahreszeiten-Resort östlich der Rockies aus dem Boden gestampft, mit internationalen Hotels und zahllosen Freizeitmöglichkeiten. Lohnend zu jeder Jahreszeit ist vor allem die Gondelfahrt hinauf zur Spitze und ein Diner im Gipfelrestaurant »La Légende«.

Association Touristique des Laurentides, 14142 Rue de la Chapelle, Mirabel, Tel. (450)-436-8532, von Montréal (514) 990-5625, Fax (450) 436-5309.

Hôtel d'Estérel, Blvd. Fridolin-Simard, Ville d'Estérel, Tel. (450) 228-2571, 1-888-378-3735, Fax (450) 228-4977: modernes Hotel am schönen Lac Masson, viele Freizeitmöglichkeiten, $$–$$$. **Auberge La Caravelle,** 92 Rue Mayor, Ste-Agathe-des-Monts, Tel. (819) 326-4272, 1-800-661-4272, Fax (819) 326-0818: hübscher Gasthof in Rot und Blau, verleiht Räder, $$.

Bistro à Champlain, 75 Chemin Masson, Ste-Marguerite-du-Lac (unweit Hôtel d'Estérel), Tel. (450) 228-4988; beste *nouvelle cuisine,* Bilder von Jean-Claude Riopelle, größter Weinkeller Québecs, $$$$. **L'Eau à la Bouche,** 3003 Blvd. Ste-Adèle, Ste-Adèle, Tel. (450) 229-2991: preisgekrönte *cuisine fran-*

Der Kanufluss Rivière du Diable im Parc du Mont Tremblant

çaise, hervorragend: Wildgerichte, $$$$. **La Légende,** Mt-Tremblant, Tel. (819) 681-3000, Wildgerichte bei herrlichem Blick auf die Laurentides. Nur mit Reservierung, $$$$.

Festival de Blues à Tremblant, Anfang August: Blues- & Rockgruppen aus ganz Nordamerika.

P'tit Train du Nord: 200 km langer Radweg durch die Bergwelt, von St-Jérôme nach Mt-Laurier, 300 Rue Longpré, Bureau 110, St-Jérôme, Tel. (450) 436-4051, Fax (450) 436-2277. **Parc Aquatique du Mont-St-Sauveur,** Autoroute 15, Ausfahrt 58, Tel. (514) 227-4671: sechs spektakuläre Wasserrutschen, Wellenbad, Juni–Sept. tägl. 10–19 Uhr.

Shopping in St-Sauveur: Factory Outlet Buy American, 248 Rue Principale, tägl. 10–22 Uhr.

Das Richelieu-Tal und die alten Eastern Townships

Der von New York heraufkommende Rivière Richelieu fließt östlich der Metropole breit und träge dem St.-Lorenz-Strom zu. Als Schlüssel zu Kanada war er einst die strategische Achillesferse Montréals und daher mit Festungen entsprechend gesichert. Unruhe gab es genug: Irokesen, Briten und Amerikaner marschierten durch sein weitläufiges Tal auf Montréal, französische Truppen und Milizen nutzten es als Aufmarschgebiet gegen die 13 Kolonien im Süden. Die letzten Kämpfe erlebte es 1837 während der so genannten Rebellion der Patrioten, als frankophone Bauern und Bürger sich gegen die britische Kolonialherrschaft erhoben. Heute fließt er durch die ländliche Region Montérégie, begleitet vom »Chemin des Patriotes« (Rte. 133), der durch ein spannendes Kapitel der kanadischen Geschichte führt.

Vallée Richelieu

St-Denis-sur-Richelieu (2100 Einw.) ist mit seinen verandageschmückten Holzhäusern und der übergroßen Kirche ein für Québec typisches Städtchen. Vielen Québécois ist es noch mehr: Am 23. November 1837 schlugen hier schlecht bewaffnete Aufständische ein britisches Kontingent in die Flucht. Vorangegangen waren eine Wirtschaftskrise und politische Reibereien, bei denen sich Gouverneur Craig selbstherrlich über Resolutionen der frankophonen Abgeordnetenmehrheit hinwegsetzte. Als Craig frankophone Abgeordnete ins Gefängnis steckte und selbst eine Resolution mit 50 000 Unterschriften nicht die gewünschten Reformen brachte, sahen Louis-Joseph Papineau und andere Führer der Parti Patriote den Zeitpunkt gekommen. Die **Maison Nationale des Patriotes** (610 Chemin des Patriotes, Juni–Aug. Di–So 11–18, sonst 10–17 Uhr) erinnert mit einer ausgezeichneten, den gesellschaftlichen Kontext einbeziehenden Ausstellung an die Rebellion, die wenig später in St-Eustache westlich von Montréal ein blutiges Ende fand. Ein Denkmal neben dem alten Steinhaus und die grün-weiß-rote Trikolore der Patrioten erinnern an diese bewegte Zeit.

Südlich von St-Denis ragt der Inselberg **Mont-Saint-Hilaire** (411 m) über dem Fluss auf. Der gleichnamige Ort (13000 Ei...

c
u
c
b
S
1
d
te
Ru
da
we

nen vier Bastionstürmen eine nationale, ausgezeichnet dokumentierte Gedenkstätte.

Nicht weit von Iberville, wo Schilder mit stilisierten Weintrauben den Besucher mit der Ankündigung von Weingütern überraschen, wechselt man von der Rte. 133 auf die Rte. 223 (s. S. 172/173). Kurz vor der amerikanischen Grenze liegt mitten im Richelieu die **Île aux Noix.** Ihrer strategischen Lage kurz oberhalb der Mündung in den tief in die USA reichenden Lake Champlain verdankt sie die beeindruckende Festungsanlage **Fort Lennox** (1, 61e Ave., St-Paul-de-l'Île-aux-Noix, Mai–Juni Mo–Fr 10–17, Juli–Sept. 10–18 Uhr). Von den Briten 1819 auf die Trümmer eines französischen Forts gesetzt, schützte die sternförmige, von hohen Erdwällen umgebene Festung bis zum Ende des amerikanischen Bürgerkriegs die kanadische Grenze. Eine kleine Fähre verkehrt täglich von St-Paul-de-l'Île-aux-Noix (1800 Einw.).

Tourisme Montérégie, 11 Chemin Marieville, Rougemont, PQ J0L 1M0, Tel. (450) 674-5555.

Manoir Rouville-Campbell, 125 Chemin des Patriotes Sud, Mont-aint-Hilaire, Tel. (450) 446-6060: chlossartiger Herrensitz über dem Rihelieu, $$$–$$$$. **La Maison Duchare,** 124 Rue Martel, Chambly, Tel. (450) 47-1220: hübsches B&B in historischer ldatenunterkunft gleich neben dem rt, $$$.

Fourquet Fourchette, 1887 Rue Bourgogne, Chambly, Tel. (450) 447-6370: eigentlich ein Bier-Museum der *micro-brasserie* Unibroue, zugleich aber auch zünftiges Restaurant mit traditionellen, mit Bier zubereiteten Speisen, $$–$$$.

Vignoble Dietrich-Jooss, 407 Grande Ligne, Iberville, Tel. (450) 347-6857: gute Weiß- und Eisweine. **Une histoire d'Amour,** 1878 Rue Bourgogne (gegenüber Fort Chambly), Tel. (450) 658-9222: schönes Kunsthandwerk aus heimischer Produktion.

Größtes **Heißluftballon-Festival** Nordamerikas in Saint-Jean-sur-Richelieu, 7.–15. Aug.

In die alten Eastern Townships

Kleine Dörfer mit einem – untypisch für das katholische Québec – halben Dutzend Kirchen und hübschen Häusern aus roten Ziegeln anstatt aus Holz: Die Eastern Townships sind Québecs Version von Neuengland. Dort liegen auch die kulturellen Wurzeln dieser Region. Von der amerikanischen Unabhängigkeit angeschwemmt, stammten die meisten Loyalisten aus Vermont, New Hampshire und Massachusetts. Später gesellten sich Einwanderer von den britischen Inseln dazu, aber schon ab 1850 begann die Eisenbahn so viele frankophone Arbeiter und Unternehmer zu bringen, dass die einst anglophon dominierte Region um 1900 mehrheitlich frankophon war. Heute sprechen über 90 % der Bewohner Französisch, aber mit ihrer noch immer angelsächsisch geprägten Atmosphäre und den von Süden nach Nordosten verlaufenden, bis zu 1000 m hohen Appalachen, zwischen denen langgestreckte Seen liegen, sind die Townships ein beliebtes Wochenendziel für beide Sprachgruppen.

Auf der Rte. 202 erreicht man von Fort Lennox aus zunächst **Stanbridge East** (860 Einw.), eine Dorfidylle wie aus amerikanischen Heimatfilmen à la »Die Waltons«: Hunde schlafen unter alten Pickup-Trucks, im Feuerlöschteich schwimmen Enten. Die Erinnerungen der vielen schönen Häuser an das 19. Jh. fasst das hervorragende **Musée de Missisquoi** (2, Rue River, Mai–Okt. tägl. 10–17 Uhr) in auf drei historische Gebäude verteilten Ausstellungen zusammen. Vor allem im Hodge's General Store, einem Kaufmannsladen aus Großmutters Zeiten, erwartet man jeden Augenblick Mr. Hodge himself.

Bevor es nach Sutton weitergeht, lohnt ein Abstecher auf Québecs Weinstraße. Der Abschnitt der Rte. 202 zwischen Stanbridge East und Dunham (3400 Einw.) wird oft auch **Route des Vins** genannt. Allerdings sollte der Mitteleuropäer keine rheinische Winzer-Romantik erwarten. Die Route des Vins ist eine normale Landstraße durch sanft hügeliges, jedoch von Weinstöcken veredeltes Gelände. Zahlreiche *vignobles* (Weingüter) laden zu Weinproben ein. Der Vignoble de l'Orpailleur (1086 Rte. 202, tägl.) ist der größte Weinhersteller Québecs und produziert vor allem trockene Weißweine mit fruchtigem Bouquet. Einer der ganz wenigen Rotweinproduzenten Kanadas ist der Vignoble Domaine Côtes d'Ardoise (879 Rte. 202, tägl.).

Spargelfelder, endlose Erdbeerbeete, Obstplantagen und herrliche Aussichten auf die Green Mountains im Herzen des US-Nachbarn Vermont: Auf der Rte. 237 von Stanbridge East nach Sutton entspannen die Sinne. Das romantisch-verschlafene **Frelighsburg** (1110 Einw.) gleitet vorbei, wo Québecer Filmteams gern die Außenaufnahmen für ihre *téléromans (soaps)* schießen und nachher aus dem General Store den besten Ahornsirup der Provinz mitnehmen, und schließlich **Sutton** (3200 Einw.) selbst, der in Québec und Neuengland beliebte Wintersportort zu Füßen des machtvoll aufragenden Mount-Sutton (972 m), dessen 60 km Wanderwege zu herrlichen Panoramablicken über die von Süden nach Norden strebenden Appalachen führen. Am Ende der nächsten Etappe warten Biscuits und Five O'Clock Tea: Nach kurvenreicher Fahrt durch das enge Tal des Rivière Missisquoi ist **Mansonville** (1600 Einw.) erreicht. Für viele das schönste Stück Neuengland in Québec, zieren sechs Kirchen verschiedener Kongregationen die Main Street, gruppieren sich einige der schönsten viktorianischen Häuser der Region um ein penibel gestutztes Grün, liefert die einzige diesseits der Grenze übriggebliebene, der Quäker-Sekte der Shaker zugeschriebene Rundscheune seltene Fotomotive. Ein Fest für Voyeure auch 12 km weiter: Von der Spitze des **Mt-Owl's Head** (751 m), erreichbar in einem einstündigen Fußmarsch, schweift der Blick unverstellt über den schönen, tief nach Vermont reichenden Lac Memphrémagog. Seine Ufer sind das Refugium wohlhabender Montréaler

Die Region südwestlich von Montréal bringt qualitätvolle Weine hervor

Der Wein aus der Kälte

Ende März liegen die Weinfelder von Viktor Dietrich-Jooss in Iberville noch immer unter einer dicken Schneedecke. »Sieht nicht nach Wein aus, was?« schmunzelt er. »Als wir 1986 aus dem Elsass hierherkamen, haben die Leute gedacht, wir bauen Tomaten an. Als sie hörten, dass es Wein ist, haben sie uns für verrückt erklärt.« So falsch war die Einschätzung der Einheimischen nicht. Wer Wein in Québec anbaut, muss schon etwas verrückt sein. Und die richtige Mischung aus Geduld und Risikofreude mitbringen. Nicht von ungefähr kam der *Vignoble de l'Orpailleur* bei Dunham zu seinem Namen: *Orpailleur* heißt Goldwäscher.

Seit 1980 in Québec die erste Traube gelesen wurde, haben rund 20 ›Goldwäscher‹ in der Region ihre ›Claims‹ abgesteckt. Die Hälfte der ca. 200 000 Weinstöcke steht in der Gegend um Dunham in den Eastern Townships. Die übrigen wachsen in der benachbarten Montérégie. Die erste Flasche Weißwein wurde 1985 verkauft, ein Meilenstein für die Winzer, die ständig nach noch kälteunempfindlicheren Traubensorten suchen. Denn: »Wegen des langen Winters und des relativ kurzen Sommers brauchen wir Arten, die mit weniger als 180 Sonnentagen auskommen.« Wie seine Kollegen betreibt auch Dietrich-Jooss ein kleines Testfeld, auf dem er

und ein Geheimtipp unter pressemüden Hollywood-Stars. Sylvester Stallone, Madonna, Donald Sutherland & Co. genießen hier banal klingende Privilegien wie unbehelligt einkaufen gehen zu können: Wie alle Kanadier sind auch die Québecer diskrete Leute. Den schönsten Uferabschnitt hat sich indes ein Benediktiner-Orden gesichert: 1912 bauten die aus Frankreich verbannten Mönche auf einer kleinen Anhöhe über dem See, in einer pastoralen Landschaft von natürlicher Schönheit, die **Abbaye de Saint-Bénoît-du-Lac** (tägl. 8–11, 13–17 Uhr), einen friedvollen Ort innerer Einkehr mit einem weithin sichtbaren Glockenturm. Die Mönche sind berühmt wegen ihrer gregorianischen Gesänge (tägl. 17 Uhr) und ihres Käses, der vor Ort gekauft werden kann.

Letzte Station: **Knowlton** (5050 Einw.) 20 Autominuten westlich. Heute Teil der Gemeinde Lac Brome, ist Knowlton mit seinen schönen Steinhäusern auf weitläufigen Rasenflächen Neuengland par excellence. Außer *merry old England*-Atmosphäre gibt es noch einen guten Grund für einen Besuch: Shopping, *Magasinage*! Die in den alten Häusern untergebrachten Boutiquen und Factory Outlets führen ein so gutes Markensortiment, dass selbst die verwöhnten Montréaler gern hier ein-

mit Hybriden wie Seyval und Maréchal Foch experimentiert. Diese ›Härtetrauben‹ sind schon nach 120 Tagen reif und kapitulieren im Winter erst bei minus 30 Grad (herkömmliche Sorten: minus 17 Grad). Auch wenn die Weingüter in einem Sonnenloch liegen, ist der Winter mit Temperaturen bis zu minus 40 Grad so sibirisch wie anderswo in Kanada. Die Rebstöcke müssen daher spätestens Mitte November mit Erde zugedeckt werden, was die Temperatur im Innern des Erdwalls auf ›nur‹ minus sechs Grad anhebt. Ende April wird die Erdschicht, die mit einsetzendem Tauwetter nunmehr als Kühlschrank funktioniert, mit Spezialmaschinen wieder abgedeckt. »Je länger die Reben kühl gehalten werden, desto schneller reifen sie, sobald sie ans Licht kommen«, erklärt Dietrich-Jooss. Die Wahl des Abdecktermins ist deswegen eine heikle Angelegenheit. Ebenso kann Frost im Juni die gesamte Ernte mit einem Schlag vernichten. Und um die Wärme im Herbst so lange wie möglich zu konservieren, lassen sich die Winzer allerhand einfallen. Dietrich-Jooss hat Gräben mit fünf Millionen Liter Wasser um seine Weinfelder angelegt. Das entstandene Mikroklima soll bei Kälteeinbrüchen die sommerliche Bodenwärme verlängern. »Wenn ich damit nur ein halbes Grad Wärme herausholen kann, wirkt sich das positiv auf meinen Wein aus«, glaubt der Elsässer. Die Mühen zahlen sich jedoch aus. Die Weiß- und Rotweine des Vignoble Dietrich-Jooss haben bei internationalen Wettbewerben mehrere Medaillen errungen.

kaufen. Wem dafür die rechte Begeisterung fehlt, mag das **Musée Historique du Compté de Brome** (130, Rue Lakeside, Mai–Sept. Mo–Sa 10–16.30, So 11–16.30 Uhr) besuchen. Neben Memorabilia aus der Siedlerzeit ist hier sogar eine deutsche Fokker DVII aus dem Ersten Weltkrieg zu bewundern …

Tourisme Cantons-de-l'Est, 20 Rue Don-Bosco, Sherbrooke, PQ J1L 1W4, Tel. (819) 820-2020.

Auberge Lakeview Inn, 50 Rue Victoria, Knowlton, Tel. (450) 243-6183, 1-800-661-8183: viktorianische Luxusherberge in altem Postkutschenhotel, $$$.

Restaurant des Vignoble l'Orpailleur, Dunham, Tel. (450) 295-3763: regionale Spezialitäten auf der Terrasse mit Blick auf die Weinfelder, $–$$. **Bistro Aux deux Clochers,** Rue Principale u. Rue L'Église, Frelighsburg, Tel. (450) 298-5086: *cuisine régionale* mit kreativem Twist, $$–$$$. **Knowlton Pub,** 267 Rue Knowlton, Tel. (450) 534-1199: beliebte Kneipe, typisches Pub-Essen, $–$$.

Zahlreiche Factory Outlets in Knowlton. Weinproben und -verkauf auf den Weingütern an der Route du Vin.

Festival de Canard in Bromont und Knowlton, Gastronomiefestival zu Ehren der von hier stammenden Enten-Rezepte, 1.–31. Oktober.

Auf dem alten Chemin du Roy nach Québec

Hübsche Dörfer träumen am großen Strom, im Hinterland, wo sich Bären und Wölfe gute Nacht sagen, erzählten sich abergläubische Holzfäller einst die Sage vom fliegenden Kanu: Die Fahrt von Montréal auf dem alten Chemin du Roy nach Québec ist eine Reise zu den Wurzeln Neufrankreichs.

Die beiderseits des St.-Lorenz-Stroms von Montréal zur Provinzhauptstadt strebenden Autoroutes 20 und 40 sind schnell, aber langweilig. Interessant wird es erst ab Trois-Rivières am Nordufer: Hier verengt sich das St.-Lorenz-Tiefland von einer weiten, landwirtschaftlich intensiv genutzten Ebene zu einem immer enger von den Laurentides und Appalachen eingeschnürten Tal, dessen kleine Dörfer einst wichtige Zwischenstopps im Verkehr zwischen den bei-

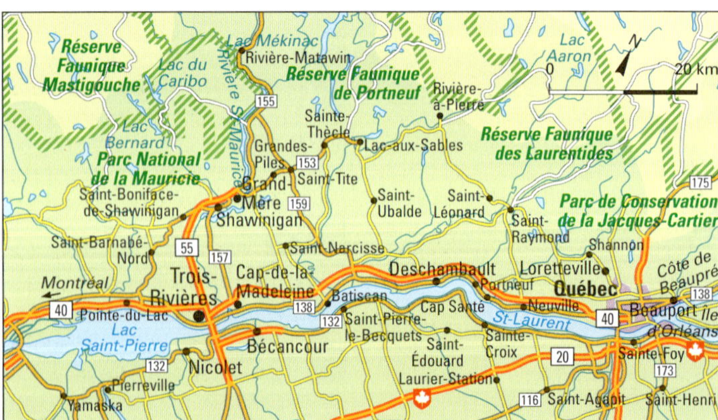

Der Chemin du Roy von Trois-Rivière nach Québec

den großen Zentren Neufrankreichs waren. Von Trois-Rivières an sollte man daher auf der parallel verlaufenden Rte. 138 weiterreisen. Sie folgt dem alten *Chemin du Roy,* dem 1730 von Québec nach Montréal gebauten »Königsweg«. Diese erste Allwetterstraße Kanadas verkürzte die bis dahin zu Wasser zurückgelegte Reise auf vier Tage – per Pferdekutsche. Zuvor nötigt der Parc National de la Mauricie 50 km nördlich der Stadt jedoch zu einem Abstecher.

Trois-Rivières

Trois-Rivières (51 400 Einw.) ist die zweitälteste Stadt der Provinz. 1634 von Nicolas Goupil, dem Sieur de Laviolette, an der Mündung des Rivière de la Mauricie gegründet, brachte sie einige der berühmtesten Entdecker Nordamerikas (u. a. de la Vérendrye, Radisson und des Groseilliers) hervor und wuchs im 18. und 19. Jh. zu einem bedeutenden Holzumschlagplatz und Papierproduzenten heran. Bis heute ist die Papierindustrie der größte Arbeitgeber: Das Papier fast aller kanadischen und der meisten amerikanischen Zeitungen wird hier hergestellt, ein Umstand, der zum näheren Hinsehen einlädt. Die Schlüsselindustrie der Stadt – und der Nation – wird im **Centre d'Exposition sur l'Industrie des Pâtes et Papiers** (800 Parc portuaire, Juni–Sept. tägl. 9–18, sonst Mo–Fr 9–17 Uhr) am Ufer des Stroms vorgestellt. Danach lohnt sich ein kurzer Spaziergang durch die Altstadt, wobei die silberne Kuppel des Monastère des Ursulines als Orientierungspunkt dient. Zwar vernichtete ein Feuer 1908 weite Teile der Altstadt, doch zumindest die Kolonialgemäuer entlang der Rue des Ursulines entrichten Grüße aus Neufrankreich.

»Satan, roi des enfers, viens, remplir nos verres de cette maudite bonne bière!« (»Satan, Herr der Dunkelheit, komm herbei und fülle unsere Gläser mit diesem verdammt guten Bier!«). Das hätten die Holzfäller nicht sagen dürfen, aber halt: Das Flaschenetikett der Marke Maudite zeigt ein fliegendes Kanu mit wilden Gesellen darin. Québecer Erzähltradition mit jedem Schluck: Die Geschichte vom fliegenden Kanu heißt hier »La Chasse Galérie« und handelt von einsamen Holzfällern fern der Heimat, die einen Pakt mit dem Teufel eingehen, um ihren Liebsten einen nächtlichen Besuch abstatten zu können. Der Teufel setzt sie in ein fliegendes Kanu, aber sie dürfen nicht fluchen, andernfalls … Natürlich kennt Satan seine Pappenheimer. Aufgepumpt und beschwingt, brüllen diese auf dem ›Rückflug‹ nach Bier, natürlich mit den in ihrer Branche üblichen Kraftausdrücken. Da stürzt das Kanu mit den *bûcherons* in die Hölle … Hart genug war das Leben der Holzfäller jedoch auch ohne Mummenschanz. In den endlosen Wäldern nördlich von Trois-Rivières schlugen sie im Winter das Holz, auf dem Mauricie-

Fluss gelangte es im Frühling in die Sägewerke von Trois-Rivières. Das **Village du Bûcheron** (780 5e Ave., Mai–Okt. tägl. 10–17 Uhr) in Grandes-Piles (420 Einw.), die Rekonstruktion eines typischen Holzfällerlagers um 1900, erinnert mit 25 grob zusammengezimmerten Unterkünften, Werkstätten und Kantinen an die unrasierten Raubeine.

Auf dem Westufer des Flusses wurde der Holzschlag vor 60 Jahren eingestellt. 1970 erklärte Ottawa 544 km^2 dieser für den Kanadischen Schild typischen Landschaft zum **Parc National de la Mauricie** (794 5e Rue, Shawingan, Tel. (819) 538-3232). Durch den Süden des Parks führt die »Route panoramique«, eine 62 km lange, die beiden Haupteingänge miteinander verbindende Straße mit schönen Aussichtspunkten auf die von der letzten Eiszeit hinterlassene Wildnis aus Seen,

Farmhaus im herbstlich gefärbten Sankt-Lorenz-Tiefland

Felsen und Wäldern. Das Aussteigen lohnt sich vor allem am 20 km langen Lac Wapizagonke, der tief unterhalb einer hölzernen Aussichtsterrasse liegt. Kanu- und Hikingtrails ziehen sich kreuz und quer durch die Wildnis, eine Herausforderung für outdoor-begeisterte Naturfreunde.

Von Trois-Rivières nach Québec

Kleine Holzhäuser mit hübschen Veranden, prächtige Kirchen und Presbyterien und das Kruzifix im Vorgarten: Das kosmopolitische Montréal liegt auf einem anderen Stern. Seitdem 1888 eine Statue der hl. Maria die Augen öffnete, strömen jedes Jahr tausende frommer Pilger zum Schrein **Sanctuaire Notre-Dame-du-Cap** (Mai–Okt. tägl. 8–21, sonst tägl. 8–17 Uhr), einer achteckigen Basilika mit einem 80 m hohen, konischen Turm in **Cap-de-la-Madeleine** (33 400 Einw.). Kirchliches auch im 1639 gegründeten **Batiscan** (870 Einw.): Das **Vieux Presbytère de Batiscan** (Juni–Okt. tägl. 9–17 Uhr), eine typische Priester-Residenz des frühen 19. Jh., ist mit herrlichen alten Kolonialmöbeln eingerichtet. Wie gemalt wirkt **Deschambault** hoch über dem schmaler werdenden Strom: Der Chemin du Roy windet sich durch einen verwinkelten Stadtplan, vorbei an bis zur Straße reichenden Häuschen, einer schönen, doppeltürmigen Kirche und einem 1815 dahinter in einem kleinen Park errichteten Presbyterium. Noch mehr ländliches Neufrankreich in Portneuf, Cap Santé und Neuville, dazwischen immer wieder schöne Blicke auf den Strom und die hier gut erkennbare, aus der Kolonialzeit stammende so genannte *seigneuriale* Felderteilung: bis zu 300 m breite und mehrere Kilometer lange Felderstreifen, die der meist adlige Landbesitzer *(seigneur)* an mittellose Neuankömmlinge *(habitants)* verpachtete mit der Auflage, diese urbar zu machen. Mit einem Ende berührten die Felder den Strom, den damals einzigen Verkehrsweg. Hier errichtete der Bauer sein Haus. Pro Jahr machte er einen halben Hektar Wildnis urbar, oft ohne Zugtiere, um am Ende seines Lebens zehn Hektar bewirtschaften zu dürfen. Die Einnahmen flossen in die Taschen seines *seigneur* – und der Kirche …

Tourisme Mauricie-Bois-Franc, 5775 Blvd. Jean XXIII, Trois-Rivières Ouest, PQ G8Z 4J2, Tel. (819) 375-1222, Fax (819) 375-0301.

Auberge Godefroy, 15575 Blvd. Bécancour, Bécancour, Tel. (819) 233-2200, Fax (819) 233-2288: modernes Hotel mit nostalgischem Grand-Hotel-Feeling, Sauna und Massage, $$$$.
L'Auberge du Lac Saint-Pierre, 1911 Rue Notre Dame, Pointe-du-Lac, Tel. (819) 377-5971, Fax (819) 377-5579: gemütlich und luxuriös zugleich, hervorragende Küche, $$$.

Québec

Die einzige Stadtmauer nördlich von Mexiko macht unmissverständlich klar: Diese Stadt ist anders. Québec ist nicht nur eine der schönsten Städte auf dem Kontinent, sondern auch die Wiege der französischen Kultur in Nordamerika und ein Symbol franko-kanadischen Selbstbewusstseins. Und auch die eisigen Winter können ihr nichts anhaben: Dafür sorgt ein ausgelassener *Carnaval d'Hiver.*

Viereinhalb Kilometer lange Befestigungswerke, vier mächtige Stadttore, Kopfsteinpflaster und alte Feldsteinhäuser mit tief heruntergezogenen Kupferdächern, dazu die Sprache Voltaires, die hier, anders als in Montréal, unangefochten Verkehrssprache ist: Die Hauptstadt der Provinz Québec ist zudem noch die europäischste Stadt Kanadas. Die Normandie scheint nur um die Ecke zu liegen, die Neue Welt dagegen jenseits des Atlantik. Québec ist komplex und kompakt zugleich: Nirgends sonst auf dem Kontinent wurden auf so engem Raum so viele für ganz Nordamerika bedeutende Entscheidungen getroffen wie hier. Und 1985 war sie die erste Stadt Nordamerikas, die von der Unesco zum Weltkulturdenkmal geadelt und damit den ägyptischen Pyramiden gleichgestellt wurde.

Stadtgeschichte

»Kebec« oder »wo der Fluss enger wird«: Wer Québec besaß, besaß den Schlüssel zum Kontinent. Samuel de Champlain erkannte das und gründete 1608 zu Füßen des 90 m aufragenden Felsens Cap Diamant die *Habitation de Québec.* In den nächsten 100 Jahren entwickelte sich das hölzerne Fort zur Hauptstadt der Kolonie Neufrankreich und zum Nervenzentrum und Umschlaghafen eines Pelzhandelsimperiums, das um 1730 bis zu den Rockies und hinab nach Louisiana reichte. Dabei expandierte sie nach oben: In der Unterstadt Basse-Ville am St.-Lorenz wohnten die Kaufleute und Handwerker, in der Oberstadt Haute-Ville auf dem Cap residierten Klerus, Gouverneur und Verwaltung. Mauern und Bastionen schützten Québec vor den begehrlichen Briten, die das Gibraltar des

Basse-Ville: Die Terrasse Dufferin mit dem Château Frontenac im Hintergrund

Nordens mehrere Male erfolglos belagerten. Erst 1759 gelang ihnen die Einnahme. Vier Jahre später verlor Frankreich im Frieden von Paris alle nordamerikanischen Besitzungen. Englisch wurde die älteste Stadt Kanadas allerdings nur auf dem Papier. Zwar überwog während der Blütezeit als Holzumschlagplatz zu Beginn des 19. Jh. der anglophone Bevölkerungsteil. Doch um 1900 sog das boomende Montréal die Anglos landeinwärts, 1920 waren hier nur noch zehn Prozent englischsprachig. Heute ist Québec *partout français* und dank der Wachstumsindustrie Regierung und Verwaltung eine blühende Metropole, deren mauerbewehrtes Herz Vieux-Québec einen festen Platz im Herzen aller Québécois hat.

Die Oberstadt Haute-Ville

Alle Wege in der Oberstadt führen zum **Château Frontenac (1)** auf der Kante des Cap Diamant. Das 1924 nach 30-jähriger Bauzeit fertiggestellte Luxushotel der Canadian Pacific Hotels prägt die Skyline Québecs wie der CN Tower die von Toronto. Einfach genial, wie dieses monumentale Gebäude mit seinen roten Ziegeln, Türmchen und Zinnen in der Alte-Welt-Kulisse Québecs aufgeht! Das Château Frontenac gilt als das meist fotografierte

Estuaire de la Rivière Saint-Charles
Rivière Saint-Charles
Bassin Louise
Vieux Port
BASSE-VILLE
HAUTE-VILLE
VIEUX QUÉBEC
SAINT JEAN-BAPTISTE
Gare du Palais
Parc d'Artillerie
Parc de l' Esplanade
Centre Convention du Québec
Porte Saint-Louis
Place Royale
Maison Bruneau
Funiculaire
Université
Parc des Champs-de-Bataille
Place George V
Place Montcalm
Fleuve Saint-Laurent
Fähre nach Lévis
Pont Samson
Pont Dorchester
Pont Tunnel Joseph-Samson
440
Rue J.-E.-Cauchon
Rue Saint-Honoré
Rue des Sables
Rue de la Drave
Rue Monseigneur-Gauvreau
Rue de la Chapelle
Rue Saint-François Est
Bd. Charest Est
Rue de la Couronne
Côte d'Abraham
Rue Sainte-Madeleine
Rue Jean-Lesage
Rue Sainte-Marguerite
Rue Saint-Roch
Côte Samson
Rue des Glacis
Av. Dufferin
Rue Saint-Jean
Rue d'Auteuil
Rue Sainte-Ursule
Rue Saint-Stanislas
Côte du Palais
Rue Donnacona
Rue Saint-Louis
Rue du Trésor
Rue Sainte-Famille
Rue Christie
Rue Garneau
Côte de la Montagne
Rue des Remparts
Rue des Navigateurs
Rue St.-Paul
Rue St.-André
Rue Saint-Jacques
Rue Saint-Pierre
Rue du Sault-au-Matelot
Rue Dalhousie
Promenade de la Pointe-à-Carcy
Rue du Marché-Champlain
Rue du Petit-Champlain
Terasse Dufferin
Rue des Grisons
Av. Saint-Denis
Côte de la Citadelle
Promenade des Gouverneurs
Rue Saint-Augustin
Rue Saint-Michel
Rue Saint-Gabriel
Rue Sainte-Claire
Rue Sutherland
Rue de la Chevrotière
Grande Allée Est
Grande Allée Ouest
Bd. René Levesque-Est
Rue de Claire-Fontaine
Av. George VI
Av. Taché
Av. Ontario
Av. du Cap-Diamant
Cap Diamant
Bd. Champlain
Rue Champlain
Av. Briand
Av. Garneau
0
300 m
N
1
2
3
4
5
6
7
8
9
10
11
12
13
14
15
16
17

Hotel der Welt und ist sicher eines der besten: In den 24 Suiten nächtigten alle gekrönten Häupter, die Fotogalerie in der Lobby ist ein Who's Who der Stars und Sternchen. Vor der schlossartigen Nobelherberge warten auf dem 1620 angelegten **Place d'Armes (2)** Pferdedroschken auf Touristen. In der Mitte erinnert das 1916 enthüllte **Monument de la Foi** an die Ankunft der ersten Priester im Jahre 1615. Gegenüber vom Château Frontenac lädt das **Musée du Fort (3;** Apr.–Juni tägl. 10–17, Juli–Sept tägl. 10–20, bis Ende Okt. 10–17 Uhr) zur Geschichtsstunde ein: Mehrmals täglich ist hier 1759, wird Québec auf einem Landschaftsmodell unter Lichtgewitter und Kanonendonner vom Band belagert und erobert.

Unter den Augen Samuel de Champlains, dem »Vater Neufrankreichs«, der unweit des Museums landeinwärts blickt, beginnt die Erkundung der Oberstadt. Vieux-Québec ist ein Paradies für Flaneure. Jeder Touristenweisheit zum Trotz ist zielloses Bummeln die beste Art, die Atmosphäre in sich aufzunehmen: Solange man innerhalb der Mauern bleibt, kommt man früher oder später an jedem historisch interessanten Punkt vorbei. Das 1674 erbaute, an seinem roten Dach erkennbare Maison Jacquet – heute das Restaurant »Aux anciens Canadiens« – weist den Weg zum ehrwürdigen **Monastère des Ursulines (4).** Der machtvolle Gebäudekomplex aus grauem Granit, an dem seit 1641 gearbeitet wird, ist Sitz des 1639 angekommenen Ursulinerinnen-Ordens und beherbergt die älteste Privatschule für Mädchen in Nordamerika. Im 17. Jh. hatten sich die Nonnen bereits der so genannten *Filles du Roi* angenommen: Die jungen Mädchen, die sich in Frankreich zur Heirat mit einem Siedler verpflichtet hatten, wurden hier auf ihre Rolle als Ehefrau vorbereitet – und bis dahin von den Ursulinerinnen scharf bewacht! Das **Musée des Ursulines** (Rue Donnacona, Mai–Sept. Di–Sa 10–12, 13–17, So 13–17, sonst Di–So 13–16.30 Uhr) befasst sich mit diesem und vielen anderen Aspekten des frühen Kolonialalltags. Das Innere der zum

---

Québec

1 Château Frontenac
2 Place d'Armes mit Monument de la Foi
3 Musée du Fort
4 Monastère de Ursulines mit Musée des Urselines und Chapelle des Ursulines
5 Cathédrale Anglicaine de la Ste-Trinité
6 Basilique Cathédrale Notre-Dame-de-Québec
7 Séminaire de Quebec/Musée de l'Amérique Francaise
8 Citadelle
9 Parc des Champs-de-Bateille
10 Musée de Québec
11 Hôtel de Parlement
12 Maison Louis-Joliet
13 Economusée du Verre
14 Maison Chévalier
15 Église Notre-Dame des-Victoires
16 Musée de la Civilisations
17 Centre d'Interprétations du Vieux-Port-de-Québec

Kloster gehörenden **Chapelle des Ursulines** (Mai–Okt. Di–Sa 10–11.30, 13.30–16.30, So 13.30–16.30 Uhr) wurde aus der ersten Kapelle übernommen und gehört zu den schönsten Beispielen sakraler Kunst in Québec. Ein paar Meter weiter der protestantische, betont schlichte Gegenpol: Die 1804 fertiggestellte **Cathédrale Anglicaine de la Ste-Trinité (5;** Rue des Jardins, Mai–Juni, tägl.), die erste anglikanische Kathedrale außerhalb des Vereinigten Königreichs, reserviert neben dem Altar noch immer Kirchgestühl für die königliche Familie. Kirchen, Kloster und Kapellen: 200 Jahre lang blockierte die Kirche jede Urbanisierung der Oberstadt. Mit der **Basilique-Cathédrale Notre-Dame-de-Québec (6;** Place de l'Hôtel-de-Ville, Mai–Okt. tägl. 7.30–14.30, sonst tägl. 7.30–16.30 Uhr) schuf sie ihr schönstes Monument. Das neoklassische Gotteshaus mit dem lichten Innern ist für viele Québécois auch ein Symbol franko-kanadischer Präsenz in Nordamerika: 1759 zerbombt und mehrmals abgebrannt, wurde die 1647 begonnene Steinkirche jedes Mal noch schöner wieder aufgebaut. In der Krypta liegen 900 prominente Québecer, darunter François de Laval (1623–1708), erster Bischof Québecs. Laval herrschte über die größte Diözese der Welt: Seine Priester missionierten zwischen den Großen Seen und dem Golf von Mexiko. Ausgebildet wurden sie im **Séminaire de Québec (7;** 2 Côte de la Fabrique, geführte Touren, Tel. (418) 692-2843), der 1663 von Laval gegründeten Priesterakademie, einer trutzigen, im 17. und 18. Jh. um einen Innenhof erbauten Oase abendländischer Kultur, aus der u. a. 1852 die Université Laval, die erste frankophone Universität Nordamerika hervorging. Ein Rundgang durch dieses den Kurs Neufrankreichs erheblich mitbestimmende Nervenzentrum vermittelt einen Eindruck vom Machtgefüge in der Kolonie. Besondere Beachtung verdienen die reich geschmückte **Chapelle Msgr. Olivier Briand** und das den frankophonen Enklaven in Nordamerika gewidmete **Musée de l'Amérique Française** (Juni–Sept. tägl. 10–17.30, sonst Di–So 10–17 Uhr).

Befestigungsanlagen und Grande-Allée

Sein mittelalterliches Antlitz verdankt Vieux-Québec dem für die Romantik schwärmenden Gouverneur Lord Dufferin (1872–1878): Der Ire bewahrte Mauern und Bastionen vor dem Abriss. Deswegen können Besucher heute auf den Mauern zur Zitadelle wandern und herrliche Blicke auf Stadt und Strom genießen. Die heutigen Festungsanlagen stammen von den Briten und sollten die Amerikaner von weiteren Invasionen – die erste scheiterte 1776 vor Québec – abhalten. Die sternförmige, von grasüberwachsenen Kasematten geschützte **Citadel-**

le (8; Côte de la Citadelle, April–Mai tägl. 10–16, Mai–Juni 9–17, Juni–Sept. 9–18, Ende Sept.–Okt. 9–15 Uhr), bereits von den Franzosen begonnen, wurde von den Briten bis 1852 fertiggestellt. Unter hohen Pelzmützen geradeaus blickende Posten bewachen die Porte Dalhousie, durch die man in den öffentlichen Teil gelangt – im Rest der Festung ist das Royal 22e Régiment stationiert. Die rituelle Wachablösung (24. Juni–Anfang Sept.) täglich um 10 Uhr ist ein fotogenes Spektakel. Geführte Touren und der Besuch des Musée du Royal 22e Régiment imponieren, aber noch schöner ist der Blick von den äußeren Wällen hinüber zum Château Frontenac und auf den Strom, der am Horizont die Île d'Orléans umarmt. Die **Promenade des Gouverneurs** führt unterhalb der Festung zur Terrasse Dufferin (s. u.) und zum historischen Schlachtfeld **Parc des Champs-de-Bataille (9;** Grande-Alleé/Ave. Ontario, tägl. 6 Uhr bis Sonnenuntergang). Wo heute Jogger ihre Runden drehen, entschied sich 1759 das Schicksal Französisch-Nordamerikas. Damals zwang der nahende Winter General Wolfe nach dreimonatiger Belagerung zu einem Husarenstück: In der Nacht zum 13. September führte er 5000 Mann über steile Ziegenhirtenpfade auf die damals Plaines d'Abraham genannten Felder hinter der Stadt und provozierte seinen Gegenspieler General Montcalm zur offenen Feldschlacht. Gerade 15 Minuten

Die Stadtmauer von Québec, die einzige nördlich von Mexiko

dauerte das Schießen, dem beide Kommandeure zum Opfer fielen, dann war das Schicksal des »Gibraltar des Nordens« besiegelt: Québec fiel an die Briten, vier Jahre später verabschiedete sich Frankreich auch offiziell aus Nordamerika. Welche Sprache heute in Kanada gesprochen würde, hätte Montcalm gesiegt, mag man bei einem Spaziergang durch diesen 107 ha großen Park überlegen. Mitten drin steht übrigens das **Musée du Québec (10;** 1 Ave. Wolfe-Montcalm, Juni–Aug. tägl. 10–18, sonst Di–So 11–18 Uhr), das mit rund 22 000 Objekten einen repräsentativen Querschnitt aus drei Jahrhunderten Québecer Kunstschaffens bietet. Hier ist auch das Informationszentrum des Parks untergebracht. Für den Rückweg in die Altstadt bietet sich die **Grande-Allée** an. Restaurants und Bars dicht an dicht, untergebracht in feinen viktorianischen Stadthäusern aus dem 19. Jh., machen die schöne Straße, in der einst die anglophone Oberschicht residierte, zur Gourmet-Meile der Hauptstadt und zu einem angenehmen Ziel nach Sonnenuntergang. Kurz vor der wehrhaften Porte Saint-Louis passiert man links das über die Stadtmauern blickende **Hôtel de Parlement (11;** Grande Allée/Ave. Dufferin, gef. Touren: Juni–Sept. Mo–Fr 9–16.30, Sa–So 10–16.30, sonst Mo–Fr 9–16.30 Uhr). Der Sitz der Provinzregierung wurde 1886 im Second-Empire-Stil errichtet und beherbergt die »Assemblée Nationale«.

Die Unterstadt Basse-Ville

Hier stand Champlains *Habitation de Québec,* wurden die ersten Häuser gebaut und, nach dem Stadtbrand von 1682, auch Nordamerikas erste Bauverordnung erlassen. Von Anfang an von Platzmangel geplagt, wurde der schmale Uferstreifen mehrere Male aufgeschüttet. In der verwinkelten Unterstadt lebten die Kaufleute und Handwerker. Nach der Eroberung bauten die Briten Lagerhäuser und Kontore, im Uferbereich wurde das Holz für England gestapelt. Die Dampfschifffahrt machte der Blütezeit als Umschlagplatz ein Ende, die Unterstadt verfiel zum Elendsquartier irischer Immigranten. Ende der 1960er Jahre begann jedoch ein groß angelegtes, bis heute andauerndes Restaurierungsprogramm, das die Unterstadt zurück auf den Stand von etwa 1720 liftete.

Ausgangspunkt für den Bummel durch die Unterstadt ist die **Terrasse Dufferin** hinter dem Château Frontenac. Die 671m lange Terrasse aus hölzernen Planken war einst Teil des Dufferin'schen Verschönerungsprogramms und bietet herrliche Aussichten auf die Unterstadt und über den Strom zur Schwesterstadt Lévis. Mit der Zahnradbahn *Funiculaire* geht es steil abwärts ins **Maison Louis-Joliet (12).** Das 1683 erbaute Steinhaus gehört Louis Joliet, dem Erforscher des Mississippi und Labradors und ist Start und Ziel jedes

Unterstadtbummels. Kaum aus der Tür, tritt man auf die 1680 angelegte **Rue du Petit-Champlain,** eine kopfsteingepflasterte Gasse mit gedrungenen Feldsteinhäusern, in die schöne kleine Galerien und Kunsthandwerksläden eingezogen sind. Neben dem Haus des Entdeckers laden Glasbläser ins **Economusée du Verre (13;** Juni–Okt. Mi–So 10–16.30, sonst Mo–Fr 10–16.30 Uhr) ein, im nahen **Maison Chevalier (14;** Rue du Marché-Champlain/Blvd. Champlain, Juni–Sept. tägl. 10–18, sonst Di–So 10–18 Uhr) widmet sich eine ansprechend inszenierte Ausstellung der Architekturgeschichte der Altstadt. Um ein paar oben überhängende Häuserecken – nur so schafften Ochsengespanne einst die engen Kurven – liegt der kopfsteingepflasterte **Place-Royale,** die offizielle »Wiege Neufrankreichs«. 1608 begann er als

In der Rue du Petit-Champlain, im Hintergrund führt die Zahnradbahn hinauf zur Oberstadt

Mardi Gras mit viel Gefühl für Schnee

Québecs Winterkarneval lockt Besucher aus aller Welt an

Die ersten zehn Tage im Februar wird *le général hiver* in Québec gewaltig eingeheizt. Man sagt hier, dass er danach so die Nase voll hat von seinem Job, dass er das Feld dem Frühling überlässt. Der Ärmste: Die Menschen zittern nicht unter seinem Regiment, sondern machen ihn mit Umzügen und Wettbewerben zum Narren. Beim Schneebaden im Badeanzug drehen sie ihm sogar eine Nase. Der *Carnaval d'hiver* lockt Besucher aus aller Welt nach Québec. Das Bootsrennen über den vereisten St.-Lorenz-Strom ist der sportliche Höhepunkt. Wenn das Treibeis leise raschelnd an der Hafenmauer entlangkratzt und sich draußen auf dem Strom zu bizarren Skulpturen auftürmt, nehmen die Nachfahren der Waldläufer in leichten Fiberglasbooten den Kampf mit den Elementen auf. Einzige Regel: Jedes Team muss drüben in Lévis anschlagen und schnellstens wieder zurückkommen. Wie, bleibt ihnen selbst überlassen. Die Steuerleute müssen ein Gefühl für Eis haben: Eine Öffnung zum Rudern kann schon im nächsten Augenblick verschwunden sein. Für die Teams heißt es rudern, was das Zeug hält, und aussteigen, solange es geht, um das Boot über Eisschollen bis zum nächsten Wasserloch zu zerren oder zu schieben. Manche Mannschaften haben beides, einen Steuermann mit Übersicht und Glück. Sie schaffen die Strecke in weniger als einer Stunde. Andere dagegen stecken bald erschöpft im Treibeis fest und können nur noch auf das Rettungsboot warten …

Gemüsegarten Champlains, der dort sein Fort errichtete, wo heute die schöne **Église Notre-Dame-des-Victoires (15;** Mai–Okt. Mo–Sa 9–17.30, So 13–17.30, sonst 9–16, So 13–16 Uhr) steht. Nach und nach bauten Kaufleute an seinen Rändern ihre Häuser, wich das hölzerne Fort der 1688–1723 gebauten Kirche, deren Name an Siege über die Briten erinnert und deren ungewohnt schlichtes Innere mit einem burgähnlichen Altar überrascht. Kultur und Alltagskultur der Provinz bringt das vom kanadischen Star-Architekten Moshe Safdie um das alte Maison Estèbe herum konzipierte **Musée de la Civilisation (16;** Rue Dalhousie, Juni–Aug. tägl. 10–19, sonst Di–So 10–17 Uhr) in zehn Ausstellungsräumen auf den Punkt. Das ebenfalls hervorragende **Centre d'Interprétation du Vieux-Port-de-Québec (17;** Rue St. André, Mai–Aug. tägl. 10–17, Sept.–Okt. tägl. 12–16 Uhr) über dem Hafen stellt Québecs Blütezeit als Einwanderer und Holzumschlaghafen im 19. Jh. mit Multi-Media-Hilfe in einen bemerkenswerten historischen Kontext.

Office du Tourisme et des Congrès de la Communauté Urbaine de Québec, 835 Ave. Wilfrid-Laurier, Québec, PQ G1R 2L3, Tel. (418) 649-2608, Fax (418) 522-0830.

Le Château Frontenac, 1 Rue des Carrières, Tel. (418) 6923861, 1-800-441-1414, Fax (418) 692-1177: die Hotel-Institution Kanadas, $$$$. **Hôtel Clarendon,** 57 Rue Ste-Anne, Tel. (418) 692-2480, Fax (418) 692-4052: Traditionshotel mit eleganter Art-Deco-Fassade, $$–$$$$. **Auberge St-Antoine,** 10 Rue St-Antoine, Tel. (418) 692-2211, 1-800-267-0525, Fax (418) 692-1177: Eleganz hinter historischen Mauern, $$$–$$$$. **Loews Le Concord,** 1225 Place Montcalm, Tel. (418) 647-2222, Fax (418) 647-4710: modernes Cityhotel, vom Drehrestaurant »L'Astral« im 47. Stock herrlicher Blick über die Stadt, $$$–$$$$.

Le Cochon Dingue, 46 Blvd. Champlain, Tel. (418) 692-2013: typisches Bistro-Essen in entspannter Atmosphäre, Wendeltreppe hinauf zur Rue du Petit-Champlain, $–$$. **Casse-Crêpe Breton,** 1136 Rue St-Jean, Tel. (418) 692-0438: der besten Crêpes der Stadt wegen immer voll, $–$$. **Le Saint-Amour,** 48 Rue Ste-Ursule, Tel. (418) 694-0667: hervorragende innovative Küche mit französischem Twist, $$$$. **Café du Monde,** 57 Rue Dalhousie, Tel. (418) 692-4455: Pariser Brasserie, Spezialität: Tartar und Entenbrust, $$–$$$. **Le Louis-Hébert,** 668 Grande Allée Est, Tel. (418) 525-7812, traditionelle *cuisine française* in elegantem Ambiente, $$$–$$$$. **L'Astral,** Drehrestaurant im 47. Stock des Loews Le Concord (s. Hotels), Tel. (418) 647-2222: kreative Gerichte, mit bester Aussicht umsonst, $$$.

Boutique Métiers d'Art, 29 Rue Notre-Dame, Tel. (418) 694-0267: Kunsthandwerk aus tausenderlei Materialien von Québecer Künstlern.

Carnaval de Québec, Ende Januar bis Anfang Februar, der größte Winterkarneval der Welt. **Festival d'Été de Québec,** zweite Juliwoche: größtes frankophones Sommerfest Amerikas, mit Künstlern und Musikern aus allen Teilen der Frankophonie.

Die Nordküste des St.-Lorenz: Von Québec nach Natashquan

Die 1000 km lange Strecke gehört zu den schönsten Autofahrten, die Kanada zu bieten hat. Von der Wiege Neufrankreichs zur Montagnais-Siedlung, von feinsinnigen Künstlerkolonien zu rauen Außenposten: Die Rte. 138 erschließt den Facettenreichtum Québecs.

Drei Tage, besser noch vier braucht, wer einen guten Eindruck von der Vielfalt am Straßenrand gewinnen möchte. Landschaftliche Höhepunkte sind das Charlevoix mit seinen fotogen in den Strom stürzenden Bergen, der fast 500 m tief in den Schild gestanzte Saguenay-Fjord und die raue Kargheit der Côte-Nord unweit Labrador. Und natürlich der St.-Lorenz-Strom: Der »Weg, der geht« der Ureinwohner lässt die Straße nicht aus den Augen. Und die kulturelle Palette reicht von sakraler Architektur über renommierte Kunstgalerien zu privaten, von jeglicher Museumsdidaktik unbeschädigten Museen.

Die Côte de Beaupré

Viele Ortsnamen werden auf Jacques Cartier zurückgeführt. So auch der 50 km lange, zwischen Strom und Schild eingeklemmte Landstreifen von Québec nach Cap-Tourmente: »Quel beau pré!« soll Cartier 1534 im Vorbeisegeln ausgerufen haben. Hundert Jahre später baute Champlain hier sein Anwesen, verwandelten seine Bauern-Pioniere hier und auf der vorgelagerten Île d'Orléans die Wildnis in Kulturland. Heute sind diese ältesten Dörfer Québecs kleine, aber feine Schlafstädte mit Mietpreis-steigernden Attraktionen vor der Haustür. Da ist der **Chûte-Montmorency,** ein 83m hoher Wasserfall, der per Hängebrücke erkundet werden kann (tägl. 8.30–23 Uhr). Dann ist da die Mär von den Seeleuten, die 1658 auf dem Strom in Seenot gerieten. Sie flehten die heilige Anna um Hilfe an und wurden gerettet. Zum Dank bauten sie eine Kapelle, wo wundersame Heilungen bald Pilger anzogen. Immer größere Gotteshäuser wurden auf die kleine Kapelle gesetzt, bis 1934 die heutige **Basilique Sainte-Anne-de-Beaupré** im gleich-

An der Charlevoix-Küste: Wattlandschaft bei Baie-St-Paul

namigen Ort (Ave. Royale, Juni–Sept. 6.30–21.30, sonst 6.45–17 Uhr) geweiht wurde, eine monumentale, neoromanische Kirche mit zwei 90 m hohen Türmen und 200 bemalten Oberlichtern, durch die das Tageslicht in das fünfschiffige Innere strömt. Reliquien aus der ersten sind in der **Chapelle Commémorative** (April–Nov. tägl. 8–19 Uhr) zu sehen. Wer im Frühjahr oder Herbst die Côte de Beaupré bereist, wird von begeisterten Einheimischen zum **Réserve Nationale de Faune du Cap-Tourmente** (570 Chemin du Cap-Tourmente, tägl. 8.30–17 Uhr) bugsiert. Das kleine Vorgebirge mit dem Feuchtgebiet zu seinen Füßen liegt auf einer der nordamerikanischen Vogelfluglinien und ist Rastplatz Zehntausender von Schneegänsen, die zwischen Baffin und Virginia unterwegs sind. Aber auch außerhalb der »Stoßzeiten« haben Ornithologen bereits über 250 Vogelarten hier registriert.

Im Charlevoix

Der Strom und die Berge. Weitläufige Täler, die nackten Kuppen, Berge, die ins Wasser fallen, und Dorfidyllen mit Veranda und Schaukelstuhl. Und immer wieder: das Licht, das spätnachmittags in zauberhaften Pastelltönen malt. Das Charlevoix ist eine der schönsten Landschaften der Provinz. Die Unesco adelte die Region 1988 zum *World Biosphere Reserve:* Mit dem Parc des Grands-Jardins, wo in subarktischer Vegetation die südlichste Karibuherde der Welt lebt, dem mächtigen Saguenay-Fjord und den höchsten Felswänden östlich der Rockies im Parc Régional des Hautes-Gorges verfügt das Charlevoix über einzigartige Naturdenkmäler. Landwirtschaft war kaum möglich zwischen den über 1000 m hohen Bergen, man wurde Fischer, Holzfäller und später Schiffsbauer, schuf die *Goélette*, einen gedrungenen Schoner, und wickelte damit im 19. Jh. den Frachtverkehr ab. Im 19. Jh. wurde das Charlevoix auch die Sommerfrische betuchter Anglo-Montréaler und Bostoner. In **La Malbaie** sprossen feine Cottages und Grand-Hotels mit eigener Dampfschiffverbindung: Das schlossähnliche Manoir Richelieu im eingemeindeten Pointe-au-Pic ist die letzte dieser Nobelherbergen. Künstler aus ganz Nordamerika stellten im Charlevoix ihre Staffeleien auf, bildeten Kolonien in Pointe-au-Pic und vor allem in **Baie-Saint-Paul** (7400 Einw.), dessen Cafés und Bistros um

erstklassige Museen und Galerien gravitieren. Das auf drei Seiten von bewaldeten Höhenzügen umgebene Städtchen gilt als Künstlermekka: Das **Centre d'Art de Baie-Saint-Paul** (4 Rue Ambroise-Fafard, Juni–Aug. tägl. 9–19, sonst tägl. 9–17 Uhr) und das schräg gegenüber liegende **Centre d'Exposition de Baie-Saint-Paul** (s. o.) zeigen einheimische Künstler und internationale Größen, hinzu kommt ein Dutzend kleinerer Galerien, die man auf dem schönen Circuit des Galeries d'Art besuchen kann.

Die Wildnis beginnt gleich hinter dem letzten Haus. Eine halbe Autostunde von Baie-Saint-Paul landeinwärts übernehmen Berge mit nackten Granitkuppen und düstere Schwarzkiefernbestände. Der 1981 für die bedrohte Karibuherde eingerichtete **Parc des Grands-Jardins** schützt 310 km² windgepeitschter Hochplateaus, auf denen subarktische Moose und Pflanzen wachsen. Außer den kanadischen Rentieren hausen hier Elche, Luchse und Schwarzbären. Zahlreiche Trails ziehen durch den Park, einige davon anstrengende Mehrtages-Trips durch unberührte Wildnis. Bis zum Saguenay-Fjord kitzeln noch mehr Schmuckstücke den Sehnerv. An der alten Küstenstraße Rte. 362 liegen einige der schönsten Dörfer Québecs, z. B. **St-Joseph-de-la-Rive** (200 Einw.), das man auf extrem abschüssiger Zubringerstraße erreicht. Zwischen den vom Ruhm als Schiffsbauzentrum träumenden Häuschen erinnert das **Museum L'Exposition Maritime** (Mai–Okt. tägl. 9–17 Uhr) mit zwei an Land gezogenen *goélettes* an maritime Traditionen. Schräg gegenüber produziert die **Papeterie Saint-Gilles** (tägl. 10–18 Uhr) vor den Augen neugieriger Besucher mit Techniken aus dem 17. Jh. schönes Qualitätspapier. Zu schön zum Durchfahren ist auch **St-Irénée** (640 Einw.). Ein Golfplatz mit Blick auf die ›schlechte Bucht‹ kündigt **La**

Malbaie – Pointe-au-Pic (4900 Einw.) an, das alte Resortstädtchen an den Hängen der hier steil aufragenden Laurentides. 1608 musste Namensgeber Champlain, von der Ebbe überrascht, hier eine Zwangspause einlegen, aber später kamen andere freiwillig, um in eleganten Cottages oder im 1899 erbauten Manoir Richelieu die Sommer zu verbringen – für Liebhaber alter Grand Hotels ist das französisch inspirierte Manoir ein Genuss. Wanderer kraxeln in den bis zu 1000 m tiefen Schluchten des **Parc Régional des Hautes-Gorges de la Rivière Malbaie** an einem Tag durch alle Vegetationszonen Kanadas (Juni–Okt. 9–17 Uhr). Zurück auf der Küstenstraße nimmt **Port-au-Persil** (230 Einw.) einmal mehr das Tempo aus der Fahrt, eine sich in Gebirgsfalten drückende Postkartenidylle über dem Strom, wo die Poterie de Port-au-Persil/Atelier Guy Simoneau (1001 Rue St-Laurent, tägl. 9–17 Uhr) Keramik preisgekrönter heimischer Künstler ausstellt. **Saint-Siméon** (1500 Einw.) mit seiner Autofähre nach Rivière-du-Loup ist die Hintertür zum Rest der Provinz. Am Saguenay-Fjord ist das Charlevoix zu Ende. Kurz davor liegt in einer weitläufigen Bucht die alte Holzfällersiedlung **Baie-Sainte-Cathérine** (312Einw.), an deren Pier zwischen Juni und Oktober die Walbeobachtungsschiffe ablegen.

Côte-Nord

Association Touristique Régionale de Charlevoix, 630 Blvd. Comporté, CP 275, La Malbaie, PQ G5A 1T8, Tel. (418) 665-4454, Fax (418) 665-3811.

Auberge La Camarine, 10947 Rue Sainte-Anne, Beaupré, Tel. (418) 827-5703, 1-800-567-3939, Fax (418) 827-5430: gemütlich mit Blick auf den Strom, preisgekrönte Küche, $$–$$$. **Hôtel Môtel La Roche Pleureuse,** 272 Rue Principale, La Baleine (Île-aux-

Coudres), Tel. (418) 438-2734, Fax (418) 622-8346: familiäres Resort mit Pool, schönem Blick und Volkstänzen am Abend, $$–$$$. **Auberge des Falaises,** 18 Chemin des Falaises, Pointe-au-Pic, Tel. (418) 665-3731, 1-800-386-3731: Schlafen mit Aussicht, $$$. **Le Manoir Richelieu,** 181 Rue Richelieu, Pointe-au-Pic, Tel. (418) 665-3703, 1-800-441-1414: historisches Luxushotel hoch über dem Strom, $$–$$$$.

La Camarine, Beaupré (s. Hotels). **Auberge Baker,** 8790 Ave. Royale, Château Richer, Tel. (418) 824-4852: Wild und Geflügel, $$$–$$$$. **Le Loup Phoque,** Rue Félix-Antoine Savard, Saint-Joseph-de-la-Rive, Tel. (418) 635-2848: Künstler- und Journalistentreff in Bistro-Ambiente, $$. **Auberge des Falaises,** Pointe-au-Pic (s. Hotels). **Manoir Richelieu,** Pointe-au-Pic (s. Hotels). **Auberge des Trois Canards,** 49 Côte Bellevue, Pointe-au-Pic, Tel. (418) 665-3761: *nouvelle cuisine* und exquisite Weinkarte, $$$$.

Parc des Grands-Jardins, 4 Place d'Église, local 201, Baie-Saint-Paul, Tel. (418) 846-2057, Fax (418) 435-5297; Hüttenvermietung: Tel. (418) 890-6527. **Parc des Hautes Gorges-de-la-Rivière-Malbaie,** 123-B Rue Principale, St-Aimé-des-Lacs, Tel. (418) 439-4402, Fax (418) 439-3735.

Bis ans Ende der Straße: Die Côte-Nord

Die Côte-Nord, die »Nordküste« des St.-Lorenz-Stroms, reicht vom Saguenay-Fjord bis zum über 800 km entfernten Natashquan. Für abenteuerlustige Reisende reicht sie noch weiter: Hinter Natashquan beginnt die straßenlose Basse-Côte-Nord, ein rauer, weitere 500 km langer Küstenstreifen, der von ca. 6000 Menschen in einem Dutzend Siedlungen bewohnt wird und nur per Schiff oder aus der Luft erreichbar ist. Regelmäßige Flugverbindungen bestehen ab Sept-Îsles und Havre-Saint-Pierre. Wer das Auto mitnehmen und in

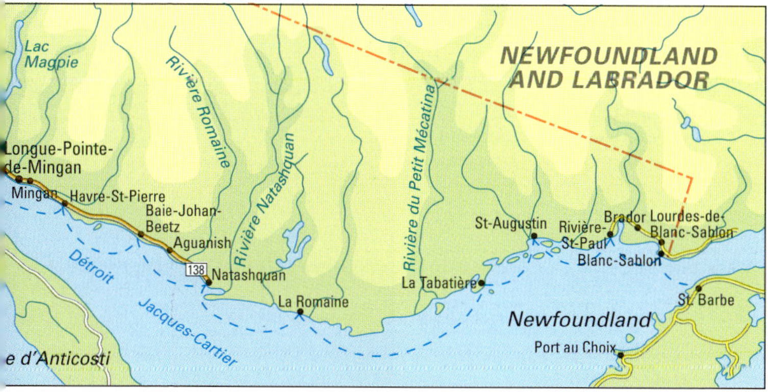

Blanc-Sablon kurz vor Labrador mit der Fähre nach Neufundland übersetzen möchte, muss sich in Sept-Îsles auf dem Versorgungsschiff »Nordik Express« einschiffen.

Gleich neben der Rte. 138: die Wildnis. Die Chronik notiert baskische Walfänger im 16. Jh., französische, akadische und neufundländische Fischer bis Ende des 19. Jh. Im 20. Jh. kamen die Holz- und Papierfabriken, dann die Schwerindustrie, die das Eisenerz des Nordens per Eisenbahn zu den Umschlaghäfen Sept-Îsles und Port-Cartier schafften. In den 60er Jahren dann der Stolz der Provinz: Die Elektrizitätsgesellschaft Hydro Québec bändigte mit Staudämmen und gigantischen Wasserkraftwerken die Seen und Flüsse des Nordens und produziert hier seither den Strom für die Provinz. Andere Gründe für diesen Road-Trip: hervorragende Walbeobachtung (13 Walarten ziehen zwischen Juni und Oktober stromaufwärts), Seevogelkolonien, Lachsangeln, See-Kayaking in einem ungewöhnlichen Nationalpark und last but not least: eine selten gastfreundliche Bevölkerung.

Eine kleine Autofähre überquert den **Saguenay-Fjord.** Vom Strom aus wie ein gewaltiges Tor aussehend, ist er mit 100 km Länge, 240 m Tiefe und bis zu 460 m hohen Felswänden ein Meisterwerk der letzten Eiszeit. Seit undenklichen Zeiten zogen auf ihm die Stämme des Nordens nach Tadoussac, um Handel zu treiben. Die exponierte Lage der sandigen Felsenbucht veranlasste im Jahre 1600 den Pelzhändler Pierre Chauvin, hier einen Handelsposten zu errichten – den ersten in Nordamerika. Heute ist der – rekonstruierte – **Poste de Traite Chauvin** (157 Rue du Bord de l'Eau, Mai–Okt. tägl.

Der mächtige Saguenay-Fjord, ein Meisterwerk der letzten Eiszeit

9–12, 15–18 Uhr) eine der Sehenswürdigkeiten von **Tadoussac** (910 Einw.), das seither als Umschlagplatz und Ferienort Karriere machte und mit dem schönen Hôtel Tadoussac ein weithin sichtbares Wahrzeichen besitzt. Tadoussac ist ein Synonym für Walbeobachtung vom Feinsten: Jeden Sommer ziehen Buckel-, Finn- und hin und wieder Blauwale stromaufwärts, um sich hier im krill- und planktonreichen Mündungsgebiet vollzufressen. Die um das Wal-Spektakel entstandene Industrie mag manchem die Haare zu Berge stehen lassen: Ausflugsdampfer und Schlauchboote transportieren täglich Tausende hinaus zu den sanften Riesen. Mehr über die Wale und die Tierschutzsituation

Wale und Tourismus gehen nicht zusammen

Weitgereiste kennen das aus den Nationalparks Ostafrikas: Wer Löwen sehen will, muss im Busch nach Wagenburgen Ausschau halten. Wo Jeeps und Minibusse einen Kreis bilden, sind sie todsicher auch, die Könige der Tiere, umzingelt und freigegeben zum Abschuss fürs Erinnerungsfoto. Vor Tadoussac sieht es so ähnlich aus. Wo Wale sind, da sind Boote, nahen geschwind die Touristenschiffe, deren Kapitäne auf Atemfontänen ebenso reagieren wie Spürhunde auf Kaninchengeruch. Die Frage, ob dieser täglich in Tadoussac und verschiedenen anderen Häfen der Côte-Nord zu beobachtende Auftrieb den Walen guttut, ist längst beantwortet: Natürlich nicht. Längst hat das CIMM (Centre d'Interprétations de l'Observation des Mammifères Marins) in Tadoussac herausgefunden, dass der Rummel an der Oberfläche die Tauch- und damit die Fresszeiten der Wale drastisch verkürzt, was sich wiederum negativ für ihre Fortpflanzung auswirkt. Passiert ist jedoch nichts, kein Wunder: Seit 1983 die Walbeobachtungsindustrie auf dem St.-Lorenz-Strom mit acht Booten und 20 000 Besuchern begann, wuchs sie zu einer millionenschweren Bonanza, die allein vor Tadoussac 40 Mio. Dollar jährlich einfährt und auf dem gesamten Strom 50 speziell ausgerüstete Schiffe unterhält, die 1997 300 000 Gäste zu den sanften Riesen karrten. Unverbindliche Verhaltensregeln für die Kapitäne waren das Äußerste, wozu sich die 160 Touristikbetriebe der Region 1998 in Tadoussac durchzuringen vermochten. Dass dies nicht ausreicht, um den Stress für die Wale zu reduzieren, war schon bei Konferenzende klar. Inzwischen haben die Artenschutzverbände neue, tiefgreifendere Vorschläge unterbreitet, die von einem Moratorium bis zur Modifizierung der Dampferfahrpläne reichen. Nur eines haben sie natürlich nicht vorgeschlagen: Ein sofortiges Auslaufverbot für alle Ausflugsboote. Ein Trost für ökologisch besorgte Wal-Fans: Entlang der Küste gibt es etliche Punkte, von denen aus die Walbeobachtung ebenso spannend und lohnend ist (s. S. 199).

erfährt man im Besucher- und Forschungszentrum **Centre d'Interprétation des Mamminfères Marins** (**CIMM;** 108 Rue de la Cale-Sèche, Mai–Okt. tägl. 9–20, sonst 12–17 Uhr).

›Politisch korrekt‹ erlebt man die Meeressäuger in **Bergeronnes** (810 Einw.). Vom **Centre d'Interprétation de l'Observation du Cap-de-Bon-Désir** (13, Chemin du Cap-Bon-Désir, Juni–Okt., tägl.) führt ein Spaziergang auf die felsige Landzunge, die weit in den Strom reicht. Das urbane **Baie-Comeau** (26 900 Einw.) ist danach fast ein Kulturschock. Die größte Stadt der Nordküste wuchs um eine 1936 von Robert McCormick von der Chicago Tribune errichtete Papierfabrik, aber das ist eher nebensächlich: Das **Centre d'Information d'Hydro Québec** (135 Blvd. Comeau, Juni–Okt. Mo–Fr 9–17, Sa–So 11–16 Uhr) lenkt die Fahrtrichtung nach Norden. Auf der Rte. 389, einer kurvenreichen Strecke durch felsiges, mit Riesenblöcken gepflastertes Terrain, erreicht man nach knapp 500 km die Mega-Wasserkraftwerke Manic-2 und -5. Die beiden gehören zum **Complexe Manic-Outardes,** der zwischen 1959 und 1979 das Wasser dieser Flüsse umleitete, seitdem in 7000 Megawatt Strom verwandelt und in 735 000-Volt-Hochspannungsleitungen nach Montréal jagt. Beide Kraftwerke bieten geführte Touren durch die High-Tech-Landschaft hundert Meter tief im Granit und zu den gigantischen Turbinen an. Manic-5 (Juni–Sept. tägl. geführte Touren um 9, 11, 13.30, 15.30 Uhr) offeriert dazu mit dem 214 m hohen und 1314 m langen Daniel-Johnson-Damm ein kolossales, aber auch nachdenklich stimmendes Monument der Unterwerfung der Natur.

Hinter Baie-Comeau serviert die Rte. 138 den St.-Lorenz-Strom auf dem Silbertablett. Auf und ab geht es, geradeaus und um enge Kurven, immer die Küste entlang. Aussteigen lohnt sich in **Godbout** (400 Einw.), wo das winzige **Musée Amérindien et Inuit** (tägl. 9–22 Uhr) private historische Fotos aus dem hohen Norden zeigt, und etwas weiter am **Phare de Pointe-des-Monts** (Juni–Aug. tägl. 9–19, Sept. 9–17 Uhr). 1830 erbaut und längst automatisiert, ziert dieser rot-weiß gekringelte, zu den ältesten Leuchtfeuern Nordamerikas gehörende Leuchtturm Poster und Broschüren – und S. 10 dieses Buches. Dies ist der berüchtigtste Schiffsfriedhof der Côte-Nord. Gleich 16 Schiffe und 1000 Mann Besatzung verlor z. B. General Walker 1711, als er unterwegs nach Québec mit seiner aus 60 Schiffen bestehenden Flotte in einen Sturm geriet und vor der Île-aux-Oeufs havarierte. Die haarsträubenden Details dieser Katastrophe, die die Eroberung Neufrankreichs um 40 Jahre vertagte, erfährt man im kleinen **Musée Louis-Langlois** (Juni–Sept. tägl. 9–17 Uhr) in **Pointe-aux-Anglais** (640 Einw.). Danach kommen Port-Cartier (7000 Einw.), ein farbloser Umschlaghafen, und **Sept-Îsles** (25200 Einw.), der Verwaltungssitz dieses Abschnitts. Dahinter erinnert das Bild zusehends an Neufundland, übersichtliche Dörfer auf felsigen Böden, Bootshäuser, Bojen- und Hummerreusenstapel. Besonders fotogen ist **Rivière-au-Tonnerre** (480 Einw.), ein strahlend weißes, auf nackten Fels gesetztes Ensemble einfacher Häuschen um eine 1900 gebaute Kirche. Wenig später kommen die ersten Inseln des **Réserve du Parc Nationale de l'Archipel-de-Mingan** in Sicht. Infos gibt es in **Longue-Pointe-de-Mingan** (540 Einw.), wo das Besucherzentrum des Parks über Fauna, Flora und Freizeitmöglichkeiten informiert (Juni–Aug. tägl. 9–21, sonst 9–18 Uhr). Eine bessere Ausgangsbasis für Trips in den Park ist die kleine Hafenstadt **Havre-Saint-Pierre** (3520 Einw.). Frontier-Atmosphäre: Hebekräne verladen Autos und Container auf die »Nordik Express«, Wassertaxis bringen unrasierte Hiker zu den Inseln. Der aus 40 unbewohnten Inseln und ungezählten Eilanden bestehende Nationalpark ist seit ein paar Jahren das erklärte Dorado der Hochsee-Kayaker. Sein Markenzeichen firmiert als geologisches Unikum: Viele der Inselstrände werden von bizarren, bis zu vier Meter hohen Kalksteinsäulen bewacht. Ihre Sedimente stammen vom Äquator. Meeresströmungen lagerten sie vor 500 Mio. Jahren hier ab, die letzte Eiszeit drückte sie schichtweise platt, hinterließ bei ihrem Rückzug jene Säulen. Walbeobachtung in den glasklaren Küstengewässern, Seehunde, Papageientaucher und die eleganten Seeschwalben machen auch die Wanderungen auf vier der Inseln zum Genuss.

Hinter Havre-Saint-Pierre vermischen sich Tundra und Küste zu herb-schönem Niemandsland. Je weiter man vortstößt in diese verlassene Gegend, desto kosmopolitischer wird sie: Englisch, akadisches Französisch und Montagnais sind ebenso häufig zu hören wie Französisch, Erinnerung an die Besiedlung durch Fischer aus Neufundland und Nova Scotia. Im winzigen **Baie-Johan-Beetz** (90 Einw.) steht das **Maison Johan-Beetz** (Mai–Okt., tägl.), das Haus eines Belgiers, den um 1900 Liebeskummer hierher verschlug und der sich dann kämpferisch für die von reichen Kaufleuten abhängigen Fischer einsetzte. Und schließlich: das Ende der Straße. **Natashquan** (1000 Einw.), der »Platz, wo sie Bären jagen«, ist als Geburtsort des Chansonniers Gilles Vigneault (s. S. 46) in ganz Québec ein Begriff. Einfache Häuser kleben auf nacktem Fels, aufgedockte Fischerboote warten auf die Rückkehr der Kabeljauschwärme, vor der Küste markieren rote Bojen die Standorte der Hummerkäfige. Die Einheimischen erzählen auch gern selbst, was man im **Centre d'Interprétation Le Bord du Cap** (32 Chemin d'en Haut, Juni–Aug. 10–18 Uhr) bereits vom entbehrungsreichen Alltag der Fischer erfahren hat …

Association Touristique Régionale de Manicouagan (Tadoussac bis Godbout), 337 Blvd. LaSalle, Baie-Comeau, PQ G4Z 2Z1, Tel. (418) 294-

2876, Fax (418) 294-2345. **Association Touristique Régionale de Duplessis** (Godbout bis Blanc-Sablon), 312 Ave. Brochu, Sept-Îsles, PQ G4R 2W6, Tel. (418) 962-0808, Fax (418) 962-6518.

Hôtel Tadoussac, 165 Rue du Bord-de-l'Eau, Tadoussac, Tel. (418) 235-4421, 1-800-561-0718: weithin an ihrem roten Dach erkennbare Luxusherberge, $$–$$$$. **Hôtel Le Manoir,** 8 Rue Cabot, Baie-Comeau, Tel. (418) 296-3391, 1-800-463-8567: modernes Hotel im klassischen Château-Stil, $$–$$$. **Hôtel Gouverneur Sept-Îsles,** 666 Blvd. Laure, Sept-Îsles, Tel. (418) 962-7071, 1-888-910-1111, Fax (418) 962-8338: mit Pool und Restaurant, $$$. **Motel-Restaurant Place Jonathan,** 454 Rue Jacques-Cartier, Sept-Îsles, Tel. (418) 465-2207, Fax (418) 465-2217: einfache Unterkunft mit guter Küche, $. **Motel Vaillancourt,** 860 Chemin du Roi, Longue-Pointe-de-Mingan, Tel. (418) 949-2287, 12 Zimmer: nettes kleines Motel, Walbeobachtung, $. **Auberge La Cache,** 183 Chemin d'en Haut, Natashquan, Tel. (418) 726-3347, Fax (418) 726-3508, 12 Zimmer: unerwarteter Komfort am Ende der Straße, $–$$.

Hôtel Tadoussac, 165 Rue du Bord-de-l'Eau, Tadoussac, Tel. (418) 235-4421, 1-800-561-0718: **Le Café du Fjord,** 152 Rue du Bateau Passeur, Tadoussac, Tel. (418) 235-4626: hier essen Einheimische ihre Meeresfrüchte, $$. **Les Pâtes Roma,** 935 Rue Bossé, Baie-Comeau, Tel. (418) 295-2667: guter Italiener, $$. **Café du Port,** 495 Ave. Brochu, Sept-Îsles, Tel. (418) 962-9311: preiswerte Meeresfrüchte, $–$$. **Le Petit Rorqual,** 986 Chemin du Roi, Longue-Pointe, Tel. (418) 949-2230: bestes Restaurant an der Côte-Nord: *cuisine régionale* mit raffiniertem Twist, $$. **Chez Julie,** 1023 Rue Dulcinée, Havre-Saint-Pierre, Tel. (418) 538-3070: Spezialität: Pizza mit Räucherlachs, $$.

Walbeobachtung: Die besten Aussichtspunkte von der Küste befinden sich in Grandes-Bergeronnes und Les Escoumins. Walbeobachtungstouren werden überall dort organisiert, wo Walpopulationen im Sommer besonders dicht sind: Vor Tadoussac, Pointe-des-Monts, Sept-Îsles und Havre-Saint-Pierre. Zum Thema »Walbeobachtungen« s. S. 196.

Naturparks: Centre d'Interprétation et d'Observation du Cap-de-Bon-Désir, 13 Chemin du Cap-de-Bon-Désir, Tel. (418) 232-6751. **Réserve de Parc National de l'Archipel-de-Mingan,** zwei Besucherzentren: Longue-Pointe, 124 Rue du Bord-de-la-mer, Tel. (418) 949-2126; Havre-Saint-Pierre, 975 Rue de l'Escalé, Tel. (418) 538-3285.

Fährverbindungen: Relais Nordik inc., Tel. (418) 723-8787, April bis Januar, betreibt das Fracht- und Passagierschiff »Nordik Express«, das einmal wöchentlich die Siedlungen an der Basse Côte-Nord anläuft. **Fahrpläne** der Fähren über den Strom: Baie-Comeau, Matane, Godbout: Tel. 1-877-562-6560; Les Escoumins, Trois-Pistoles: Tel. (418) 233-2202; Rimouski, Forestville: Tel. (418) 587-2725; Blanc-Sablon, St. Barbe: Tel. (418) 461-2056.

Regelmäßige Flugverbindungen zu den Orten an der Basse Côte-Nord bestehen ab Sept-Îles und Havre-Saint-Pierre.

Südlich des St.-Lorenz-Stroms: Bas-Saint-Laurent und Gaspésie

Ländliches mit schönen Kirchen und rot-weißen Silotürmen, subarktische Wildnis, weißbemützter Nord-Atlantik: Die Fahrt entlang der Südküste und die anschließende Umrundung der Gaspé-Halbinsel erschließt Landschaften, die unterschiedlicher nicht sein könnten.

Für die Québecer haben das Bas-Saint-Laurent und die Gaspésie seit jeher einen besonderen Reiz: Jeder kann sich an einen unvergleichlichen Urlaub dort erinnern, an das hübsche kleine B&B zum Beispiel, wo man die Zeit einfach vergaß, an die grauslichen Geschichten von Schiffbrüchen, baskischen Mordkomplotts und irischen Cholera-Toten, oder an die Tage am windumtosten Ostzipfel der Provinz, wo man in einfachen Vorposten der Zivilisation wieder zu sich fand.

Das Bas-Saint-Laurent

Die Landschaft Bas-Saint-Laurent erstreckt sich von Québec bis zum Beginn der Gaspé-Halbinsel bei Sainte-Flavie (s. Karte S. 202/203). Reisende haben zwei Möglichkeiten: Entweder sie folgen der alten Küstenstraße Rte. 132 oder sie nehmen die schnellere Autoroute 20 und unterbrechen die Fahrt für Stippvisiten an die Küste. So oder so wird ihnen der Szenenwechsel nicht verborgen bleiben. Der wie dazumal von der seigneurialen Felderteilung geprägte Küstenstreifen wird zusehends schmaler und kapituliert schließlich vor den Ausläufern der Appalachen, die am Ende kaum genug Platz für die Straße übrig lassen. Die Tourismuswerbung bezeichnet deshalb die Rte 132 durch diese schöne Region nicht umsonst als »Route des Navigateurs«: Baskische Walfänger segelten zuerst stromaufwärts, dann kamen Cartier und die Franzosen, dann britische Invasionsflotten, und schließlich die Auswandererschiffe mit unterernährten Immigranten aus Europa. Alle haben an der Südküste ihre Spuren hinterlassen, sei es in den Namen, in denen oft baskische Wurzeln stecken, sei es in der Architektur, sei es im Gen-Pool, aus dem immer wieder mit roten Haaren und Sommersprossen das schottisch-irische Erbe auftaucht.

Naturschauspiel vor der Küste bei Percé: Tölpelkolonie auf der Île-Bonaventure

Eine besonders reizvolle Art und Weise, sich dem Strom und seinen Menschen zu nähern, ist ›Inselhüpfen‹. Viele der Inseln im Strom sind mehr als nur nackte Felsen. Der aus 22 Inseln bestehende **Archipel der Îsles-aux-Grues** lockt gleich doppelt. Die zehn Kilometer lange Hauptinsel Île-aux-Grues (200 Einw.), die einzige permanent bewohnte, ist mit ihren Radwegen und dem romantischen Ort St-Antoine, wo Québecs berühmtester Maler Jean-Paul Riopelle (s. S. 44) lebt und Besucher bei der Käseproduktion zuschauen, ein Refugium in einer anderen Welt. Die historisch interessanteste des Archipels ist **Grosse-Île.** Die Felseninsel war einst das Ellis Island Kanadas. Zwischen 1832 und 1937 durchliefen vier Millionen europäische Einwanderer, auf deren Schiffen Infektionskrankheiten festgestellt worden waren, die hiesige Quarantänestation. Die 40-tägige Isolation kurz vor dem ersten Landgang in Québec war für die meisten nicht mehr als eine zeitverschwendende Pflichtübung. Ein großes keltisches Kreuz erinnert jedoch daran, dass für viele hier der Traum vom Neuanfang schon zu Ende war, noch bevor er richtig begonnen hatte. So verreckten zwischen 1835 und 1850 Zehntausende, vor allem irische Einwanderer auf der Insel an Cholera und Typhus. Familien wurden auseinandergerissen, Hunderte von Waisenkindern blieben zurück. Sie wurden von frankophonen Familien adoptiert, durften jedoch ihren

Nachnamen behalten – ein Grund für die bunte Vielfalt in den hiesigen Telefonbüchern. Heute ist die Quarantänestation eine von Parcs Canada verwaltete Gedenkstätte. Guides führen durch die Desinfektionsanlagen, das Spital und hinauf zum Hotel für die Passagiere der ersten Klasse – auf die Klassenzugehörigkeit wurde auch während der mehrwöchigen Quarantäne Wert gelegt.

Die Schiffe hierher laufen aus in Berthier-sur-Mer und **Montmagny** (11 900 Einw.). Letzteres Städtchen, mit seinen Häusern aus dem *ancien régime* ein erster angenehmer Übernachtungsstopp, ist zudem ein fester Begriff für Akkordeonspieler zwischen Louisiana und Manitoba. Im schönen **Manoir Couillard-Dupuis** (301 Blvd. Taché Est, Mo–Fr 9–17, Sa–So 10–16 Uhr) basteln die besten Akkordeonbauer Kanadas an den Stradivaris der Branche, beobachtet von fachkundigen Besuchern. Am Ortsausgang informiert das Centre **Éducatif des Migrations** (53 Rue du Bassin N., Mai–Nov. tägl. 9.30–17.30 Uhr) über faszinierende Details der im Frühjahr und Herbst während der großen Wanderungen zu Hunderttausenden einfallenden Schneegänse. Eine weitere Ausstellung befasst sich mit Grosse-Île.

Kaum eine Industrie hat sich in den letzten Jahren so schnell und gründlich modernisiert wie die Schifffahrt auf dem Strom. Von automatisierten Leuchttürmen bis zu computergesteuerten Ladekränen ist sie auf der Höhe ihrer Zeit. Ein Berufszweig ist jedoch nach wie vor gefragt: der Lotse. Seit 300 Jahren bugsieren ortskundige Lotsen stromaufwärts reisende Schiffe um ständig wechselnde Untiefen bis ins Herz des Kontinents. Traditionell wurde der Beruf in ein paar Familien von Generation zu Generation weitervererbt. Bekannt für seine Lotsenfamilien ist das hübsche **L'Islet-sur-Mer** (1800 Einw.). Maritime Geschichte und Geschichten berei-

tet das hervorragende **Musée Maritime Bernier** (55 Rue des Pionniers Est, tägl. 10–17 Uhr) unweit der ebenfalls sehenswerten, aus dem Jahr 1768 stammenden Église Notre-Dame de Bonsecours auf. Außer dem vom Strom geprägten Alltag der Menschen widmet sich das Museum dem Leben des hier geborenen Arktisforschers Joseph-Elzéar Bernier und zeigt am Ufer zwei historische Schiffe, den Eisbrecher »Ernest Lapointe« und das elegante Tragflächenboot »Bras d'Or«.

Weithin sichtbare Kirchtürme signalisieren auch im Bas-Saint-Laurent den enormen Stellenwert, den die Kirche einst genoss. Sakrale Kunst wurde schon immer groß geschrieben. In **Saint-Jean-Port-Joli** (3400 Einw.) bietet sich die seltene Möglichkeit, den Herrgottschnitzern bei der Arbeit zuzusehen. Der Ort gilt wegen seiner hohen Konzentration hervorragender Skulpteure, darunter die bekannte Künstlerfamilie Bourgault, als die Holzschnitzer-Hauptstadt der Provinz. Viele schöne Kunsthandwerksläden mit Blick nach hinten in die Workshops säumen die durch den Ort führende Rte. 132. Den Bourgaults begegnet man im **Musée des Anciens Canadiens** (332 Ave. de Gaspé Ouest, Mai–Juni 9–17 Uhr, Juli–Aug. 9–19 Uhr, sonst 9–12, 13–17 Uhr), das kunstvoll geschnitzte, ausdrucksstarke Figuren und Motive aus der Bibel zeigt. Die **Maison-Musée Médard-Bougault** (Juni–Sept. tägl.11–17 Uhr), das Stammhaus der Familie, enthält weitere herrliche, nicht nur sakrale Arbeiten.

Überhängende, nach unten leicht geschwungene Dächer über umlaufenden Veranden und gemauerte Schornsteine an den Querseiten: das weiß auf grüner Wiese liegende Dorf **Kamouraska** (700 Einw.) ist nicht nur die Heimat des im Rest der Provinz kopierten Kamouraska-Daches, sondern auch des **Musée de Kamouraska** (Juni–Sept. tägl. 9–17.30 Uhr) über den Siedler-Alltag vor 300 Jahren. Bekannte Gerüche überraschen den Besucher in der deutschen Bäckerei »Boulangerie Niemand«, wo deutsches Brot und Sahnekuchen den entwöhnten Gaumen erfreuen. An Wattlandschaften und weit in den Strom reichenden Aalreusen vorbei geht es weiter nach dem über der Straße thronenden **Rivière-du-Loup** (14 700 Einw.). Im 19. Jh. entwickelte der Unternehmer Alexan-

Bas-Saint-Laurent

der Fraser den Ort, der 1673 als *Seigneurie* eines reichen Pelzhändlers begonnen hatte, zu einem bedeutenden Holzumschlagplatz mit Eisenbahnverbindungen in die USA. Noch heute profitiert das Städtchen von seiner Funktion als Verkehrsknotenpunkt: Neben der Fähre nach Saint-Siméon (s. S. 192) biegt hier auch die Rte. 185 zu den Atlantikprovinzen ab. Verweilen sollte man wegen der vorgelagerten **Îles du Bas-Saint-Laurent.** Der Archipel besteht aus einem Dutzend nur von Seevögeln und Robben bewohnter Inseln und gehört der **Société Duvetnor.** Die Gesellschaft unter der Leitung eines international renommierten Biologen hat die Inseln vor der Verwandlung in Yachthäfen und Öl-Terminals gerettet und praktiziert nun sanften Tourismus: Vom Hafen in Rivière-du-Loup aus organisiert sie ein- und mehrtägige Exkursionen zu den Kormoran- und Murrenkolonien, wobei auch Begegnungen mit verschiedenen Walarten nicht ungewöhnlich sind. Ein unvergessliches Erlebnis ist die Übernachtung im historischen, von Duvetnor in ein urgemütliches B&B verwandelten Leuchtturm auf der felsigen Île du Pot-à-l'Eau-de-Vie.

Ferien waren einst das Privileg einer dünnen Oberschicht. Wie die anglophone Elite Montréals vor hundert Jahren die Sommer verbrachte, kann man sich im hübschen Städtchen **Cacouna** (1250 Einw.) anschauen: Mit Butlern und Gouvernanten residierten die Bankiers- und Unternehmerfamilien hier in herrlichen Cottages jeglicher Stilrichtung. Die schönsten liegen am **Circuit Patrimonial de Cacouna,** einem ausgewiesenen Rundgang durch den alten Stadtkern. Wenig später sieht man vom Wagen aus die langgestreckte, von nur 40 Menschen bewohnte Île Verte. Sie und vor allem die stromabwärts liegende **Île-aux-Basques** beherbergten im 16. Jh. eine von baskischen Walfängern betriebene Walverarbeitungsindustrie. Die Seefahrer aus dem Golf von Biscaya waren im 16. Jh. die Herren des Stroms. Jeden Sommer überquerten ihre Fangflotten den Atlantik, um in den Grand Banks vor Neufundland zu fischen oder auf dem Strom den Walen nachzustellen: Walöl erleuchtete damals die gute Stube und war so wertvoll wie Gold. An der flachen Südseite der Île-aux-Basques – hier ließen sich die erlegten Wale besser an Land ziehen – fand man Reste mächtiger Steinöfen, in denen einst das Walfett zerkocht wurde. Ein Motorboot der Société Provencher (Juni–Sept. tägl., Termine gezeitenabhängig) bringt Besucher von der Marina in Trois-Pistoles (4000 Einw.) aus hinüber, gut informierte Guides führen zu den Öfen und erzählen spannende Episoden aus diesem eher unbekannten Abschnitt der kanadischen Geschichte. Das neue Museum **Parc de l'Aventure Basque en Amérique** (Juni–Okt. tägl. 10–18 Uhr) oberhalb der Marina vertieft die Eindrücke von der Insel mit fundierten Hintergrundinformationen.

Kurs auf Kanadas letzte Wildnis

»Wir sind Entdecker! Wir ankern in einsamen Buchten und landen im Schlauchboot an leeren Gestaden. Genießen das grandiose Gefühl, die Ersten zu sein, stehen breitbeinig am Bug und halten Ausschau nach Finn- und Buckelwalen, die hin und wieder unseren Weg kreuzen – Rücken, Rücken, nichts als Rücken und zum Schluss die gewaltigen, muschelübersäten Schwanzflossen. Seehunde beäugen uns, Papageientaucher flitzen mit ihren kurzen Stummelflügeln um unsere Rahe. Nachts sehen wir den Großen Bären und die Kassiopeia und das Nordlicht, das sich mit einem milchigen Bogen quer über den Strom ankündigt. Wir rauchen Monte Cristos und besprechen bei einem Gläschen Port den nächsten Tag. Bei rauer See inspizieren wir Ober- und Unterdecks, hangeln uns gekonnt durch enge Enge und über steile Stiegen und blicken kühn der wilden See ins Auge. Und wenn wir dann Landgang haben, vermissen wir es schon nach fünf Minuten, das Rollen und Vibrieren, das gleichmäßige Tuckern der beiden Diesel und das allgegenwärtige Sirren und Summen im Schiffsbauch, das uns nachts in den wohlverdienten Schlaf begleitet …«

(Tagebuchnotizen, Écho des Mers, Juli 1999)

Kurz vor Rimouski signalisieren runde, viel nackten Fels zeigende Inselberge den **Parc du Bic** (Juni–Sept. 9–17 Uhr). Klein, aber fein, schützt dieser 33km² große Park seit 1984 ein für den Strom typisches Feuchtgebiet mit schönen, felsinseln-gesprenkelten Buchten und über 300 m hohen Küstenbergen. Der hier fünf Meter hohe Gezeitenunterschied saugt bei Ebbe das Wasser aus dem Park und produziert eine fotogene, von Prielen durchzogene Wattlandschaft. Robben- und Seevogelkolonien können von der Marina des Ortes Bic (3200 Einw.) per Kayak besucht werden. Schöne Tageswanderungen führen zu Aussichtspunkten über den Strom. Der auch von einem Shuttlebus bediente, 350 m hohe Pic Champlain bietet phantastische Aussichtspunkte auf den Park und die vorgelagerten Inseln.

Schließlich ist **Rimouski** (32 400 Einw.) erreicht, die moderne, in einer weitläufigen Bucht gelegene Hauptstadt der Region. Ende des 17. Jh. von Fischern und Bauern gegründet, erlebte die quirlige Kleinstadt erst im 20. Jh. den entscheidenden Wachstumsschub, als sich Papier- und Holzfabriken hier ansiedelten. Reisende unterwegs zur Gaspé-Halbinsel lassen Rimouski meist links liegen. Seit 1998 gibt es allerdings einen Grund, den Wagen für eine Woche im Hafen stehen zu lassen. Denn an Bord der »Echo des Mers«, eines ehemaligen Küstenwachtschiffes, bietet sich die seltene Gelegenheit, die abgelegene, straßenlose Nordostkante Kanadas zu entdecken und Wale, Eisberge und

Landschaft im Parc du Bic

das Nordlicht ohne Touristenscharen zu erleben. An die Schattenseite der christlichen Seefahrt auf dem St.-Lorenz erinnert das **Musée de la Mer** (1034 Rue du Phare, Pointe-au-Père, Juni–Aug. tägl. 9–18, Sept.–Okt. tägl. 10–17 Uhr) am Ortsausgang. Das kleine, in einem Leuchtturmwärterhaus untergebrachte Museum erinnert an den 29. Mai 1914. An diesem Tag sank vor der Küste im dichten Nebel das aus England kommende Passagierschiff »Empress of Ireland« nach einer Kollision mit einem Frachtschiff. Die wegen des Ausbruchs des Ersten Weltkriegs kaum beachtete Tragödie forderte 1014 Menschenleben, meist irische Auswanderer. Gezeigt werden u. a. Wrackteile, Gepäckstücke und Schaubilder zum Ablauf der nur 15 Minuten dauernden Katastrophe. 128 Stufen führen auf den 1909 gebauten Leuchtturm.

Association Touristique de Bas-Saint-Laurent, 138 Rue Fraser, Rivière-du-Loup, PQ, G5R 1C8, Tel. (418) 867-3015, Fax (418) 867-3245.

Manoir des Èrables, 220 Blvd. Taché Est, Montmagny, Tel. (418) 248-0100, 1-800-563-0200: vornehme viktorianische Residenz mit preiswerteren Motelzimmern, \$\$–\$\$\$\$. **Auberge de la Pointe,** 10 Blvd. Cartier, Rivière-du-Loup, Tel. (418) 862-3514, 1-800-463-1222: relativ gesichtslos, dafür Sauna- und Massagezentrum, \$\$–\$\$\$. **Phare de l'Île du Pot à L'Eau-de-Vie,** Société Duvetnor, 200 Rue Hayward, Rivière-du-Loup, Tel. (418) 8629454: schlafen im Leuchtturm: urgemütliches B&B mitten im Strom, Wal- und Seevogelbeobachtung inklusive, \$\$\$ (pro Person). **Auberge du Mange Grenouille,** 148 Rue Sainte-Cécile, Bic, Tel. (418) 7365656: mit Antiquitäten und Kitsch vollgestopftes Refugium über dem Parc du Bic, exzellente französische Küche, \$\$.

Manoir des Érables (s. Hotels) für traditionelle *cuisine francaise,* \$\$\$, im Keller das preisgünstigere Bistro Saint-Gabriel, mit Steaks und Ribs, \$\$. **Saint-Patrice,** 169 Rue Fraser, Rivière-du-Loup, Tel. (418) 862-9895: französische Küche, Spezialitäten: Lamm, Hase, Meeresfrüchte, \$\$–\$\$\$. **Café-Bistro Le Saint-Louis,** 97 Rue St-Louis, Rimouski, Tel. (418) 723-7979: klassisches Bistro, leichte Gerichte, \$–\$\$.

Boulangerie Niemand, 82 Ave, Morel, Kamouraska, Tel. (418) 492-1236: deutsches Brot und Sahnetorten.

Exkursionen/Naturparks: Grosse Île Natural Historic Site, Montmagny, Tel. (418) 248-8888. **Excursions Île-aux-Basques** (Société Provencher), Marina de Trois-Pistoles, Tel. (418) 851-1202. Parc du Bic, Tel. (418) 869-3333. **Écomertours Nord Sud,** Marina de Rimouski-Est, 606 Rue des Ardennes, Rimouski, Tel. (418) 724-6227.

Carrefour Mondial de l'Accordéon, Tel. (418) 248-7927, Montmagny, erste Septemberwoche. **Festi Jazz International de Rimouski,** Tel. (418) 724-7844, Rimouski, erste Septemberwoche.

Fähren: Montmagny – Îsle-aux-Grues, Tel. (418) 248-3549, Montmagny – Grosse-Île, Tel. (418) 248-7835. Rivière-du-Loup – St-Siméon, Tel. (418) 862-9545. Trois-Pistoles – Les Escoumins, Tel. (418) 851-4676. Rimouski – Sept-Îsles, Tel. 1-800-463-0680.

Gaspé-Halbinsel: Rund um die Gaspésie

Die weit in den St.-Lorenz-Golf ragende Gaspé-Halbinsel liegt selbst für kanadische Verhältnisse weit ab vom Schuss (Karte s. S. 210). Von Montréal zum Verwaltungszentrum Gaspé sind es rund 1000 km, eine Strecke, die man hier in zwei, am besten drei Tagen macht. Gaspésie, das bedeutet viel Wildnis und wenig Menschen, knorrige Einheimische und Hummer zu Schleuderpreisen. Allerdings steht die Gaspésie seit dem Zusammenbruch der Kabeljaufischerei Anfang der 90er Jahre auch für die höchste Arbeitslosigkeit Kanadas. Mit Holzwirtschaft, Hummerfischerei, Tourismus und den Überweisungen vom Staat halten sich die 120 000 Menschen mehr schlecht als recht über Wasser. Siedlungen gibt es nur an den Rändern der Halbinsel. Das unwegsame, von V-förmigen Tälern und bis zu 1300 m hohen Bergen geprägte Innere hat sich allen Besiedlungsversuchen widersetzt. Eine einzige Straße, die Rte. 299, führt quer durch. Das einzige Hotel ist der Gîte de Mont-Albert im Parc de la Gaspésie am Fuß des gleichnamigen Berges. So wild und unwirtlich ist das Innere, dass Landvermesser hier angeblich immer noch einen nicht verzeichneten See oder Gipfel ausfindig machen. Auf der der Küste folgenden Rte. 132 umrundet man dieses wilde Niemandsland wie auf einer Umlaufbahn: Die »Tour de la Gaspésie« ist 800 km lang. Entlang der spektakulären Nordküste hält die Straße durchaus mit dem weltberühmten Cabot Trail auf Cape Breton Island (Nova Scotia) mit. An der ländliche-

Dicht bewaldet durchziehen die Monts Chic-Choc die Gaspésie

ren Südküste führt sie durch wechselvolle Geschichte, durch anglophone, auf die Loyalisten zurückgehende Enklaven, irische und akadische Dörfer. Landschaftliche Highlights sind der subarktische Parc de la Gaspésie, der Parc National de Forrillon und der Rocher Percé mit der vorgelagerten Île Bonaventure.

Von Sainte-Flavie nach Percé

Das herbe **Sainte-Flavie** (950 Einw.) gilt als das Tor zur Gaspésie. Sehenswert ist vor Ort das **Centre d'Interprétation du Saumon Atlantique** (CISA; 900 Rte. 132, 3 km vor Ortseingang, Juni–Okt. tägl. 9–17 Uhr), das beste seiner Art in Québec, das ungewöhnliche Erkenntnisse über

Die Gaspé-Halbinsel

den Atlantik-Lachs vermittelt und am nahen Rivière Mitis flussaufwärts ziehenden Lachsen ideenreich über eine Staumauer hilft. Die Vegetation in diesem Abschnitt ist bereits sichtlich ausgedünnt, Landwirtschaft etwas Hummerfischerei gewichen. Umso erstaunlicher sind die **Jardins de Métis** (Juni–Aug. tägl. 8.30–18.30 , Sept.–Okt. 8.30–17 Uhr) in Grand-Métis (280 Einw.), eine subtropisch-üppige Oase in nordischem Klima. Elsie Meighen Reford hatte damals eine Vision und ein ›grünes Händchen‹: Auf dem ihr von ihrem Onkel Lord Mount Stephens, dem Präsidenten der Canadian Pacific Railway 1918 hinterlassenen Gelände schuf sie bis 1954 einen zauberhaften Garten mit Azaleen, Rhododendren und 2000 weiteren, darunter alpinen wie tropischen Pflanzenarten. Mitten in diesem Märchen prunkt Lord Stephens' ›bescheidene‹ Angellodge, eine viktorianische 37-Zimmer-Villa mit Blick auf den Strom, die heute u. a. ein Restaurant beherbergt.

Nach den Lachsen in Sainte-Flavie kann man die Lachsleiter im Zentrum von **Matane** (12700 Einw.) getrost links liegen lassen. Mit ihren Autofähren nach Baie-Comeau und Godbout ist die belebte Kleinstadt die wichtigste Drehscheibe im Verkehr mit der Nordküste. Wer Ende

Juni/Anfang Juli vorbeikommt, mag die Gelegenheit beim Schopf ergreifen: Die Shrimp-Fête »Festival de la Crevette« feiert dann mit öffentlichen Shrimps-Gelagen zu Niedrigstpreisen die Krabbenfischer der Region.

Hinter Matane geizt die Geografie zusehends mit Platz für die Straße: Die Ausläufer der Monts Chic-Chocs treten immer näher an die Straße und lassen bei **Cap-Chat** (2900 Einw.) schließlich nur noch einen handtuchbreiten Streifen für den Asphalt übrig. Der wie ein Katzenbuckel geformte Felsvorsprung ist das fotogene Wahrzeichen des Städtchens. Das andere sind die neuerdings zu Dutzenden über dem Ort installierten, modernen Windmühlen des **Nordais Windmill Park** (Rte. 132, 3 km vor Ortseingang, Juni–Sept. tägl. 8.30–17.30 Uhr). Am Ende des Projekts zur alternativen Energiegewinnung, das mit der schneeschuhförmigen, 110 m hohen Écolienne de Cap-Chat begann, sollen sich hier 133 Windmühlen drehen. Unaufgeregt und ein wenig farblos, ist das Städtchen **Sainte-Anne des-Monts** (5600 Einw.) dennoch wichtig: Als ›Schlafstadt‹ für Hiker im Innern der Gaspé-Halbinsel ist dies das beste ›Basislager‹, denn der Gîte de Mont-Albert und die Campingplätze im Gaspésie-Park sind teuer und schnell ausgebucht. Unmittelbar hinter der Stadtgrenze verschwindet die hier abzweigende Rte. 299 zwischen den jäh aufragenden Bergen der Monts Chic-Choc, nach der langen Fahrt mit unverstelltem Blick auf den Strom eine bemerkenswerte Umstellung fürs Auge. Nach einer Serie immer tiefer und enger werdender Täler signalisieren nackte, bis in den Juli schneebedeckte Bergkuppen das Wildnisgebiet **Parc de la Gaspésie,** das Wanderer-Dorado der Provinz. Optischer Mittelpunkt des Parks ist der bei Sonnenschein strahlend weiße Gîte de Mont-Albert zu Füßen des gleichnamigen, monumental über dem Hotel aufragenden Berges (1151 m). Gleich daneben steht das Besucherzentrum (Juni–Sept. tägl. 8–20 Uhr) mit einem Outfitter-Laden im Keller, wo Wanderer vor der Tour Last-Minute-Einkäufe tätigen können. Der Parc de la Gaspésie wurde 1937 zum Schutz eines 800 km^2 großen, den Kern der Monts Chic-Choc und parallel verlaufenden Monts McGerrigle schützenden Gebiets gegründet. Außer allen Vegetationszonen Ostkanadas bietet er eine in Nordamerika einmalige Besonderheit: Dies ist das einzige Gebiet auf dem Kontinent, wo Wanderer an einem Tag Elche, Weißschwanzhirsche und Karibus beobachten können. Touristisch genutzt werden drei Sektoren: Der **Secteur Mont-Albert** – der 17 km lange Loop auf das kahle Hochplateau des Mont-Albert beginnt gleich gegenüber vom Gîte, eine strapaziöse, aber lohnende Tagestour – ist der belebteste und bietet herrliche kurze und mehrtägige Trails durch die Wildnis. Der **Secteur Lac Cascapédia** verfügt über Kanuverleihe und Trails mit schönen Aussichten über die Bergwelt. Shuttlebusse der Parkverwaltung bringen Hiker auf Schotterpisten zum **Secteur Galène.** Hier befindet sich mit dem Mont Jacques-Cartier (1268 m) der höchste Berg der Chic-Chocs, ebenfalls eine anstrengende, wegen der hier lebenden südlichsten Karibuherde der Welt aber umso lohnendere Tageswanderung.

Der Abschnitt zwischen La Martre und Rivière-au-Renard ist der spektakulärste der Nordküste. Vielfach in den Fels gesprengt, arbeitet sich die Rte. 132 um Vorgebirge und über gewaltige Felsbrocken, vor denen die Sprengtrupps in den 1920er Jahren kapitulierten. Links der weißbemützte St.-Lorenz-Golf, der seine Brecher gern über die Straße schickt, rechts schroffe Felswände, über die hin und wieder Gebirgsbäche in die Gräben neben der Straße stürzen. Die machtvolle Kulisse macht die wenigen Häuseransammlungen zu kleinen, an die neufundländischen *Outports* erinnernden Schmuckstücken. **La Martre** (315 Einw.) z. B., ein winziges, auf einem Vorgebirge klebendes Dorf mit einem feuerroten, öffentlich zugänglichen Leuchtturm von 1906 und einem kleinen Museum (Juni–Sept. tägl. 9–17 Uhr), oder **Mont-Saint-Pierre** (290 Einw.), das auf der Bühne eines gewaltigen Amphitheaters mit bis zu 400 m hohen Rängen liegt und im Sommer Drachenflieger aus ganz Nordamerika anlockt. Fotogene historische Leuchttürme bewachen auch die Küstenkanten vor **Madeleine** (482 Einw.) und **Pointe-à-la-Renommé.** In

Die einstmals lukrative Fischerei steckt in der Krise

Eisbrecher im St.-Lorenz-Strom

L'Anse-au-Griffon (995 Einw.) erinnert die 1850 gebaute **Maison Le-Boutillier** (Juni–Sept. tägl. 8–21 Uhr) an das frühkapitalistische Fischereimonopol der *Jerseymen* im 19. Jh. Von den britischen Kanalinseln stammend, bauten sie, unter ihnen John LeBoutillier, rund um die Halbinsel Lagerhäuser für Stockfisch und Salz und führten bald alle Fischer zwischen der Gaspé-Halbinsel und Cape Breton Island auf ihren Gehaltslisten.

Cap-des-Rosiers (525 Einw.) liegt auf einem grünen Felsplateau über dem Golf. Der am Ortsausgang stehende Leuchtturm wurde 1858 in Betrieb genommen und ist mit 37 m der höchste des Landes. Die B&Bs in dieser adretten Ortschaft sind gute Stützpunkte für Touren im benachbarten **Parc National de Forillon** (Juni–Sept. tägl. 9–18, Okt. 9–16 Uhr). Der 1970 gegründete Nationalpark war der erste in Québec und gehört zu den schönsten im kanadischen Osten. Seine 244 km^2 schützen die Fauna und Flora im nordöstlichen Zipfel der Gaspé-Halbinsel, einem spektakulären Ensemble aus erodierten Steilküsten, in denen große Seevogelkolonien nisten, mit geologisch einzigartigen Gesteinsformationen in kleinen Felsenbuchten und einem wild zerklüfteten Innern, in dessen Fichten- und Zederndschungel Füchse, Schwarzbären, Stachelschweine und Koyoten hausen. Ein Trailnetz von 70 km Länge bietet herrliche Wanderwege entlang hoher Klippen, von denen aus bei Windstille die mächtigen Umrisse

Grandiose Kulisse: der mächtige Rocher Percé vor dem gleichnamigen Ort

vorbeiziehender Wale im klaren Wasser zu sehen sind. Vorbildlich die *démonstrations* am Strand beim Besucherzentrum von Cap-des-Rosiers: Mehrmals wöchentlich erklären Park Ranger dort die ökologischen Zusammenhänge und zoologischen Besonderheiten des Parks. Bootsfahrten unter Leitung erfahrener Biologen zu den Seevogelkolonien und Walen werden ebenfalls von hier aus organisiert. Auf kurzen und längeren Trails erreichbare Sehenswürdigkeiten sind das **Cap Bon Ami,** ein von skurril erodierten Felswänden umgebener Kieselstrand, und das **Cap Gaspé,** der von einem Leuchtturm gekrönte, nordöstlichste Punkt der Halbinsel. Auf halbem Weg liegt Grande-Cave, ein von Parcs Canada restauriertes historisches Fischerdorf.

Gaspé (16 670 Einw.) ist nur aus zwei Gründen interessant. Der kleine Regionalflughafen ist ein gutes Sprungbrett zu den noch zu Québec gehörenden Îles de la Madeleine (s. S. 218) an der Schwelle zum Nordatlantik. Der andere ist das **Musée de la Gaspésie** (Rte. 132, Juni–Sept. tägl. 8.30–20.30, sonst 8.30–17 Uhr) am Ortseingang. Überaus animierende Ausstellungen

informieren hier über die von der Fischerei und den *Jerseymen* geprägte Vergangenheit der Gaspésie. Draußen erinnern sechs zum **Monument à Jacques-Cartier** zusammengestellte Stelen an den Seefahrer aus St-Malo, der 1534 unweit von hier zum ersten Mal kanadischen Boden betrat. Der nächste Ort mit langem »e« ist dagegen der Höhepunkt dieser Reise. **Percé** (4000 Einw.) liegt am östlichsten Punkt der Gaspé-Halbinsel und war ein entlegenes Fischernest, bis die Straße es 1929 mit dem Rest der Welt verband. Erst kamen die Künstler, dann die Touristen, angezogen von der grandiosen Kulisse, aus welcher der gewaltige **Rocher Percé** herausragt, ein 438 m langer und 88 m hoher Klotz, der fast in Steinwurfweite vor dem Städtchen liegt und mit seinem 30 m hohen Loch zu den meist fotografierten Naturschauspielen Kanadas zählt. Dazu gehört die unbewohnte **Île-Bonaventure** (Juni–Sept. tägl. 8.15–17, Okt. 9.15–16 Uhr) draußen vor der Bucht, wo u. a. die größte Tölpelkolonie auf dem Kontinent nistet und Hunderttausende kreischender Seevögel in bis zu 100 m hohen Felswänden ein ohrenbetäubendes Spektakel veranstalten. Den besten Blick über dieses schönste Ende der Provinz bietet der 320 m über dem Ort aufragende Mt-Ste-Anne, den man auf der unbefestigten Avenue de l'Église erklimmt. Percé selbst konzentriert sich auf einem übersichtlichen Areal neben der Rte. 132, der von Hotels, Restaurants und Galerien gesäumten Hauptstraße des Ortes. Zwar wird noch etwas Krabbenfischerei betrieben, aber längst ist der Tourismus die Haupteinnahmequelle. Walbeobachtung, Bootstouren zur Île-Bonaventure und Exkursionen ins wilde Hinterland gehören zu den Spezialitäten der hiesigen Veranstalter.

Die Südküste

Welch ein Kontrast zur oftmals schroffen Nordküste! Die Berge ziehen sich bald hinter Percé diskret zurück, die Rte. 132 strebt ungehindert durch intensiv genutztes Farmland und weit auseinander gezogene Dörfer an der flachen Baie des Chaleurs. Aufmerksame Besucher können hier jeweils unterschiedliche Dialekte feststellen, Erinnerungen an eine wechselvolle Geschichte, die im 18. Jh. erst Akadier auf der Flucht vor den Briten, dann Loyalisten auf der Flucht vor den amerikanischen Republikanern an diese Küste gespült hat und in den 1840er Jahren nochmals Hunderte irischer Einwanderer. Ihrem Erbe begegnet man allenthalben: Die französische Trikolore mit dem Stern im oberen linken Eck schmückt akadische Heime, anglikanische Kirchen signalisieren anglophone Enklaven. **Paspébiac** (3650 Einw.) wurde 1767 von dem *Jerseyman* Charles Robin als Hauptquartier und Umschlaghafen seiner »Robin Company« gegründet. Die **Site Historique du Banc-de-Paspébiac** (3e Rue, Rte. du Quai, Juni–Aug. tägl. 9–18, Sept.–Okt. 9.30–16 Uhr) erinnert mit 11 – damals waren es weit über 70 – restaurierten Lagerhäusern, Kontoren, einer Werft und interessanten Ausstellungen an die Blütezeit des Robin'schen Fischerei-Imperiums. In **Bonaventure** (2800 Einw.) begegnet einem der weiche Singsang der Akadier. Der hübsche kleine Ort am Kieselstrand der Baie des Chaleurs ist die Hauptstadt von *l'autre Acadie*, dem »anderen Akadien« jener französischsprachigen Siedler, die seit dem frühen 17. Jh. rings um die Bay of Fundy siedelten, 1755 der britischen Deportation durch Flucht entkamen und bis heute ihre akadische Identität bewahrt haben. Das **Musée Acadien du Québec** (95 Ave. Port-Royal, Juni–Sept. tägl. 9–20, sonst tägl. 9–12, 13–17 Uhr) hütet ihre Geschichte und erinnert an das noch immer traumatische Jahr 1755, als im Rahmen der ersten ›ethnischen Säuberung‹ Kanadas ein ganzes Volk planmäßig aufgelöst und von Neuengland bis nach Louisiana in alle Windrichtungen zerstreut wurde.

Etwas später gingen aus Maine stammende Loyalisten sowie Iren und Schotten hier an Land. Im Industriestädtchen **New Richmond** (4000 Einw.) erinnert das 1989 eröffnete **Centre de l'Héritage Britannique de la Gaspésie** (351 Blvd. Perron-Ouest, Juni–Sept. tägl. 9–18 Uhr) mit aus der Umgebung zusammengetragenen Gebäuden an das anglophone Erbe der Region. **Carleton** (2900 Einw.), ein Loyalistenstädtchen mit akadischen Wurzeln – es begann 1756 als Tracadièche – ist der beliebteste Badeort der Südküste, ein im Sommer von Sonnenschirmen und mit Strandartikeln vollgestopften Kiosken geprägtes Städtchen. Die Spitze des Hausbergs Mont-Saint-Joseph (558 m) mit seinen Aussichtspunkten über die Bay erreicht man auf der Rue de la Montagne. Im **Parc de Miguasha** (Juni–Okt. tägl. 9–18, Okt. 10–17 Uhr) bei Nouvelle (2200 Einw.) geht es dagegen tief hinab in geologische Urzeit: Wo während des Devon vor 370 Mio. Jahren in einer tropischen Lagune Exotisches kreuchte und fleuchte, haben Paläontologen in den letzten hundert Jahren sensationelle Fossilien entdeckt, darunter das über Lungen und Kiemen verfügende *Eusthenopteron fordi*, das eine Lücke in der Evolutionskette schließen half. Die Museumsausstellung stellt die hiesigen Funde in den wissenschaftlichen Kontext, auf einem ausgeschilderten Lehrpfad gelangt man zu den Fundstätten am Strand. Erdgeschichtlich kaum mehr als eine Minute ist dagegen seit dem Ende Neufrankreichs vergangen. Für viele Historiker fand das letzte Kapitel nicht auf den Plaines d'Abraham in Québec (s. S. 183), sondern hier, am sumpfigen Ende der Baie des Chaleurs, statt. Im Frühsommer 1760 suchte hier eine kleine französische Flotte vor ihren britischen Verfolgern Schutz. Ihr Auftrag war die Befreiung Québecs, aber sie wurde von den Briten entdeckt und schließlich versenkt. Wäre sie durchgekommen, hätte sie womöglich das Blatt noch einmal zugunsten Neufrankreichs wenden können, waren die siegreichen, ebenfalls auf Verstärkung wartenden Briten doch ein Jahr lang zu schwach, ihren Sieg auch politisch umzusetzen. Das bei Pointe-à-la-Croix unmittelbar über dem letzten Schlachtfeld Neufrankreichs liegende Museum **Lieu Historique National Bataille-de-la-Ristigouche** (Rte. 132, Juni–Okt. tägl. 9–17 Uhr) resümiert die hoch dramatischen letzten Tage vor der entscheidenden Kanonade und spart nicht mit bewegenden Augenzeugenberichten und Dokumenten. Akadier, Franzosen, Franko-Kanadier und Micmac-Indianer kämpften kurzzeitig Seite an Seite gegen die Briten. Ein indianischer Unternehmer hat, inspiriert von diesem historischen Moment, ein trutziges Palisadenfort namens **Fort Listuguj** (1 Riverside East, Listuguj/Restigouche, Juni–Okt. tägl. 10–19 Uhr) in sein Micmac-Reservat Restigouche gesetzt. Konzipiert als Meetingpoint aller Rassen und Hautfarben, können Besucher hinter den Palisaden am Leben um 1760 teilnehmen, in Tipis schlafen und sich von Ältesten im Trommeln und Singen unterrichten lassen.

Die Rückfahrt nach Sainte-Flavie erfolgt durch das Vallée Matapédia (6-7 Std.; bis Montréal sind es von dort noch etwa 2.30 Std.).

Inseln in einer anderen Welt

Québecs best gehütetes Geheimnis: 200 km vor der Gaspé-Halbinsel und nur 90 km westlich von Cape Breton Island erwartet man alles andere als ein glückliches Shangri La. Aber statt ein paar nackter Felsen mit frierenden Insulanern empfangen die Îles de la Madeleine den staunenden Besucher mit knallbunten Häusern zwischen runden, grünen Hügeln, 300 km leerer Sandstrände und den statistisch meisten Sonnentagen der Provinz. Sieben der zwölf Inseln sind bewohnt und durch Sanddünen miteinander verbunden: 15 000 Insulaner leben hier von Fischfang und Tourismus, Abkömmlinge akadischer Flüchtlinge im 18. Jh. Rote Sandsteinklippen bilden den Rahmen, ein überall auf der 70 km langen Straße von Grande Entrée im Norden bis zur Île du Havre Aubert im Süden zu sehendes blaues Meer die spektakuläre und zugleich beruhigende Kulisse. Badezeit ist von Juni bis Mitte September, Hummer gibt es von Mai bis August. Gemütliche Pensionen und einige der besten Restaurants der Provinz kümmern sich um das leibliche Wohl. Die Anfahrt erfolgt entweder mit der Autofähre über Souris (Prince Edward Island) oder aber per Flugzeug von Montréal oder Gaspé aus.

Association Touristique de la Gaspésie, 357 Rte. de la Mer, Sainte-Flavie, PQ. G0J 2L0, Tel. (418) 775-2223, Fax (418) 775-2234. **Association Touristique des Îles-de-la-Madeleine,** 128 Chemin du Débarcadère, Cap-aux-Meules, Tel. (418) 986-2245, Fax (418) 986-2327.

Hôtel-Motel Belle Plage, 1310 Rue Matane-sur-Mer, Matane, Tel. (418) 562-2323: Motel am Wasser, Restaurant mit Seeblick, $–$$. **Motel à la Brunante,** 94 Blvd. Sainte-Anne, Ste-Anne-des-Monts, Tel. (418) 763-3366: saubere Unterkunft mit Sauna, $. **Gîte du Mont-Albert,** Parc de la Gaspésie, Rte. 299, Tel. (418) 763-2288: komfortables Sporthotel unterhalb des Mont-Albert, $$–$$$. **Hôtel La Normandie,** 221 Rte. 132 Ouest, Percé, Tel. (418) 782-2112: traditionsreiches Strandhotel mit Blick auf den Felsen, gutes Restaurant, $–$$$. **Hostellerie Baie-Bleue,** 482 Blvd. Perron, Carleton, Tel. (418) 364-3355: günstig gelegenes Badehotel, $$.

Îles-de-la-Madeleine:
Hôtel Château Madelinot, 323 Rte. 199, Cap-aux-Meules, Tel. (418) 986-3695: Unterkunft im ansprechenden Cottage-Stil, $$$. **Auberge Madeli,** 485 Chemin Principal, Cap-aux-Meules, Tel. (418) 986-2211: uriges Nest mit Seeblick, $–$$.

Capitaine Homard, 180 Rte. de la Mer, Ste-Flavie, Tel. (418) 775-8046: Hummer in allen Varianten, $–$$. **Le Vieux Rafiot,** 1415 Ave. du Phare, Matane, Tel. (418) 562-8080: herrliche Lachs-Rezepte, $$. **Les Joyeux Naufrageurs,** 7 Rue Pierre-Mercier, Mont-Saint-Pierre, Tel. (418) 797-2017: Fisch, Meeresfrüchte, Pasta, $–$$. **Hôtel La Normandi,** 221 Rte. 132 Ouest, Percé, Tel. (418) 782-2112: gutes Restaurant. **La Maison du Pêcheur,** Tel. (418) 782-5331: Crêperie und Fischrestaurant mit Felsenblick, $$–$$$.

Îles-de-la-Madeleine:
La Table du Roy, La Vernière, Île du Cap-aux-Meules, Tel. (418) 986-3004: Paradies für Seafood-Kenner, $$$–$$$$. **La Marée Haute,** 25 Chemin des Fumoirs, Île du Havre Aubert, Tel. (418) 937-2492, Barsch, Haifisch, Makrele und Hummer in heimeliger Atmosphäre, $$$–$$$$.

Parc de la Gaspésie, 124 1e Ave. Ouest, Sainte-Anne-des-Monts, Tel. (418) 763-3301. **Parc National de Forillon,** 122 Blvd. de Gaspé, Gaspé, Tel. (418) 368-5505. **Parc de l'Île-Bonaventure-et-du-Rocher-Percé,** 4 Rue du Quai, Percé, Tel. (418) 782-2240. **Parc de Miguasha,** 231 Rte. Miguasha Ouest, Nouvelle, Tel. (418) 794-2475.

Les Fêtes du Homard, Tel. (418) 782-2258, Percé, Juni. **Festival de la Crevette,** Tel. (418) 562-0404, Matane: Ende Juni/Anfang Juli, Veranstaltungen rund um Shrimps. **Fête du Vol Libre,** Tel. (418) 797-2222, Mont-Saint-Pierre, erste Augustwoche: internationales Drachenfliegertreffen.

Fähren: Matane – Baie-Comeau, Tel. (418) 643-2019. Souris (Prince Edward Island) – Cap-aux-Meules (Îles de la Madeleine), Tel. (902) 687-2181.

Montréal–Gaspé–Îles de la Madeleine. **Inter Canadian,** Tel. 1-800-665-1177; **Air Alliance,** Tel. 1-800-361-8620.

Unterwegs auf den Îles-de-la-Madeleine ▷

TIPPS & ADRESSEN

Alle wichtigen Informationen rund ums Reisen:

Vorbereitung
Anreise
Reisen im Land
Unterkunft
Essen und Trinken
Urlaubsaktivitäten
Infos von A bis Z

INHALT

REISEVORBEREITUNG UND ANREISE

Informationsstellen

Lange-Touristik Dienst
Eichenheege 1–5, 63477 Maintal 1, Tel. 06181/4 51 78, Fax 06181/49 75 58. Mailing-Haus der kanadischen Touristiker, verschickt Broschüren und Hotelverzeichnisse.

Ontario Travel
Queen's Park, Toronto, ON M7A 2R9, Tel. (416) 314-0944, 1-800-6 68-2746, Fax (416) 443-6818. Das Informationsbüro von Tourism Ontario verschickt die umfangreichen offiziellen Guides.

Tourisme Québec
CP 979, Montréal, PQ H3C 2W3, Tel. (514) 873-2015.

Kanada im Internet

Ausführliche Webseite der kanadischen Botschaft in Berlin mit Links zur Canadian Tourism Commission CTC, die u.a. einen kleinen Reiseführer enthält: www.kanada-info.de.

Provinzen und Städte
Die Provinzregierungen und Stadtverwaltungen betreiben Webseiten mit vielen Links zu Politik, Landeskunde und Tourismus:
Ontario: www.gov.on.ca
Québec: www.gouv.qc.ca
Toronto: www.tourism-toronto.com
Ottawa: www.e-view.com/ottawa/tourism
Montréal: www.tourism-montreal.org

Outdoor-Informationen

Out There ist Kanadas größte Outdoor-Webseite und bietet Links zu Outfittern, Karten, Kanu-, Hiking- und Trekkingseiten, nach Provinzen geordnet: www.out-there.com.
Great Outdoor Recreation Pages (GORP): Outdoor-Webseite mit interessanter Kanada-Seite, die Links zu allen Provinzen und deren Outdoor-Angeboten enthält:
www.gorp-com/gorp/location/canada

Veranstalter

Wanapitei Canoe: Ältester Kanu-Veranstalter Kanadas, organisiert vor allem Kanu-Expeditionen im hohen Norden:
www.wanapiteicanoe.com
Voyageur Quest: Kanu-Expeditionen überall in Kanada. Die Webseite zeigt historische Kanurouten und bietet viele spannende Links:
www.voyageurquest.com

National Parks und Provincial Parks

National Parks: Webseite von Parks Canada, mit Links zu allen Nationalparks des Landes:
www.parkscanada.pch.gc.ca
Provincial Parks: Alle Provinzen mit ihren Parks auf einen Blick:
www. go-rving-canada.ca/provpark.htm

Diplomatische Vertretungen Kanadas

... in Deutschland
Kanadische Botschaft mit Konsularabteilung
Friedrichstr. 95
10117 Berlin
Tel. 030/20 31 20 ,
Fax 030/20 31 24 57

Kanadisches Konsulat
Benrather Str. 8
40213 Düsseldorf
Tel. 0211/17 21 70
Fax 0211/35 91 65

... in Österreich
Kanadische Botschaft
Laurenzerberg 2
A-1010 Wien
Tel. 01/5 31 38 00
Fax 01/5 31 38 33 11

... in der Schweiz
Ambassade du Canada
Kirchenfeldstr. 88
CH-3000 Bern 6
Tel. 031/3 57 32 00
Fax 031/3 57 32 10

Reisezeit

In **Ontario** sorgt das Kontinentalklima für warme Sommer und kalte Winter. Juli und August sind die besten, wegen der kanadischen Schulferien aber auch beliebtesten und teuersten Reisemonate. Ende Mai und Juni sowie September sind gute, oft preisgünstigere Alternativen. Von November bis März ist Winter, in Süd-Ontario feucht und grau, im Norden trocken, schneereich und sonnig mit Kältewerten bis –20 °C. In Québec sind die Temperaturunterschiede noch größer. 22 °C beträgt die Durchschnittstemperatur im Sommer, bei gelegentlichen Spitzenwerten um 30 °C, im Winter setzt sich das Quecksilber bei –9 °C fest, mit langen Kälteperioden um –25 °C.

Anders als Ontario ist ganz **Québec** absolut schneesicher. Die weiße Pracht liegt von Mitte November bis Ende März, in den höheren Lagen sogar bis Ende April. In beiden Provinzen gilt der *Indian Summer* bzw. *Été-Indien* wegen seiner spektakulären Laubfärbung Ende September/Anfang Oktober als fünfte Jahreszeit.

Reisen mit Kindern

Kanada ist absolut kinderfreundlich: Kinderportionen in den Restaurants, gratis oder ermäßigt schlafen in den Hotels, freier oder ermäßigter Eintritt zu den Sehenswürdigkeiten, im seltensten Fall wird der volle Preis verlangt. Die National- und Provinzparks bieten Lehr- und Freizeitprogramme für Kinder.

Reisen für Behinderte

Kanada liegt in puncto behindertenfreundliche Einrichtungen mit den USA weltweit an der Spitze: Kein öffentliches Gebäude ohne Rampe, keine Kreuzung ohne abgeflachte Bürgersteige, kein Hotel ohne rollstuhlfreundlichen Haupteingang. Immer mehr National- und Provinzparks bauen rollstuhlfreundliche Plankenwege durch die Wildnis. Bei folgenden Einrichtungen kann Infomaterial bestellt werden:

... in Ontario: Ontario Ministry of Cummunity and Social Services, 7th Floor,

Hepburn Block, 80 Grosvenor St., Toronto, ON M7A 1E9, Tel. (416) 325-5666, Fax (416) 325-5172.

... in Québec: Kéroul, 4545 Ave. Pierre-de-Coubertin, CP 1000, succ. M, Montréal, PQ H1V 3R2, Tel. (514) 252-3104, Fax (514) 254-0766.

Reisekleidung

Das Kontinentalklima und die schiere Größe der beiden Provinzen bewirkt bisweilen immense Temperaturunterschiede, für die man sommers wie winters mit mehreren, übereinander tragbaren Kleidungsschichten gewappnet sein sollte (s. Reisezeit). Natürlich diktieren die Pläne vor Ort, was in den Koffer gehört. Obligatorisch sind jedoch ein Regenschutz, eine leichte Windjacke und bequeme Schuhe. Auch wenn die besseren Restaurants fast durchgehend keinen *dress code* haben, so werden doch Gäste in gepflegtem Outfit lieber gesehen als solche in Shorts und unsauberen T-Shirts.

Reisekasse

Die telefonische Zimmerreservierung, der Mietwagen, das Theater- oder Flugticket: Wie in den USA geht auch in Kanada schon längst nichts mehr ohne Kreditkarte. Hier hat das Plastik- das Papiergeld so vollständig abgelöst, dass der Alltag fast nur noch mit 5-, 10- und 20-Dollarscheinen bestritten wird und höhere Denominationen kaum mehr in Erscheinung treten. Am weitesten verbreitet sind VISA und Mastercard. Traveller's Checks werden akzeptiert, Euroschecks und EC-Karte nicht.

Gesundheitsvorsorge

Das kanadische Gesundheitssystem entspricht weitgehend dem mitteleuropäischen. Der Besuch beim Arzt oder im Krankenhaus ist teuer und muss in der Regel bar oder per Kreditkarte bezahlt werden. Eine Reisekrankenversicherung zur Kostenrückerstattung ist also unbedingt zu empfehlen.

Literarische Reisevorbereitung

Atwood, Margaret, Alias Grace, Roman über das Leben eines irischen Einwanderermädchens Mitte des 19. Jahrhunderts, Berlin-Verlag, 1996

Craig Brown (Hrsg.), The Illustrated History of Canada, Standardwerk zur kanadischen Geschichte, Lester Publishing, Toronto

MacLennon, Hugh, Two Solitudes (Zwei Einsamkeiten), Toronto

Peter C. Newman, Company of Adventures, Cesars of the Wilderness, Dreh- und Angelpunkte in der Geschichte Kanadas, u. a. Geschichte der Voyageurs, Penguin, New York

Sabin, Stefana (Hrsg.), Kanada erzählt, Fischer Taschenbuch 1992

Mietwagen

Die klassische Art, das Riesenland zu erkunden: Hervorragende, meist leere Straßen und um die Hälfte niedrigere Benzinpreise machen Autofahren zu einem Vergnügen. In der Regel ist der Mietwagen von zu Hause aus billiger zu buchen. Meist im Rahmen eines *fly-and-drive*-Angebots organisiert, enthält der im Reisebüro geschlossene Mietvertrag bereits alle Nebenkosten wie Steuern und Versicherung. Wer den Wagen in einer anderen Stadt abzugeben gedenkt, sollte nach *drop-off*-Kosten fragen. Auch die Frage nach der unbegrenzten Kilometerzahl (*unlimited mileage)* fällt manchmal unter den Tisch – macht Sinn im Land der Autofahrer. Auch Camper sollten zu Hause gebucht werden, und zwar mindestens ein halbes Jahr im voraus. Die Nachfrage ist enorm. Für den Abschluss des Mietvertrags genügt der nationale Führerschein.

Einreise- und Zollbestimmungen

Für einen Urlaubsaufenthalt bis zu 90 Tagen genügt Besuchern aus Deutschland, Österreich und der Schweiz der noch mindestens sechs Monate gültige Reisepass. Zollfrei einführbar sind 1 l Alkohol, 200 Zigaretten bzw. 50 Zigarren bzw. 900 g Tabak. Einführende Personen müssen mindestens 19 Jahre alt sein. Unversiegelte landwirtschaftliche Erzeugnisse, Drogen, Waffen und Pornografie wollen die Kanadier nicht in ihrem Land haben.

Anreise

Von Frankfurt, München und Berlin bestehen tägliche Flugverbindungen nach Toronto und Montréal. Die Strecke über den Nordatlantik ist die meist geflogene der Welt, der immense Verdrängungswettbewerb produziert daher immer wieder Tiefstpreise, nach denen zu forschen sich lohnt.

UNTERWEGS IN ONTARIO UND QUEBEC

Verkehrsmittel

Züge haben Kanada erschlossen, sind aber als Transportmittel längst von Auto und Flugzeug verdrängt worden. Die eigenen vier Räder bieten die besten Möglichkeiten, Ontario und Québec individuell zu erforschen. National- und Provinzparks sowie entlegene Sehenswürdigkeiten sind oft nur im **Auto** erreichbar. Mitglieder europäischer Automobilclubs können bei Vorlage ihres Clubausweises die Leistungen der Canadian Automobile Association (CAA) beanspruchen und in ihren Zweigstellen Karten und die hervorragenden *tourbooks* (clubeigene Reiseführer mit Hotel- und Restaurantverzeichnissen) abholen. Innerkanadische **Flüge** helfen Zeit sparen. Zahlreiche regionale Airlines bedienen selbst die entlegensten Winkel. Die Ticketpreise sind allerdings gepfeffert, vor allem, wenn man nicht die preissenkenden Vorbuchungsfristen einhalten kann. Regionale Flüge sollten daher wenn möglich bereits zu Hause gebucht werden.

UNTERKUNFT

Die kanadische Hotellerie bietet Unterkünfte jeder Art und für jedes Budget. Volle Häuser sind zwar nicht die Regel, aber es gibt Orte und Zeiten, wo rechtzeitiges Buchen sinnvoll ist. Beispielsweise sind Toronto und Montréal im Juli und August überlaufen. Außerhalb der Ferienmonate können internationale Messen und Tagungen die Hotelkapazitäten belasten und die Preise senkrecht nach oben katapultieren. Die Nähe zu National- und beliebten Provinzparks beschert auch so mancher Unterkunft auf dem Lande ständig volle Betten.

Preiskategorien:
Hotels
$$$$ ab 160 Dollar
$$$ ab 120 Dollar
$$ ab 70 Dollar
$ unter 70 Dollar

In Ontario und Québec gibt es folgende **Unterkunftstypen:**

- **Bed & Breakfast/Gîte du Passant:** privat geführte Pension, oft mit Familienanschluss.
- **Condos/Villas/Vacation Homes:** Apartmenthotels für Selbstversorger, mit Küche und Wohn- und Schlafzimmer.
- **Country Inn/Auberge:** privat geführte Unterkunft, oft ein historisches Gebäude, in landschaftlich reizvoller Lage.
- **Fishing- bzw. Huntingcamp/Pourvoirie:** rustikales Camp in der Wildnis, oft nur per Wasserflugzeug erreichbar, für Angler und Jäger.
- **Hotel/Motel:** Moderne Unterkunft in der Stadt, meist mit Restaurant. Motels liegen in der Regel an Ausfallstraßen oder entlang Highways und bieten inzwischen die preiswerteste Übernachtungsmöglichkeit.
- **Resort/Hôtel Villegiature:** Ferienanlagen mit umfangreichem Freizeitangebot, meist in landschaftlich reizvollen Gegenden.
- **Youth Hostels:** Jugendherbergen, die preiswerteste Art und Weise, sein Haupt zu betten.

Die Unterbringungsqualität ist gut, der Wettbewerb lässt auch hier oft die Preise purzeln, sodass es sich lohnt, an der Rezeption nach dem *best price* oder nach *midweek deals* des Hauses zu fragen. Beim Buchen ist Folgendes zu beachten: Hotels in der Stadt geben ihre Preise pro Zimmer an, egal ob eine oder zwei Personen dort übernachten. Bei vielen Unterkünften auf dem Land, vor allem bei Lodges, Camps und Resorts, gilt der Preis häufig pro Person, schließt dafür jedoch meist zwei oder sogar drei Mahlzeiten mit ein. Im Übrigen wird der Nettopreis genannt. Hinzu kommt die Mehrwertsteuer (s. S. 234). Bei telefonischen Reservierungen unterwegs helfen die gebührenfreien 800er-Nummern der Etablissements. Gegen Angabe der Kreditkartennummer erfolgt die Buchung. Der Übernachtungspreis wird später dem Konto daheim entnommen – auch wenn man gar nicht dort übernachtet hat. Wer also gern spontan reist und öfter mal die Route ändert, sollte sich auch nach der *Cancellation policy* des Hauses erkundigen.

Wie in den USA gehören auch in Kanada viele Unterkünfte landesweit operierenden **Ketten** oder **Vereinigungen** an: Das gemeinsame Logo garantiert einen gewissen Standard und bewahrt vor bösen Überraschungen am Ende des Tages. Neben den international bekannten Hotelketten gibt es in Ontario und Québec eine ganze Reihe weiterer Vereinigungen.

... in Ontario:

Resorts Ontario
P.O. Box 2148, 29 Albert Street N., Orillia, ON L3V 6S1, Tel. (705) 325-9115 oder 1-800-363-7227, Fax (705) 325-7999. Resorts Ontario vertritt über 200 Lodges, Country Inns und Resorts in ganz Ontario und hilft gern bei Buchung und Routenplanung.

Independent Innkeepers Association Ontario
RR 1, Grafton, ON K0K 2G0, Tel. (905) 349-2493 oder 1-800-340-4667, Fax (905) 349-3156. Vertretung der schönsten Inns Ontarios.

Federation of Ontario Bed & Breakfast Accomodations (FOBBA)
P.O. Box 437, 253 College St., Toronto, ON M5T 1R5, Tel. (416) 515-1293. Verschickt Mitgliederverzeichnis, buchen muss man selbst.

Ontario Ministry of Natural Resources Information Centre
Macdonald Block, Room M1-73, 900 Bay St., Toronto, ON M7A 2C1, Tel. (416) 314-2000. Verwaltet die Provinzparks, betreibt auch Hütten und Camps. Verzeichnis anfordern.

Northern Ontario Tourist Outfitters Association (NOTO)
269 Main St. W., Suite 408, North Bay, ON P1B 2T8, Tel. (705) 472-5552, Fax (705) 472-0621. Vereinigung der Angel- und Jagdlodges in Nordontario. Verzeichnis anfordern.

... in Québec:

Hôtellerie Champêtre – Québec Resorts and Country Inns
455 Rue St-Antoine Ouest, Suite 114, Montréal, PQ H2Z 1J1, 1-800-714-1214, Fax (514) 861-4032. Vertritt 25 der schönsten Inns der Provinz, verschickt das Verzeichnis und hilft beim Buchen.

Féderation des Agricotours du Québec
4545 Ave. Pierre-de-Coubertin, C.P. 1000, succ. M, Montréal, PQ H1V 3R2, Tel. (514) 252-3138. Québecs flächendeckende B&B-Vereinigung. Verzeichnis anfordern.

Fédération des Pourvoyeurs du Québec
5237 Blvd. Wilfrid-Hamel, Québec, PQ G1P 2H9, Tel. (418) 877-5191, Fax (418) 527-8326. Québecer Ausgabe der NOTO Ontarios. Katalog anfordern.

Société des Etablissements de Plein Air du Québec (Sépaq)
Tel. (418) 890-6527 oder 1-800-665-6527, Fax (418) 528-6025. Sépaq verwaltet 14 der Provinz- und Wildnisgebiete Québecs und betreibt dort auch Blockhütten, rustikale Camps und kleine Hotels.

Hostelling International Canada
National Office, 205 Catherine St., Suite 400, Ottawa, ON K2P 1C3, Tel. (613) 237-7884, Fax (613) 237-7868. Der kanadische Jugendherbergsverband. Verzeichnis anfordern!

ESSEN & TRINKEN

Deutschland? Bratwurst!
Italien? Pizza!
Kanada? Äh ... Karibu? Elch? Biberschwanz?!

Mitnichten: Der Vielvölkerstaat kennt kein Nationalgericht. Höchstens Hamburger und Sandwiches verbinden die Provinzen miteinander, aber das lassen nicht nur Feinschmecker nicht gelten. In **Ontario** hinterließ das genussfeindliche Puritanererbe zudem ein kulinarisches schwarzes Loch, dass erst nach dem Zweiten Weltkrieg von ethnischen Küchen gefüllt wurde. So etwas wie eine – ganz vorsichtig – ›kanadisch‹ zu nennende Küche gibt es noch nicht lange. Erst seit etwa 15 Jahren nehmen innovative Chefs heimische Produkte – Fisch, Fleisch, Wildbret, Gemüse – und verfeinern sie mit Zutaten aus aller Welt. Und die *regional cuisine* bzw. *cuisine régionale* kann sich durchaus ›schmecken‹ lassen, hat sogar schon internationale Auszeichnungen eingeheimst. Nur an Details wie der korrekten Besteckanordnung oder richtigen Weintemperatur hapert es mitunter noch, vor allem in Ontario. Aber selbst dort hat sich die Esskultur, 200 Jahre lang vom »early to bed, early to rise« der Loyalisten eingefroren, ›ent-puritanisiert‹. Ganz wie ihre genussfreudigen Nachbarn im Osten halten es auch die Ontarians inzwischen eher mit Qualität als Quantität, bevorzugen Wein vor Dosenbier und schlemmen auch schon mal bis tief in die Nacht. Apropos Alkohol: Ontarios auf der Niagara-Halbinsel angebaute Weine und Eisweine gewinnen internationale Preise, viele private *micro breweries* brauen ihre Biere nach dem deutschen Reinheitsgebot von 1516 (z. B. »Upper Canada Lager«).

In **Québec** hingegen waren Tafelfreuden immer schon – Frankreich lässt grüßen – elementare Bestandteile des sozialen Lebens. Ein Abendessen ist anderntags Gesprächsthema, Frauen wie Männer fachsimpeln über Soße und Marinade und der Kellner im Restaurant wird vor dem Bestellen sowieso einem Kreuzverhör unterworfen. Der kalorienreichen, einst Bauern und Holzfäller mästenden *cuisine québécoise* begegnet man indes nur noch in Touristen-Joints, in Privathaushalten oder aber während der Ahornsirup-Produktion im Frühjahr, wenn in den *cabanes à sucre* (Zuckerhütten) rings um Montréal deftige, mit Ahornsirup angemachte Speisen wie *tourtière* (Fleischkuchen), *soupe à la gourganne* (Bohnensuppe), *oreilles de criss* (panierter Schweinespeck) und als Nachspeise *tarte au sirop d'érable* (Ahornsirupkuchen) gereicht werden. In Frankreich, seit ein paar Jahren auch in Québec ausgebildete heimische Köche haben die alten Siedlerrezepte inzwischen übernommen und verfeinert. Dabei köcheln die talentiertesten Chefs häufig nicht in Montréal (oder Toronto), sondern auf dem Land. Regionen wie die Laurentides und die Cantons de l'Est (Eastern Townships) bei Montréal und die Muskokas nördlich von Toronto verfügen über vorzügliche Restaurants in einer Dichte, die Mitteleuropäer an das Elsass erinnern. Unbedingt probieren sollte man in Québec die Biere der *micro brasseries,* darunter das helle »Belle Geule« und »Maudite«, das dunkle Starkbier mit dem fliegenden Kanu auf dem Etikett. Noch ein Tipp zum Schluss: Das Schild »Apportez Votre Vin« bzw. »Bring Your Own Bottle« im Restaurantfenster bedeutet, dass der Inhaber die teure Alkohollizenz spart und man den Wein selbst mitbringen muss. Zumindest in den größeren Orten kein Problem: Spirituosen zu später Stunde bekommt man in Ontario in den staatlichen *Liquor Shops* und *Beer Stores* und in Québec in den Läden der *Société des Alcools*.

Preiskategorien:
Restaurants (für drei Gänge ohne Alkohol, vor Steuern)
$$$$ ab 35 Dollar
$$$ 24 - 35 Dollar
$$ 16 - 23 Dollar
$ 8 - 15 Dollar

URLAUBSAKTIVITÄTEN

Rund 250 000 Seen, die rund 177 000 km^2 bedecken, dazu 60 000 km Flüsse, und Wälder soweit das Auge reicht: Ontario allein besitzt Traummaße für Naturfreunde. Im benachbarten Québec wird *Outdoor* mit *Plein Air* übersetzt, ebenfalls aus gutem Grund: Hier gab man bei rund 800 000 das Zählen der Seen auf! Dabei ist der bis zu 120 km breite St.-Lorenz-Strom mit seinen 6000 km Küste von dieser Rechnung ausgenommen. Alle Wassersportarten, vor allem Kanuwandern und Kayaking, dazu Angeln und Hiking, sind in dieser Wildnis ein Genuss. Zusammenfassende Informationen, Trailkarten und Outfitterlisten erhält man bei den jeweiligen Vereinigungen.

... in Ontario

Angeln: Ontario Ministry of Natural Resources Information Centre (s. S. 228).
Kanuwandern: Canoe Ontario, 1185 Eglington Ave. E., North York, ON M3C 3C6, Tel. (416) 426-7170, Fax (416) 426-7363.
Wandern: Hike Ontario, 1185 Eglington Ave. E., North York, ON M3C 3C6, Tel./Fax (416) 426-7362
Reiten: Ontario Equestrian Federation, 1185 Eglington Ave. E., North York, ON M3C 3C6, Tel. (416) 426-7231, Fax (416) 426-7355.
Radfahren: Ontario Cycling Association, 1185 Eglington Ave. E., North York, ON M3C 3C6, Tel. (416) 426-7242, Fax (416) 426-7349.

... in Québec

Angeln: Ministère de l'Environnement et de la Faune, 675 Blvd. René-Lévesque, Est, Édifice Marie-Guyart, Québec, PQ G1R 5V7, Tel. (418) 521-3830, 1-800-561-1616, Fax (418) 646-5974.
Kanuwandern: Féderation Québécoise du Canot-camping, 4545 Ave. Pierre-de-Coubertin, CP 1000, succ. M, Montréal, PQ H1V 3R2, Tel. (514) 252-30 01, Fax (514) 252-3091.
Wandern: Fédération Québécoise de la Marche, 4545 Ave. Pierre-de-Coubertin, CP 1000, succ. M, Montréal, PQ H1V 3R2, Tel. (514)-252-3157.

REISEINFORMATIONEN VON A BIS Z

Alkohol

Spirituosen sind in Ontario und Québec nur in den staatlichen Läden der »Li-quor Commission« bzw. »Société des Alcools« zu haben. Dort gehen sie in braunen Papiertüten an den Abnehmer. Darüber hinaus kann man Bier in Ontario nur in den ebenfalls staatlichen *Beer Stores* kaufen. In Québec wurde das staatliche Alkohol-Monopol etwas gelockert: Die *Dépanneurs,* kleine Tante-Emma-Läden an der Ecke, verkaufen billigen Wein und amerikanisches Dünnbier rund um die Uhr. Aufgepasst bei Picknicks in Parks und Anlagen: Alkoholgenuss in der Öffentlichkeit ist verboten. Selbst im geparkten Auto ist der Konsum untersagt. Viele Restaurants weisen mit dem Schild *»byob«* (»bring your own bottle«) bzw. *»apportez votre vin«* darauf hin, dass sie sich die teure Alkohollizenz sparen, aber durchaus mitgebrachten Wein servieren.

Apotheken

Apotheken sind, anders als daheim, in Drogerien oder Supermärkten untergebracht. Meist weist am Eingang ein Schildchen mit dem grünen Äskulap-Stab auf den Apotheker hin.

Ärztliche Versorgung

Krankenhäuser und Arztpraxen findet man in den *yellow pages* bzw. *pages jaunes* der Telefonbücher. Rezeptionisten und Concierges kennen in der Regel ebenfalls den kürzesten Weg zum nächsten Arzt.

Autofahren

In **Ontario** fließt der Straßenverkehr nach den gleichen Regeln wie in Deutschland, mit zwei Ausnahmen. Bei Rot darf rechts abgebogen werden. Die gelben Schulbusse genießen absoluten Sonderstatus: Blinkend und haltend dürfen sie selbst vom Gegenverkehr nicht passiert werden.

In **Québec** dagegen darf bei Rot nicht rechts abgebogen werden. Die Beschriftung der Verkehrsschilder ist ausschließlich in Französisch. Die wichtigsten **Schilder** und **Abkürzungen:**

Allgemein
Nord – Nord
Sud – Süd
Est – Ost
Ouest – West
Lun. – Montag
Mar. – Dienstag
Mer. – Mittwoch
Jeu. – Donnerstag
Ven. – Freitag
Sam. – Samstag
Dim. – Sonntag

Schilder
Arrêt – Stopp
Arrét Interdit – Halten verboten
Cul-de-Sac – Sackgasse
Débarcadère – Ladezone
Demi-tour Interdit – Wenden verboten
Lentement – Langsam

Pas de Virage à Gauche/à Droite – Links/Rechts abbiegen verboten
Passage à Niveau – Eisenbahnübergang
Sens Unique – Einbahnstraße
Stationnement – Parken
Voie Réservé – (Bussen, Taxen) vorbehaltene Fahrbahn

Diplomatische Vertretungen

Deutsche Konsulate
77 Admiral Road, Toronto, Tel. (416) 925-2813, Fax (416) 925-2818
1250 Blvd. René-Lévesque Ouest, Suite 4315 Montréal, Tel. (514) 931-2431, Fax (514) 931-7239

Schweizer Konsulate
154 University Ave., Toronto Suite 601, Tel. (416) 593-5371
1572 Ave. Dr. Penfield, Montréal, Tel. (514) 932-7181

Österreichische Konsulate
1010–360 Bay Street, Toronto, Tel. (416) 863-0649
1030–1350 Rue Sherbrooke Ouest, Montréal, Tel. (514) 845-8661

Elektrizität

110 Volt Wechselstrom: Mitgebrachte Elektrogeräte müssen daher umstellbar sein. Wer den Adapter vergisst, kann ihn auf dem Flughafen oder in Kanada in einem Geschäft der Kette »Radio Shack« nachkaufen.

Feiertage

Nationale Feiertage
Banken, Schulen und Regierungsstellen schließen an folgenden Tagen: New Year's Day (1. Januar), Good Friday (Karfreitag), Easter Monday (Ostermontag), Victoria Day (Montag vor dem 25. Mai), Canada Day (1. Juli), Labor Day (erster Montag im September), Thanksgiving (zweiter Montag im Oktober), Remembrance Day (11. November), Christmas Day (25. Dezember) und Boxing Day (26. Dezember).

Feiertage der Provinzen
Banken, Schulen und Regierungsbüros schließen an folgenden Tagen (Achtung: manche Feiertage sind bewegliche und finden wegen des langen Wochenendes meist an einem Montag statt).
Ontario: Civic Holiday (erste Woche im August).
Québec: Epiphany (6. Januar), Aschermittwoch (40 Tage nach Ostern), St-Jean Baptiste (24. Juni, Québecs Nationalfeiertag)

Geld

Münzen sind im Wert von 1 *(nickel),* 5, 10 *(dime)* und 25 Cent *(quarter)* sowie 1 *(loonie)* und 2 $ im Umlauf. Banknoten gibt es zu 5, 10, 20, 50 und 100 $. Gängigste Kreditkarten: Visa, Mastercard. Achtung: Reisen in Kanada ist ohne Plastikgeld so gut wie unmöglich. Mietwagenstationen wollen die Kreditkartennummer, die telefonische Ticket- und Zimmerreservierung läuft nur noch über Kreditkarte. EC-Karten werden generell nicht akzeptiert.

Alle Preise in diesem Buch sind in Kanadischen Dollar angegeben. Den aktuellen Wechselkurs erfahren Sie bei Banken und in der Tagespresse.

Maße und Gewichte

Kanada benutzt zwar seit 1980 das metrische System, aber vor allem ältere Menschen rechnen noch immer in *gallons, feet* und *miles.* Die wichtigsten Konversionen:
1 inch = 2,54 cm
1 foot = 0,3048 m
1 mile = 1,6090 km
1 acre = 0,4047 ha
1 gallon = 4,5460 l
1 pound = 453,6 g

National- und Provinzparks

In **Ontario** gibt es sechs Nationalparks und 270 Provinzparks. Die Provinzparks werden von Ontario verwaltet und zerfallen entsprechend ihrer Nutzung in verschiedene Kategorien. Im Allgemeinen repräsentieren sie einen für die Region typischen Querschnitt aus Fauna und Flora und versuchen im Rahmen ausgeklügelter Nutzungspläne den Spagat zwischen Tourismus und Holzwirtschaft einerseits und Naturschutz andererseits. Die meisten Parks verfügen über Besucherzentren und Campingplätze und bieten zahlreiche Freizeitmöglichkeiten. Gut sortierte Outfitter-Läden, wo man Kanus und Campingausrüstung ausleihen kann, sind meist nicht fern. Parkgebühren: 7 $ pro Person pro Tag. Camping: 15,50–20 $ pro Nacht. Die 107 populärsten Parks sind im Ontario Parks Guide gelistet. Herausgeber ist das **Ontario Ministry of Natural Resources** (s. S. 228). Die Nationalparks werden vom Bund verwaltet, bieten im Großen und Ganzen jedoch die gleichen Einrichtungen und Outdoor-Aktivitäten. Holzschlag ist tabu. Die Parkgebühren pro Person und Tag: um 3 $. Nähere **Informationen** einzuholen bei **Canadian Heritage,** 5160 Yonge St., Suite 500, North York, Ont. M2N 6L9, Tel. (416) 954-9243, Fax (416) 973-68 91.

In **Québec** gibt es vier Nationalparks, 20 Provinzparks und 14 Wildnisreservate. Die Provinzparks und -reservate werden von Québec verwaltet, schützen die Natur eines bestimmten Areals vor unkontrollierter Nutzung und verfügen über ein reiches Angebot an Freizeitmöglichkeiten. Besucherzentren erklären die Topographie, Ranger verteilen Infomaterialien und Trailkarten. Zur Finanzierung dieser Serviceleistungen können Parkgebühren erhoben werden. Die Campinggebühren liegen zwischen 15 und 20 Dollar. Detailliertes Infomaterial kann beim Ministère de l'Environnement et de la Faune (s. u.) bezogen werden. Im Internet führen zahlreiche Links von der offiziellen Tourisme-Québec-Website zu den Provinzparks. Die Nationalparks werden von Ottawa verwaltet und bieten die gleichen Einrichtungen und Outdoor-Aktivitäten. Parkgebühren pro Person und Tag: um 4 $. Campingplätze: 20–25 $. Nähere Informationen bei: **Service Canadien des Parcs, Ministère de l'Environnement,** 3 Passage du Chien d'Or, CP 6060, Ville de Québec, PQ G1R 4V7, Tel. (418) 648-4177, 1-800-4 63-6769, Fax (418) 648-4234.

Notruf

Tel. **9 11** gilt für alle Notfälle (Ambulanz, Feuerwehr, Polizei). In Ausnahmefällen ist der Notdienst auch über die »0« (Operator) erreichbar. Hotel- und Campingplatz-Rezeptionen, Tankstellen etc. sind in Notsituationen ebenfalls behilflich.

Öffnungszeiten

Werden flexibel gehandhabt. Generell gilt: **Geschäfte:** Mo–Sa 9–18, viele Do und Fr auch bis 21 und So nur von 12–17 Uhr. **Shopping Malls** oft durchweg von 7.30–21 Uhr. **Banken** Mo–Fr 10–15, oft Do und Fr 10–17 oder 18 Uhr. **Postämter** Mo–Fr 8.30–17.30, oft Sa 9–12 Uhr. **Restaurants** 12–23, in kleineren Orten bis 21.30 Uhr. **Museen** und Galerien folgen im allgemeinen den Geschäftszeiten.

Touristenattraktionen oft saisonal geöffnet, Victoria Day (Mitte Mai) bis Labor Day (Anfang September).

Post

Postschalter befinden sich außer in Postämtern auch in Bahnhöfen, Shopping Malls, Drogerien und Tante-Emma-Läden: Ein Schild mit dem kanadischen Postemblem in der Tür macht darauf aufmerksam. Briefe und Postkarten bis 30 g kosten innerhalb Kanadas 46 Cent. Die gleiche Post nach Europa kostet 92 Cent.

Steuern

In **Ontario** wie im Rest Kanadas werden alle Preise in der Regel vor Steuern angegeben. Mit der GST *(Goods and Services Tax)* schlägt zunächst der Bund 7 % auf Güter, Dienstleistungen (inkl. Restaurant- und Hotelrechnungen). Die Provinz Ontario erhebt zusätzlich eine achtprozentige PST *(Provincial Sales Tax),* sodass stets 15 % addiert werden müssen. Ein Trost: Die GST für Einkäufe über insgesamt 200 $ sowie Hotelübernachtungen kann man sich zurückerstatten lassen. Formulare und das Heftchen »Rebate for Visitors« liegen am Lester B. Pearson Airport und in großen Hotels aus.

In **Québec** sind die Pendants zur GST und PST Ontarios die TPS *(Taxe Fédérale sur les Produits et Services)* und TVQ *(Taxe de Vente du Québec).* Die TPS beträgt 7, die TVQ 7,5 %. Die TPS für Einkäufe über 200 $ und Hotelübernachtungen kann man sich jedoch ebenso wie in Ontario vor dem Heimflug im Büro von Revenue Canada im ersten Stock des Eaton Centre in Montréal zurückerstatten lassen. Die andere Möglichkeit ist der Postweg. Formulare und das Heftchen »Rebate for Visitors« liegen in allen großen Hotels des Centre-Ville und in den Flughäfen aus.

Telefonieren

Ortsgespräche kosten 25 Cent und sind zeitlich unbegrenzt. Für Gespräche außerhalb des Ortsnetzes wählt man die »1« vor. Bei öffentlichen Telefonen meldet sich der *operator* und nennt den Preis für die erste Zeiteinheit. Apparate mit Kreditkartenschlitzen ersparen das Mitschleppen von Münzgeld. R-Gespräche *(collect calls)* werden beim *operator* unter »0« angemeldet. Anrufe nach Deutschland: 0 11 49, dann die Vorwahl ohne 0, dann die Rufnummer. 800er-Nummern sind gebührenfrei. Die Nummer der Auskunft für Ferngespräche innerhalb Kanadas ist 555-1212, für internationale Ferngespräche wählt man »0«. Die Auskunft für Ortsgespräche meldet sich unter 411.

Trinkgeld

Der *tip* bzw. *pourboire* ist in Restaurants, Hotels und Taxen fester Bestandteil des meist niedrigen Gehalts und beträgt 15 % des Nettobetrags.

Wildnis-Tipps

Das Fahren in ländlichen Regionen und Wildnisgebieten erfordert besondere Umsicht. Zusammenstöße mit Elchen sind im Mai und Juni eine Hauptunfallursache. Vorsicht auch bei den oft rücksichtslos fahrenden Holztransportern. Im Norden liegen die Tankstellen weit auseinander, vor der Abfahrt den Kofferraum auf Ersatzkanister und Bordwerkzeug checken. Gefährliche ›Menschenbären‹ wie im Westen Kanadas gibt es in Ontario und Québec nicht. Trotzdem sollten beim Camping über Nacht alle Nahrungsmittel bärensicher verstaut werden. Die beiden sichersten Orte: das Auto und der weit vom Zelt entfernte Baum, an dessen Ästen man den Proviantsack aufknüpft. Wer unerwartet einem Schwarz- oder Braunbären begegnet, darf nicht glauben, ihm davonlaufen zu können. Statt dessen die flatternden Nerven kontrollieren und langsam den Rückzug antreten, dabei beruhigend auf den Bären einreden. Für den unwahrscheinlichen Fall, dass Bär trotzdem angreift: mit dem Gesicht nach unten auf den Boden legen und den Kopf mit den Armen schützen.

Zeit

Eastern Time (MEZ – 6 Stunden)

Zeitungen

Überregionale Tageszeitungen sind die liberale »Globe and Mail« und die konservative »National Post«. Meist gelesenes Blatt in Toronto ist der konservative »Toronto Star«. In Montréal kommen die französischsprachige »La Presse« und die englischsprachige »Gazette« heraus. Die Tageszeitung »Le Devoir« ist inhaltlich der deutschen FAZ vergleichbar und tendiert zur separatistischen Parti Québécois. Monatlich erscheinende politische Magazine sind »Macleans« und »L'Actualité«.

Bitte schreiben Sie uns, wenn sich etwas geändert hat.
Alle in diesem Buch enthaltenen Angaben wurden vom Autor nach bestem Wissen erstellt und von ihm und dem Verlag mit größtmöglicher Sorgfalt überprüft. Gleichwohl sind – wie wir im Sinne des Produkthaftungsrechts betonen müssen – inhaltliche Fehler nicht vollständig auszuschließen. Daher erfolgen die Angaben ohne jegliche Verpflichtung oder Garantie des Verlages oder des Autors. Beide übernehmen keinerlei Verantwortung und Haftung für etwaige inhaltliche Unstimmigkeiten. Wir bitten dafür um Verständnis und werden Korrekturhinweise gerne aufgreifen:

DuMont Buchverlag, Postfach 10 10 45, 50450 Köln
E-Mail: reise@dumontverlag.de

ABBILDUNGSNACHWEIS

Archiv Helmhausen, Benoît Chalifour, Montréal S. 201
Bärbel Lampe, Hannover S. 194/195
dpa, Hamburg S. 18
Government of Ontario, Toronto S. 25
Karl-Heinz Raach/LOOK, München S. 2/3, 167, 176
Kurt-Jochen Ohlhoff, Isernhagen S. 108, 111, 186, 196, 214/215
Okapia Bildarchiv, Daniel. J. Cox, Frankfurt S. 1
Thomas Peter Widmann, Regensburg Titel, vordere Umschlagklappe, hintere Umschlagklappe, Rückseite (alle), S. 10, 11/12, 20, 23, 27, 28, 31, 34, 37, 41, 43, 46, 52/53, 54, 57, 61, 62/63, 65, 70, 73, 75, 78, 82, 85, 86, 90, 92/93, 97, 100, 104, 107, 113, 114, 115, 118, 123, 125, 128, 132, 134, 138, 140, 142/143, 145,147, 150, 156/157,159, 161, 171, 179, 183, 185, 189, 205, 206, 208, 212, 213, 218, 220

Karten und Pläne:
Berndtson & Berndtson Productions, Fürstenfeldbruck

REGISTER